立法者的科学

大卫·休谟与亚当·斯密的自然法理学

启蒙运动研究译丛

立法者的科学

大卫·休谟与亚当·斯密的自然法理学

[丹] 努德·哈孔森 著

THE SCIENCE OF A LEGISLATOR

THE NATURAL JURISPRUDENCE OF DAVID HUME & ADAM SMITH

KNUD HAAKONSSEN

赵立岩 译 刘斌 校

ZHEJIANG UNIVERSITY PRESS
浙江大学出版社

The Science of a Legislator: The Nature Jurisprudence of David Hume and Adam Smith
1st Edition (9780521376295) by Knud Haakonssen first published by Cambridge University Press 1989

This simplified Chinese edition for the People's Republic of China is published by arrangement with the Press Syndicate of the University of Cambridge, Cambridge, United Kingdom

浙江省版权局著作权合同登记图字：11-2010-65

总　　序

欧洲人的精神世界在脱离了希腊化的时代之后，进入了中世纪长达千余年的沉睡，直到被启蒙运动彻底唤醒。

启蒙本质上是人类在思想认识领域中进行的一场自我革命，按照康德的著名定义：启蒙就是人类脱离自己所加之于自己的不成熟状态。而不成熟状态就是不经别人引导，就对运用自己的理智无能为力。启蒙之所以必要，是因为人类在大多数情况下都会陷入若不经别人的引导就缺乏勇气与决心去运用自己理智的蒙昧状态。没有启蒙就不可能有自我清明的人生状态，也就不可能有真正的个人的幸福；没有经过启蒙的公民，也就不可能有合乎人类根本目的的社会生活；没有启蒙思想推动的科学发现，就无法应用、评估和改进我们的各项制度和技术，并使之造福人类社会。一言以蔽之，18 世纪前后发生的启蒙运动改变了人类社会的基本面目，造就了今天的世界。

启蒙运动最伟大的意义在于它强有力地推动了人类的自我认识，确立了人的中心地位以及人类应有的自信与尊严。与此前曾经发生过的各种人类解放运动不同，18 世纪的启蒙运动以其特有的方式牢固地确立了世界——自然的世界、人的世界、精神的世界的可认识性的观念，指出了人类摆脱自我蒙昧状态的方法和方向。启蒙时代的人们，无论是理性主义倾向的思想家或情感主义倾向的思想家，无论他们之间的分歧和差异如何深刻，如何看上去多么不可调和，都截然不同于以往。他们具有对人类自我认识能力及其限度的高度自觉和自信，甚至怀疑主义和不可知论也可看做是总体上和谐的启蒙大合唱的一个必要的声部。我以为，这也正是启蒙留给后人最宝贵的财富。人类近两个世纪的进步都是这个财富不断呈现的产物。因此，无论从何种意义上说，今天的人类皆可说是18世纪启蒙运动的孩子。

启蒙运动降下它巨大的帷幕至今已有近两个世纪的时间，人们对待它的态度似乎处在截然不同的两极。在当今世界的某些地方，或者是，启蒙思想作为一种似乎完成和实现了的观念不再能够引起大家热切的关注。学术界对它的研究止于思想史的需要，它与现实之间的关系仿佛已不再存在。或者甚至，反启蒙成为一种新的学术时尚。而在另外一些场合，随处可见的现象依然是，人类的精神处于基本蒙昧状态，迷信、偏见、原始观念团团包围着人们的心灵；思想解放、社会变革的必要性迫在眉睫，可希望依然渺茫。

新文化运动以来，中国又经过了近一个世纪，以鲁迅先生为代表的一代知识分子对中国人的国民性所进行的反思与批评迄今也有快一个世纪了。在这伴随着急剧社会变革的百年之中，中国人的精神世界是否发生了根本性的转型，答案未必是完全肯定的。就康德意义上的启蒙而言，今天中国人的深层精神结构，与欧洲中世纪的情形相去不远。整个中国的社会变革基本上仍然是外生变量的结果，中国人的心灵、精神和心理世界还停留在前启蒙阶段。启蒙对于中国人而言还是一项未完成的自我革命。令人担忧的是，国人并未对此有充分的自觉。毋宁说，由于中国经济在最近几十年里的巨大成功，助长了中国人的一种未经反思和批判的、盲目的文化优越感。这种优越感遮蔽了启蒙这一重要任务之于中国的迫切性。拿破仑当年曾经说过，中国是一头睡狮，一旦醒来将震惊世界，此话也许说对了一半。它的另一半应该是：能够唤醒中国这头睡狮的除了启蒙，没有其他！

推动中国人的启蒙，乃是新时期知识分子作为群体得以安身立命的事业，也应该是他们展示历史责任感的伟大事业。做好这件事情的前提，无疑地，在于知识分子应完成自身的启蒙。

伟大的启蒙运动涉及人类生活的几乎全部领域，涉及的国家也众多。在长达一个世纪的时间里，思想和学术的论争此起彼伏，理论创新层出不穷。那个如火如荼的年代发生的一切对于中国这样正迎接着新的启蒙时代的国家，对于我们这些需要启蒙的人而言都是弥足珍贵的历史记忆。唤醒这个记忆，使其成为一面镜子，用来照鉴我们的事业，这是有必要的。

有鉴于此，我们志同道合的一帮学界朋友策划了几套关于启蒙的书籍，包括三个系列，即："启蒙运动经典译丛"、"启蒙运动研究译丛"和"启蒙运动论丛"。"启蒙运动经典译丛"旨在译介18世纪前后启蒙运动重要思想家的经典作品，其重点一是长期以来被中国学术界忽视的重要思想家的作品，不少是首次以中文本形式问世，二是因研究深入而重新翻译的新中文版。这套译丛自启动以来已有多种作品问世，在学界也引起了一定的积极反响。"启蒙运动研究译丛"则主要译介当代西方学术界研究启蒙运动的重要著作，正分批出版。"启蒙运动论丛"重点展示中国学者研究启蒙运动的学术成果，目前正在组织之中。

但愿，这三套丛书不仅能为国内知识界和思想界提供有关启蒙运动的新知识、新材料和新视角，还能推动中国学界的启蒙运动研究。同时，也许更重要的，能为中国自身的启蒙实践，为知识分子参与推动中国启蒙的行动提供重要的借鉴和启发。

罗卫东

2010年秋

致　谢

我十分荣幸地感谢我在写作本书过程中所获得的建设性的批评和慷慨的支持，这些批评和支持来自乔治·戴维（George E. Davie）、邓肯·福布斯（Duncan Forbes）、F. G. 希阿墨（Jeremy F. G. Shearmur）和唐纳德·温奇（Donald Winch）。感谢《休谟研究》（*Hume Studies*）的编辑允许我从我的文章“休谟的责任”中整合材料，该文见《休谟研究》（vol. IV，no. I，1978，pp. 7—17）。

K. 哈孔森

惠灵顿

1980 年 6 月

缩 略 表

大卫·休谟：

E.	《道德原则研究》(*An Enquiry Concerniny the Principles of Morals*)
T.	《人性论》(*A Treaties of Human Nature*)

亚当·斯密：

Anderson Notes	选自 John Anderson, Commonplace Book, vol. I, Andersonian Library, University of Strathclyde
Corr.	《书信集》(*Correspondence*)
ED	《国富论》早期草稿 (Early draft to *The Wealth of Natiory*)
EPS	《哲学论文集》(*Essays on Philosophical Subjects*), 包括：
古代物理学 (Ancient Physics)	"古代物理学的历史" (History of the Ancient Physics)
天文学 (Astronomy)	"天文学的历史" (Hisfory of Astronorny)
外在感觉 (External Sense)	"论外在感觉" (Of the External Sense)
FA	劳动分工论的第一部分 (First fragment on the division of labour)
LJ (A)	《法理学讲义：1762—1763 年的报告》(*Lectures on Jurisprudence: Report of 1762—1763*)

LJ (B)	《法理学讲义：至 1766 年的报告》(*Lectures on Jurisprudence: Report dated 1766*)
LRBL	《修辞学和纯文学讲义》(*Lectures on Rhetoric and Belles Lettres*)
TMS	《道德情操论》(*The Theory of Moral Sentiments*)
WN	《国富论》(*An Inquiry into the Nature and Cause of the Wealth of Nations*)

版本细节见参考文献。

LJ (A) 参考了原始手稿的合卷本和单页本，LJ (B) 参考了原始手稿的单页本。书中所使用的此二者的版本都已在此给出。所参考的安德森笔记 (Anderson Notes)、《国富论》早期草稿、《哲学论文集》、劳动分工论的第一部分、《道德情操论》以及《国富论》，使用的是格拉斯哥版的段落格式。所有其他参考资料都是单页本。

目　录

1

导言

本书有三重目的：首先是证明亚当·斯密对法律批判（legal criticism）是否是可能的这一持久的哲学问题作出了新的和原创性的回答，而这一回答是从大卫·休谟的一些建议发展而来的；其次，展示这一回答是如何构成了斯密的自然法理学的、并因此也构成了其政治思想的核心的；再次，对斯密的自然法理学给出一个系统性的叙述。

自从休谟反对存在法律和道德的“基础理论”之后，似乎一直有着两种显而易见的路径向他敞开着。根据“基础理论”，道德的和法律的评价不论在推理能力还是道德感上，都有着一个绝对的和有效的源泉：而休谟可以找到另外一种“基础”，或者他可以把这一难题整个从基础问题上移开。以前一种策略理解休谟也许颇具诱惑力，特别在他的正义理论中有所体现，如果一个人是以一种原功利主义（proto-utilitarian）的方式来理解他的正义理论。但是，这样做存在着巨大的困难，正如我们将要见到的：这部分地是由于休谟所赋予“效用”一词的含义；部分则由于这种理解将直接地导向某种法律实证主义，而这正是他所强烈批评的。因此，在此采用的意见是：他在某种程度上改变了这一难题。休谟并非是通过彻底拒绝关于基础问题的所有讨论而这样做的，因为他提出将其著名的情感主义理论（emotivist theory）作为评价的起点。改变这一困难情形是他的这一观念，即，只有在特定的社会情境中追问评价的效力才是有意义的，这种社会情境给予了评价背后的情感以具体的表达形式。加上社会的和历史的维度，这一难题是以以下方式呈现的：在一个给定的道德和法律框架下，争论和批评是如何可能的？

正义理论对于休谟来说是最为重要的，尽管他从来没有提出过一个类似于自然法理学的体系，但是非常清楚的是，自然正义在他的总体政治理论中占据着一个即便不是中心也非常接近中心的位置。当然，这并不是我们在此进行的讨论的兴趣所在，最近这一问题被如此广泛地讨论，如果我们再细致地研究同样的领域，那将会是鲁莽不
1 当的。[1] 下文对休谟的讨论的意图仅仅在于，提出一种对《人性论》中和第二《研究》①中的正义理论的解释，将厘清亚当·斯密在他的法律哲学中所设置的哲学任务的本质。当然，因此之故，我们会同样放弃对两位思想家在其他问题上的比较和对比的无尽宝藏——尽管它们有趣而重要。

因此，本书的副标题并不意在预示着休谟和斯密将会得到同等重要的对待，但是它传达了以下意图——休谟关于正义问题的思考提出了决定性的问题，而斯密正是为回答这一问题而为自然法理学的体系发展了一个全新的基础。至于这个体系本身，斯密则显然极大地受益于大陆自然法传统，包括格老秀斯、普芬道夫及其他人；尤其受益于他的老师弗兰西斯·哈奇森（Francis Hutcheson）为这一传统所提供的形式。他同样为孟德斯鸠和其年长的导师卡梅斯勋爵（Lord Kames）所深深影响。但是，这些遗产并没有单独地或集体地产生出赋予斯密法理学以独特性的问题情境。这种问题情境直接来自于休谟关于法律批判的可能性的问题——或者来自于如何避免彻底的相对主义的问题——如果自然的或神圣的给定标准均已失效的话。因此，在此并不是无视其他的一些重要的影响，但关于优先性的判断导致我们把当前的研究集中于休谟和斯密的联结之上。

但是，斯密对休谟就上文所给出的难题所作的独特回答并不满意，他只是在如何接近问题的方法上追随了休谟。从根本上说，这种方法是去寻找一些原则，这些原则使我们在面对任何社会情境之时，追求人类的一般目标都可以成为可能。但是为了确切地阐释这样的原则，而不是仅仅给出这些原则局部和暂时性的重要性，我们

---

① 休谟的《人类理解研究》和《道德原则研究》在本书所参考的英文版中是合为一本书而存在的，其中《人类理解研究》在前，而《道德原则研究》在后；而在本书中，基本没有涉及《人类理解研究》，因而凡指《研究》或“第二《研究》”，指的都是《道德原则研究》，如有特殊情况，译者将作出说明。——译者注

将需要三种东西：一个关于动机的一般社会心理学理论，一个历史过程的一般理论以及关于我们所感兴趣的情境的特殊历史知识。因此，我们发现，斯密的法理学整合了法律的历史和对塑造法律之力量的分析，而两者都是法律批判的可能性的前提。通过区分斯密的论证中的分析的、批判的和历史的部分，并通过各个角度检视这种法理学体系的不同分支，我们可以对他的论证是如何实际运作的获得一个全面的了解。

尽管斯密的自然法理学思想最近已经得到了学界的重视[2]，但它们还从未成为一种全面性的研究对象。从直到最近我们所掌握的资源的情况来看，这也许并不奇怪。虽然斯密在其职业生涯的早期就已经承诺了一个自然法理学的“论文”，但直到他去世，这个承诺 2
仍只是承诺。[3] 在他去世后的一个多世纪里，对于其思想中这部分的仅有的线索是他在《道德情操论》第二篇中对于正义问题的一般处理，和他在这部著作最后一篇中所给出的自然法理学的一个非常一般性的框架，以及散见于《国富论》中的一些材料[4]。但由于整体背景的缺失，这些材料的重要性难以得到赏识。更多的材料在1896年得以呈现，埃德温·坎奈（Edwin Cannan）出版了一系列学术版、新发现的法理学讲座的学生笔记，这一时期斯密正是格拉斯哥大学的道德哲学教授。[5] 尽管这些笔记对于斯密的学术成就有着相当可观的影响，但是将它们视为体系似乎还是显得过于草率了。[6] 在1978年，情况得到了大大的改善，另一部分斯密讲座的学生笔记和部分早期格拉斯哥版的斯密著作同时发表了。[7] 尽管这些并不是斯密课程的全部（大概遗漏了四分之一左右），但是课程中关于正义的部分是非常全面和具体的——而这正是我们需要对之获得更多理解的法理学体系的核心部分。[8] 最近又有另一系列讲座的一些笔记被发现。[9] 同样，我们可以在斯密的《修辞学和纯文学讲义》(*Lectures on Rhetoric and Belles Lettres*) 的一些笔记中发现很多有价值的材料。[10]

来自斯密讲座的学生笔记中的依据定会在当前的理解尝试中起到极其重要的作用。这样做的风险显然相当大，但是这种风险是不可避免的；而检验这些笔记对于理解斯密的价值的最好方法是，初步接受它们作为斯密的观点的表达，除非有特殊的理由不允许这样做。[11] 3

注　释：

[1] 见 Duncan Forbes, *Hume's Philosophical Politics* (Cambridge, 1975).

[2] Donald Winch, *Adam Smith's Politics* (Cambridge, 1978), 书中关于斯密的法理学和他的政治学关系的讨论别具启发性。又见 Duncan Forbes, "Sceptical Whiggism, commerce, and liberty", 见 A. S. Skinner and T. Wilson (eds.), *Essay on Adam Smith* (Oxford, 1975), pp. 175—201. Hans Medick, *Naturzustand und Natur geschichte der bü rgerlichen Gesellschaft* (Göttingen, 1973), 这本书很有趣, 因为作者强调了历史对于斯密的法理学的重要性; 但是, 这部著作并没有提供任何关于斯密的批评意图的叙述性背景, 而且由于意识形态批判 (ideologiekritik) 的先入之见, 阻碍了其对叙述性背景之重要性的理解。

[3] See pp. 150—151 below.

[4] 除此之外还有一些二手报告, 多见于 Dugald Stewart, "Account of the Life and Writings of Adam Smith, LL. D", in EPS, pp. 265—351.

[5] Adam Smith, *Letters on Justice*, *Politice*, *Revenue*, *and Arms*, ed. Edwin Cannan (Oxford, 1896).

[6] 但对于在一个更大的语境下的尝试, 见 Knud Haakonssen, "Natural Justice: The Development of a Critical Philosophy of Law from David Hume and Adam Smith to John Miller and John Craig", Edinburgh University Ph. D. thesis, 1978.

[7] 见这一版本的编辑引言, 其中包括了这些笔记的细节和两人的关系。

[8] 新发现的这些笔记接近400页, 是坎奈版本的两倍。

[9] 包括斯密的晚期同事约翰·安德森 (John Anderson) 在其的摘录簿里加入的所谓安德森笔记。很可能是他抄自一个学生的笔记。对于这部分以及对它的一个有趣的讨论见 R. L. Meek, "New light of Adam Smith's Glasgow Lectures on Jurisprudence", *History of Political Economy*, vol. VIII, 1976, pp. 439—477.

[10] Adam Smith, *Lectures on Rhetoric and Belles Lettres*, ed. J. M. Lothian (London, 1963).

[11] 应注意的是, 在来自课程笔记的引文里, 我不再重复不同表述和校正等, 这些已经被编者仔细记录了。我也不会试图以"笔误!"来标注难以尽数的拼写和语法错误等。

2

休谟的正义理论

2.1 一种还是两种理论?

当休谟拒绝听从弗兰西斯·哈奇森的建议——在探寻道德的基础的同时进行道德说教——之时[1]，他清楚地暗示了他的工作是事实性的和描述性的。但是当他补充到他自己的“形而上学也许对道德家非常有助”时[2]，我们可以将其视为，他了解“应当蕴涵了能够”这一原则，而他关于“能够”的观点，则与一个人应该承担其“应当”的观点高度相关。后者的根基是自然赋予我们的，其形式是生命中的激发（activating）力量，即激情。在这个意义上；道德的基础是私人性的和主观的；而道德同样也是公共性的和客观的：正是道德把人们联系在一起而使社会成为可能，而道德的这种功能依赖于一种共同道德语言的存在。

因此，休谟道德哲学的任务与其认识论的任务完全类似：解释一个共同的世界是如何从私人性的和主观性的因素中产生的。因为，正如他所强调的：“如果我们不改变事物的暂时外观并忽略我们当前的状况，我们确实将无法使用语言或互相传递情感”；所幸的是，“在**一切**感官方面，这类改变的作用都是常见的”（T. 582；黑体是我①加的，下同）。②为了完成这一任务，休谟采用的方法既是心理学的也是社会学的（social）。一方面，道德是一种激情，因此它将在

---

① “我”指本书作者，下同。——译者注

② 译文中所涉及的《人性论》部分，由译者直接从原文译出。译文参考了关文运先生的译本（商务印书馆，1994），文责由译者自负。——译者注

6 休谟关于人类心灵的联想心理学方案的框架内得到处理。但是另一方面，心灵被视作不仅仅是活动的，同时也在与其他的心灵互动。对于休谟同样还有斯密来说，道德首先不是被作为人的行为和行为的对象而被解释的，而是作为一种人们在彼此相处时对**旁观者**（spectator）所作出的回应。因此，道德产生于这种三方关系。

但在，在我们概述这是如何发生之前，考虑到其理论的基础性特征，对休谟的道德哲学的两个重要文本，即《人性论》的第三卷和第二《研究》之间的关系略作说明也许是有益的。

4 有人曾经论辩到，这两本书是根本不同的，而这种不同体现了休谟观点的一个重要发展。[3] 据称，在《人性论》中，休谟的问题是道德是如何被构建的，即哪些力量有可能会形成道德，相应地，其方法是心理学的。但在《研究》中，道德被视为是一种给定的社会事实，它必须被描述，并且其功能也必须得到解释。因而后一本著作的方法明显是社会学的，整个关于激情的赘论在此也被彻底地抛弃了。这标志着休谟在完成其最初的计划时陷入了困难，并且更重要的是，他开始认识到一直被整合于一种全面的精神哲学（moral philosophy）①中的各种学科的独立性——如心理学、道德以及社会学和政治学等。[4] 这一兴趣转移，即从对个人及其行为的兴趣转向对行为的社会影响的兴趣，被进一步视作是通向边沁和两个密尔②的功利主义的重要步骤。[5]

这种理解方式有很多值得称道的地方。首先，它赋予了《研究》一种独立的价值，而这与休谟本人对它的高度评价是相符的。其次，它厘清了这两部著作的明显不同：关于激情的复杂理论被摒除，并被明确地宣布为不必要。[6] 相应地，同情的概念不再严格地在技术的意义上被使用，而是不时地与同胞感（fellow-feeling）一起被交替使用——尽管我们从《人性论》里知道那根本不是一种感受——同胞感自身似乎几近包含了道德评价。最后，效用这一概念在《研究》里似乎得到了更多的强调。

但是，这些观点似乎夸大了这两本著作之间的差异。首先，忽

① 在休谟的时代，“moral philosophy”也可以被理解为精神哲学，它包含了关于人的精神领域的一切问题。——译者注

② 即詹姆士·密尔和约翰·密尔父子。——译者注

视这样的一个事实是一个致命的错误，即，在《人性论》中，道德 7
就已被清楚地以一种“社会的”立场来对待，而且，如果个人不被视为是在社会情境之中的，休谟的整个道德心理学将会变得不可理解。前文已经指出了这一点，而一旦我们开始处理正义问题，这甚至会变得更为清楚。其次，尽管休谟确实在《研究》中小心地剔除了激情理论，但是，这当然并非他的理论在实质上彻底改变的标志。因为在《研究》的第一章中就指出，他的目标是展示理性和情感在道德评价中的相对角色；而在第五章即“效用为什么使人快乐”中，以及附录一即“关于道德情感”中，他清楚地展示了它们最终是激情。因此，在这个基础性的问题上，并没有发生任何改变。而休谟似乎也并非完全对他的激情理论本身不满意，因为他将其以删节版的形式，即《关于激情的论文》(*A Dissertation of the Passions*)，在《研究》面世几年之后出版了。

但是，尽管《研究》中对激情理论的忽视确有其事，我认为把 5
后一本著作看作是对晚些时候的功利主义的接近完全是一种错觉。当然，“效用”一词被使用得更为频繁了，但它的意义与其在《人性论》中是相同的，而且——我将在下面进行论证——这种意义与边沁和两个密尔所使用的意义是非常不同的。而且这种字面变化本身也许是我们在区分随笔和论文时所需要的差异。

然而，在第二《研究》中对激情理论的弃用确实仍是一个事实，而这一理论中最核心的概念之一，即同情，似乎失去了一些它原初的和技术上的意义。这是我们寻找两本著作之间的差异之解释的最重要的线索。但是，除非我们更深入地对休谟道德理论进行讨论，我们无法富有成效地跟进这一线索；因为我所希望论证的是，只有当与一些特殊的德性即人为德性（the artificial virtues）联系起来，休谟的同情机制才失败了。

因而，我尝试性的结论是，休谟认识到他可以用一种道德理论来达成他的最基本目标，这种理论不需要涉及他的激情理论的全部细节——他可以解释道德是如何作为社会生活的粘合剂的，尽管存在着这样一个事实，即道德“仅仅是”一种自然的生长物，而不是上帝或人类的理性构造出的一些抽象真理，也不是精确科学的主题。因此，为了《研究》的目的，他强调社会的视角而牺牲了心理学视角。关于同情是如何能提供激情和人为德性之间的联接环节的这个问题，也许已经被前面提及的困难强化了。但是，很难令人相信，休谟彻底放弃了他的激情理论以及激情与道德之间的联系。在我看来，将休谟说成是**或者**将道德（和社会生活）降低为心理学，**或者**是创新性地把道德视为一种独具一格的社会现象和一种独立的社会科学的对象，都是在表达一种错误的选择。因为，休谟和斯密在方法论上真正的重要性应该被看作是，他们开始将人类心灵理论，包括激情心理学视为是社会科学的一部分，而这种社会科学的对象是在其所在的社会情境中的个人。这就是为什么他人和旁观者，加之他们的行为和语言，在休谟的知识理论和道德理论中如此重要。

因此，尽管《人性论》和《研究》之间的差异可以被视作是通向休谟激情理论的真正实质的一个线索，而非激情理论遭弃用的证据，但这种差异确实使后一本著作对于我们的目的价值不大。因为
6 当休谟在某种程度上忽视了道德不同部分的构造原则时，他去掉了一个——正如我们将会看到的——对于我们理解正义非常重要的方面。因此，接下来的叙述将主要依据《人性论》，但《研究》也不会被忘记。

2.2 道德评价

无论何时，当我们作为旁观者观察他人的时候，所能依照的只是他们的行动和行为，我们把这些作为通向他们动机的线索，而我们更感兴趣的是他们的动机，因为动机更紧密地与他们的特性和人格联系在一起。[7] 最终我们的道德评价的对象是人格及其持久的特性。

我们对同胞及他们的行为所作的反应可以分成两大类，即消极反应与积极反应，前者是痛苦，后者则是快乐。我们在“观察”自己的行为时当然也是这样的。快乐和痛苦是印象，它们由对与其相似东西的印象的联想引起。如果原始的印象是快乐，新的印象则是骄傲，**而**如果涉及作为激情**对象**的人，那么则是人自己。如果对象是其他人，新的印象则是爱。而如果原始的印象是一种痛苦，新的印象则分别是谦卑或厌恶。最终，在关于快乐或痛苦的初始**原因**的

观念与关于骄傲或谦卑、爱或恨的**对象**的观念之间——即所评断的品质与所涉的人格（自己或他人）之间，一种观念的联合得以产生。

骄傲和谦卑，爱和恨，属于所谓的间接激情，而它们的形成（通过快乐和痛苦），是形成我们关于赞成和反对的道德情感的原因链条中必不可少的环节。另一重要的因素是人们之间的某种自然的协调关系，一种通过它人们方能对其同胞产生兴趣的机制。没有该物的存在，就不可能理解在“个体之间”的意义上的“客观性”是如何产生的，而这种客观性是道德的一个突出特性。这就是被休谟称之为同情的东西，它**不是**激情，而是一种“交流的原则”。[8] 同情的核心特征是由观念到印象的转化。无论何时，当他人的行为给予我们一种关于他的当下感受的观念时，这一观念倾向于被转化为一种印象；即，转化为一种与他人的感受相似的真实感受。这种转化倾向于发生，因为我们通常有一种关于自我的强烈而鲜明的印象；而我们所有的任何感受都首先是一种观念而非其他，因而这些感受可以轻易地与自身联系起来，并成为我们自己的，即转化为印象。无论如何，理解同情在休谟关于我们对人们的评价的论述中的地位是非常重要的：同情并没有将作为我们评价对象的个人动机或者性格特征传达给我们，我们所同情的是这种动机将对他人（或那个人自
身）产生的**结果**。这种结果，或有某种结果的倾向，就是休谟所强调 7
的我们评价中的主要决定因素，即**效用**（或无效），——而这在第二《研究》中是格外重要的。因此，对效用的同情，即一种性格特质的倾向是激情的原因，而这一品质的倾向构成了我们的评价，但是拥有这一品质的个人方是我们评价的对象。

显然，这一效用的概念对于我们理解休谟的道德理论有着极大的重要性。然而，在休谟的正义理论的情境中，这一概念更加易于理解，变得更为清楚，并且，这种效用与后来的功利主义者的功利观念有着非常显著的差别。

并不是在上文的意义上的、对效用同情的方式就产生了道德赞同。还存在着很多更加复杂的情况。因此，尽管通常是一个人的**行动**和他的个人品质的实际**结果**导致了我们的同情，但这并不是必要条件。我们有时会同情这种品质的**想像的**结果，尽管由于外界的阻碍，它们可能从未在**行动**中得以显现其自身。我们的想像力能够告

诉我们，如果阻碍被消除了，那么被考虑的品质将会产生什么样的结果；这就开启了同情机制，而同情机制也就产生了我们对所关涉品质的评价。但是，尽管以这样的方式，在忽略他的真实行动或者在缺少行动的情况下去判断一个人是可能的，但对于人们来说，在实践中，在怎样的程度上这样做都将是困难的，如果他们得不到关于连接动机和行为的普遍习惯的**规则**的支持的话。这样的普遍规则属于那些对于产生客观的和主体间的道德来说最为重要的手段之列，它们无关于特定情境的偶然性特征。[9]

另一种对于我们的评价来说非常重要的偶然性的影响——它确实影响着我们所有的印象和观念——是我们恰好所在的独特情境。因为进行道德性的判断的时候，我们是带着全部感觉的，因而我们不得不为我们的特殊的和有局限的视角留出余地。比之于他人，我们天然地倾向于更加感同身受地同情在某些方面与我们更为亲近的人。但我们须记得，人性在本质上是一致的，因此同情任何特定的人都是可能的。在人际间的意义上，正是同情的这一面，是我们学习如何客观地判断的能力的基础。因为经验很快会教导我们，不仅在不同的时间和出于不同的观点，同样的事物对于我们自己来说会显得不同，而且我们自己的评价也会随着事物的不同而不同；除非
8 我们去接近彼此的立场，否则交流将会变得相当困难，甚至于是不可能的。因此，在实际旁观者影响的压力下，每个人都被迫接近一个独立的旁观者的立场，或者接近一种普遍规则——这甚至同样适用于我们对我们自己的行为所作出的判断。[10]

我认为这一解读已经足以让我们陈述休谟关于道德的赞同和反对、德性和恶的本质的观念。德性和恶是人的品质，这些品质倾向于通过不因被判断者的实际的成功、或者判断者与被判断者的私人关系而偏私的同情，而在旁观者中产生快乐或者痛苦的结果——快乐或者痛苦通过印象的结合，产生了与暴烈的相反的，**平静的**爱或者憎恶；而具有这些品质的人的**观念**与从我们的快乐或者痛苦的原因的观念而产生出的观念的结合，作为我们以上提及的两种平静的激情的**对象**而被引出；根据休谟，这两种激情被恰当地称为道德赞同和反对。

当然，作为道德评价的对象的人的品质是难以计数的，但是它

们可以被简化为四个广泛的、非排它性的大类：对我们自己（即，对那种拥有该品质的人）或者对他人来说当下就投契的（agreeable）；和对我们自己或者对他人来说**有用的**。[11] 在这些品质当中，休谟毫不怀疑什么是最重要的："……我认为，关于行动倾向的反思是最具影响力的，它们决定着我们的义务的所有重要方面。"[12] 最后一组品质，即那些对他人有用的品质是特别重要的，因为它包含了所谓的人为德性，其中包括正义。

2.3 正义的动机——一个两难问题

上文已经论及，行动对于人们的道德评价具有很强的影响，但是它们最终指向的是动机，并通过对动机而指向行动背后的人格，这才是评价的真正对象。休谟的这种学说意味着，任何行动的道德品质都至少部分地是由其背后动机而得来的，因此在每一个具体的行动中，依上文所示，一个人必须展现出他的动机是什么，这才是道德赞同和反对的对象。这一任务导致了与某些通常被描述为是德性的行动相关的初步困难。那些德性被休谟——由于稍后将会被揭示的原因——称之为人为德性。人为德性在他的道德理论中造成了一种极其复杂的情况，对此的解释初看起来似乎是一个例外，而它却成长为决定整棵大树其余所有部分的一个赘生物。

休谟明确指出了人为德性，尤其是正义的重要性。对它们的处
理占据了《人性论》第三卷的大半篇幅，而在《研究》中，他实际上 9
把人为德性作为了他关于道德原则的整个理论的引言；而在《人性论》的第三卷第二章，尽管其题目为"关于正义和非正义"，但这部分所处理的是全部的人为德性。

休谟以我们期望的方式展开了他对正义问题[13] 的处理，他通过对什么是正义行动背后的动机的追问，为其一般道德理论设置了背景。因为既然我们通常认为这样的行动是德性的，那么在我们的判断对象背后必然有一个动机（或者，必然存在着令我们判断那个人具有德性的东西）。当然，最通常被提到的动机是义务感或诚实感，休谟明确地表示这**是**一种通常的动机。[14] 但是由于义务只能从正义的角度而被理解，因此这就假定了正义**是**一种德性，而这是一个证

成正义的循环：我们回到了起点，通过对正义的假定的受益者的同情，寻找一个像意愿那样具有一种倾向的动机，而这种动机引起了道德赞同（或者反对，当这种动机缺位时）。

休谟把其他各种不同的动机作为正义（just）行为的可能的奠基性的动机来考虑——而他将它们全部否定了。它们是：自爱，对公共利益的尊重，对人类的仁爱，以及对正义在向其展示的人们的仁爱。我们来逐个考察它们。

非常明显，自爱在本质上，要么是未经规制的自爱，而这是与正义恰恰相反的，要么如休谟所言："可以确定的是，自爱，当它自由地起作用的时候，非但不会使我们进行诚实的行为，反而是一切非正义和暴力的根源。"[15] 至于对公共利益的尊重，则由于如下三个论点而被排除出正义的动机之列。第一，在公共利益和对正义原则的遵守之间没有任何**自然的**联系；正如休谟所说的，它们仅仅是"通过一种为了建立这些规则的人为约定"[16] 而发生联系——尽管这句话的确切含义只有在稍后一些的论证中才会被看出。第二，许多正义的行为仅仅是个人之间的事情，与公共利益根本无关。休谟的例子是一个秘密的、私人的债务。[17] 第三，人们极少关心公共利益乃是一个事实，"当他们偿还债务，履行诺言，戒绝偷盗和劫掠，以及任何形式的非正义的时候。"[18] 也许需要注意的是，最后一个论点似乎不太切题，因为在一个社会中，尽管公共利益可能不是正义行为背后的动机，但是在一个我们已经能够谈论还债和履约等行为的社会中，它仍可能在某种程度上成其为正义的初始动机。

即便我们把尊重公共利益这一观念放宽至一种对人类的普遍仁爱，它仍无法承担其作为正义行为的初始动机的责任——简单的理
10 由是，不存在对人类的仁爱这样的东西。在这里，休谟引入了一种对于对人类的同情和对特定的人的同情的有效的区分。由于所有的人在本质上都是相似的，我们对特定的人有同情的能力，因此可以对任何人都感到怀有仁爱。但是这个仁爱的对象必须是一个特定的人。我们无法同情抽象的人类。[19] 休谟认为最后一类正义行为可能的自然动机是"私人性的仁爱，或对相关方的利益的尊重"[20]。这个相关方是指，应当对其展现正义的那个人。这显然是难以服人的，

因为不考虑私人的关系而向朋友或敌人都同样展现正义，乃是正义的特性。更何况，仁爱因人而异，[21] 而正义则不论所涉及何人，都在一种普遍性的规则中得到体现。

《人性论》第一部分关于正义的讨论结果是一个两难问题。正义作为一种道德事实而存在，因为我们确实把正义行动视为是德性的。同样它又是一种社会事实，因为它被清楚地表达为存在强制性的规则。而它同样也是一种心理学上的事实，因为我们确实至少有时不因任何其他原因而正义地行为，而仅仅是把对正义的尊重作为我们行为的动机。但是所有这些事实的存在假定了它们的起源是一种自然动机，而这种动机以本章开头所描述的方式来看在道德上是被认可的——但是，这样的动机是找不到的：

> 由这一切所得出的结论是，除了遵守行为本身的公正和德性以外，我们并没有本能地遵守公正法则的任何真实的、普遍的动机；而因为任何行动如果不能产生于某种独立的动机，就不可能是公正的和有美德的，那么这里就有一种明显的诡辩和循环推理。因此，除非我们承认，自然已经确立了一种诡辩，并且使这种诡辩成为必然的和不可避免的，那我们就必须承认，正义和非正义的感觉并非通过自然而得来的。(T. 483) [22]

这实在是《人性论》中一个戏剧性的地方。说某物并非通过自然而得来的无异于是在说，休谟的人性本质科学的自然主义工程已经瓦解了。而休谟却认为他的德性理论，尤其是正义理论可以避免这一困难。因为他仅仅是通过这一说法来继续我们所引用的即正义的感觉“是人为地产生的，它们**必然地**来自于教育，和人类习俗”[23]。当某物是必然地产生的，那么它就可以通过使其成为必然的东西来得到解释，而这正是休谟试图做的。

如果我们单独来看关于正义理论的第一部分，我们可以看到，正如我已经在其他地方指出的[24]，它在方法论上具有某种重要性。它等于是这样一种论证，这种论证反对对最核心的社会制度的作如下解释——我们现在应该称之为是心理主义的。而为了坚持这一点，我们看到，休谟以这样一种评论作为其进一步讨论的开端：即，对为了要

得到一种满意的解释而必须将社会现象纳入考虑的效果的评论——他
11 大致上将这些社会现象描述为“教育和人类习俗”。考虑到《人性论》的结构，以及本书中作为道德理论的适当背景的关于激情的精巧理论，把休谟的方法视为完全是心理学的就过于简单了。确实，他的问题情境大部分是心理学上的；此时我想到的是霍布斯，或许还有哈奇森。但是，这决不能使我们忽略这一事实，即道德情感在一开始是作为一种最低限度的社会框架而被解释的，即本章早些时候所描述的旁观者情境。而当休谟开始讨论人为德性的时候，他大量加入的正是这一社会性的或者制度性的框架。因为尽管他最初的问题是展示价值是如何从一个自然事实的世界中出现的（即作为某些激情），但是解释人为德性的困难最初地和主要地是通过正义而表现出来的，这种困难迫使他进一步回溯，去追问某种**社会性的**现象是如何能够从这个世界上产生的——由于他需要这些现象去解释部分价值的产生。而涉及制度的方面，休谟毫无疑问深受格老秀斯、普芬道夫和其他人的现代自然法理论的影响。[25] 但是他真正的天才在于，把多股遗产结合为一种全新的自然法理论——因为他确实非常乐于使用自然法这一标签。[26] 而这就是他在下一章将要开始讨论的“关于正义的起源和所有权”。

2.4 正义的起源

既然正义并非是作为一种通过自然动机而被确立的道德德性的，于是，休谟必须展示道德作为一种社会实践或者社会制度是如何出现的，**然后**他将表明，我们如何获致适当的激情，以及道德责任。换言之，他区分了：

> 两个问题，即考虑正义的规则是以何种方式而被人为措施所确立的；以及，考虑是什么样的理由决定了我们把遵守这些规则认为是道德的美，把忽视这些规则认为是道德的丑。（T. 483；休谟把这一段写为斜体）

作为我们所主要关注的问题之一，前一问题占据了这一章的几乎全部内容，而后一问题将在第三卷第一章最终得到回答，休谟由人为德性转向了自然德性。

记住这样一点是重要的，即休谟关于正义是如何作为一种社会制度而产生的整个讨论本身，从一开始就嵌入在一种社会框架中。他简单地指出，作为个体的人，不具有任何生态的（ecological）归宿，他只能经由过**某种**社会生活来获取其归宿。因而，现存的人类 12
成员必定是社会性的。[27] 最低限度的社会生活是家庭，而家庭依靠两性的和双亲的情感维系到一起。后一种事实可能会被视为企图将最低限度的社会制度降低为心理学的原则。但这显然是不会发生的，因为这些激情本身将被解释为是个体间的；而它们仅仅是在一个多少有些严酷的**环境**里，社会地形成的。[28]

人们必定要过的这种最低限度的社会生活对于正义的出现已经足够了，而正是正义产生出了使社会生活发展为更大规模的能力。但休谟从未绝对清楚的解释，正义何种程度上在家庭内部被确立，以及何种程度上它仅作为家庭间的关系而出现。一方面，他说“每一对父母，为维持他的子女间的和平，都必须建立关于财产的稳定性的规则”[29]。但另一方面，他又指出，家庭自然地发展了一种部落道德，这种部落道德包含了一种针对相同类型的其他社会的强烈的自我偏袒（所有的人都受制于自爱和有限的慷慨——限于对自己的家庭）。而正义必须克服这种部落社会之间的矛盾。[30] 显而易见的解决方式是，较小规模的社会中的正义的微弱起源必须被移植至一个规模较大的社会当中。[31]

正义在任何一种社会生活中都是一种绝对必要的因素。至少，一些最低限度的正义必须得到展现，因为正如我们已经表明的，正义是：

> 对人类心灵的某些**性质**和外在对象的**情境**结合起来而产生的某种不便的一种补救。心灵的这些性质是自私和有限的慷慨：而外在对象的情境就是它们的**易变**，加之它们与人类的需求和欲望相比而言的**稀缺**。(T. 494)

我们将会见到，对于休谟来说，正义的起源将会通过对**外在**物品的占有（possession）的挑战而得到解释。对此他给出的理由不过是，他所称之为的其他种类的“物品”（goods），即“我们心灵的内在满足”和“我们身体的外在的好处”[32]，对其他人来说没有任何用处，因此它们不是争议的原因。这看起来稍有一些奇怪，因为这看起来把休谟的受正义规则保护的权利的概念限定为了所有权的权利。现在，当然不能简单地说，由于人类越来越文明，所以我们的权利概念被扩大到包括了人权——这样来解释我们拥有了更多的人权的理由了。无论如何，他不这样简单地解释是有一定的重要性的，精心地把他的正义起源理论集中于外在物品（external goods）的概念上——并且是关于那些对人有用的物品的。这些要点正是亚当·斯密
13 所要处理的。根据斯密的观点，人们非常倾向于试图统治、并真的统治他的同胞的原因是由于统治本身。这似乎反映了他们在关于人是什么的观念上的分歧：人首要关注的是造福他的同胞还是统治他的同胞？如果这样，休谟和斯密无疑可以通过指出造福同胞实际上是统治同胞的一种主要手段来找到他们的共同基础。

正义和社会出现的背景是人类心灵的品质与人们处在其中发现他们自身的外部情境的一种结合。休谟通过展示这样一种东西来极力强调这一论证，即当我们想像，人类品质和外部情境中的任何一个发生了实质性的改变的时候，正义是无法出现的。换言之，正义并非自然地与人相关；而仅是由于人的特定环境，正义才变得与他相关起来。

这种想像的情景在《人性论》和《研究》中均有表达，但与休谟论证中众多更加精彩和生动的部分相似，它们在后期的著作里得到了更加深入和系统化的处理。首先，休谟要求我们想像我们的外部情境变为了一切都彻底充足的情况：

> 似乎很明显，在这样一种幸福的状况中，任何其他的社会德性都会繁荣发展，并得到十倍的增长；但是正义这一警戒性和防备性的德性则不会被梦到一次。因为当所有人得到的都比需要的更多时，对财物的划分将有什么意义呢？当任何伤害都不可能出现时，为何要有所有权？为何要称此物为**我的**，当它被别人占有时我只需伸手就可以获得与之同样价值的东西？在

> 这种情况下，正义是彻底无用的，它将成为无价值的礼仪，在 17
> 德性的目录之内将永无它的容身之地。(E. 183—184)①

极少数的东西，例如空气和水，它们在世界上大部分的地方都如此充足，而这种情况也确实发生了。[33]

同样，如果我们假设人类本性被改变了，因而人类心灵完全被慷慨和对他人的普遍的仁爱所统治，那么：

> 似乎很明显，在这种情况下，正义的作用将由于这样广泛的仁爱而被悬置，所有权的分配和界限以及义务将绝对不会被想到。(E. 185)

同样，这种情况在真实世界的朋友之间和家庭成员之间是可以达到的；而试图把它适用于更大的范围，则是被这种“热情”所激起的“狂热”的理想，——只需想想“人的自私”课上的经历。[34]

最后，休谟请我们想像与以上两段引用的情形完全相反的情况： 14

> 在沉船以后，抓住所能抓到的任何救生的手段或工具而不考虑既定的所有权的限制，这是一种犯罪吗？(E. 186)

以及，

> 同样假定，一个有德性的人的命运落入一个远离法律和政府的保护的匪寇的社会；在那样一个令人沮丧的境况中他必定接受什么指导呢？……他……除了武装自己之外没有任何权宜之计，去夺取剑和盾，无论向任何人……他对正义的独特尊重对他自己和他人的安全都不再有用，他必须援引独自自我保存的命令，而不考虑那些不再值得他关心和注意的人。(E. 187)

正如引文所表明的，这两种情境当然例证的是我们所生活的世

---

① 译文中涉及《道德原则研究》的部分，译者主要参考了曾晓平教授的译本（商务印书馆，2001），但译文有改动，文责由译者自负。——译者注

18 界——至少是内战时的情境。[35]

放在一起看，前两种想像的情境是一种对“**黄金时代**的**诗意**构想”的描写，而后两种则给出了“对**自然状态的哲学**构想”的要素。当然，这两者都是“空泛的构想”[36]，但它们对于支持休谟的论点却非常合适：

> 正义只是起源于人的自私和有限的慷慨，以及自然为满足人类需要所提供的稀少的供应。(T. 495；并参见 E. 188)[37]

所有这些引文都指向主要的难题：正义是**如何**源于人类本性与其独特环境的结合的？休谟的回答在某种程度上是非常简单的。他指出，人类没有愚蠢到那样一种程度，以至于他们看不到世上的大部分麻烦都是在一个人擅用他人的所有物时所引起的。要求人们戒除这样的暴力，仅仅有“些微的经验”和“最少的反思”就够了[38]。但是在激情的运作的意义上，这一点更为独特地意味着什么呢？它仅仅意味着，当人们看到按照自爱和有限的仁爱的结合来行动是弄巧成拙的（在是其所是的世界上）的时候，他们被导向了抑制这些“攸关利益的激情”——但是，这是在他们对这些激情作出了变通的意义上的。因为那些激情在社会情境下将远为容易得到满足：

> 我们戒取他人的所有物，不但不背离我们自己的利益或我们最亲近的朋友的利益，而且，只有参照这样的一个约定才能够最好地照顾到这两方面的利益；因为只有通过这种方法我们才能维持社会，而社会对于他们和我们自己的福利和存活都是必要的。(T. 489)

无论人还会被何种其他的东西所激励，我们知道，他们至少是受到攸关利益的激情的指引的，并且：

> 15 的确，人类心灵中的任何感情都没有充分的力量和适当的方向来抵消贪欲，令人们通过戒取他人的所有物的方法，来使他们成为适合于社会的成员……因此，没有一种激情能够控制

涉及利益的感情，除了通过改变那种感情本身的方向，方能使其得到控制。(T.492)

尽管休谟在这一语境中并没有说得很清楚，但我们必须毫不怀疑地理解这一观念——攸关利益的激情通过找到新的方向或者途径来抑制它自己——通过他的平静的激情的理论。因为这种激情保持着其特性，但事，它通过对我们的情境的“最少的反思”得到了另一种感情的力量，反思是可以使激情平静**并且强大**的东西之一，但同时它又却是非暴力的。[39] 这一事实可以支持休谟确实一直保有着这一理论，即在“关于政府的起源”的一章中，当他返回如何保证正义的原则会被发现这一问题时，他使用了这一理论。[40]

“些微的经验”和“最少的反思”通过使我们进入关于此的一种**约定** (convention)，使我们不去谋取我们的邻人的所有物：

通过社会全体成员所缔结的约定，来保证对那些外在之物的稳定的据有，而使每个人都能安享他可能依靠幸运和勤劳所获得的财富。(T.489)

但是休谟关于约定的观念需要更加小心地被对待。因为，“这种约定与**承诺**有着本质的不同：因为即算是承诺本身……也来自人类的约定”[41]。很难准确地说明休谟引入约定的意图，但让我首先引用他自己的描述，然后再看看由之可以得出怎样的结论。约定：

只是关于共同利益的一种一般感觉；这种感觉是社会全体成员相互表达出来的，并引导着他们以某些规则来规制他们的行为。我观察到，让别人占有他的所有物对我是有利的，**假如**他也以同样的方式对待我的话。他感觉到规约他的行为对他也有相似的益处。当这种关于利益的一般感觉被相互地表达出来并为双方所了解时，它就产生了一种适当的决断和行为。而这可以恰当地称之为我们之间的约定或者同意，尽管这中间并没有插入一个承诺；因为我们每个人的行动都参照着他人的行动，并在对方将要履行相应部分的假定之下来履行某事。(T.490；并参见 T.489 和 E.306)

休谟进而继续用两个同划一条船的人，以及关于语言和货币的约定来对这种情境进行类比。

理解上文所引用段落的最自然方法是，人们实际上以口头方式来表达他们的共同利益。但另一方面，这种表达会与承诺极为接
16 近。并且更进一步，休谟明确地表示，正是个人的戒取他人所有物的**行动**才使人们彼此相关了。这一理解同样至少可以得到他前文所提到的并列的例子中第一个划船的例子的支持。所以对于我来说，从整体上来看，最合理的理解方式是，个人的行动作为共同利益的符号或表达在发挥作用。[42]《研究》中相应的段落并没有提供太多的帮助——在任何认识类型中，不论是表达还是行动都消失了：

> 如果通过约定意味着一种对共同利益的感觉；每个人都可以在他的内心中感受得到，在他的同胞中察觉得到这种感觉，并且在其与他人的这种感觉同时出现时，该感觉将他带入到一种一般的行动计划或体系中，而这种计划或体系旨在促进公共效用；那么必须承认，在这个意义上，正义起源于人类的约定。(E. 306)

初看起来，这只是休谟关于正义的约定性起源和特性的观念中的一个微不足道的困难。但当更切近地考虑它时，重要的问题就向我们显现出来了。当休谟在上文所引的《人性论》中的那一段里开始他关于约定的叙述时，他谈论“一种共同利益的一般感觉；这种感觉……为社会的**所有**成员所互相表达”；而这种普遍性的要求与休谟经常表达的正义的本质是一般规则的观点相一致。[43] 但是上文所引段落的事实暗示了口头表达——实际上与承诺非常近似——和正义要求普遍性这一事实，此两者都很难与休谟反复坚持的正义乃是一种缓慢的生长物，需要经年发展的主张相调和。[44] 因为如果正义之为正义仅是当其在一个社会中是普遍的，那么似乎它的构建就必须作为一个单独发生的事件，正如我们的这一段似乎在主张的。但是，休谟确实在同一段又有着如下的说法：

> 关于对所有物的据有的稳定的规则虽然是逐渐发生的，并

> 且是通过缓慢的进程，通过一再经验到破坏这个规则所产生的不便才获得效力的，但是，这个规则并不因此就不是通过人类约定而得来的。(T. 490)

是的，不可否定；但是从它的起源来看，这种约定很难成为“社会的全体成员表达的关于共同利益的一般感觉”的事件。然而，恰恰是由于这一困难，在我们所引的段落里稍后将有趣地见到，休谟以特定的人们之间的个体**行动**来继续解释约定中的真实变迁，正如上文已经指出的那样。因为行动不承载任何普遍性的意指。它们可以作为“对他人的范例”。[45] 而如果正义被理解为在行动中模仿它的例证而得以发展，**那么**我们就可以理解休谟说“它逐渐产生，并且通过一个缓慢的进程而获得力量”的原因了。

根据目前为止我所叙述的内容，应该相对清晰的是，对于关涉正义的约定，我们实际上得到了两种相去甚远的关于正义起源的观
点。一方面是可以被恰当地称之为一种理性主义的和契约主义的观 17
点，而另一方面则是一种进化性的观点。前者把正义视为是全体社会成员将其作为一般规则而建立起来的；后一种则视正义为由实践发展而来的，而缓缓地变得越来越具有一般性。理性主义的观点使人迅速产生非休谟的想法，而进化性的观点则似乎脱胎于休谟所讨论的整体倾向。与这样一种印象的背景相反，一个人可以试图把关于约定的理性主义的观点理解为，对于休谟来说，它仅仅是一种方法论工具。在这种阐释下，休谟真正在说的是，普遍性和约定性的性质使正义成为一种现象，而这一现象就**好像**是人们已经像这样建立起来的一个东西一样的存在着，尽管其真正的起源则一定要以进化性的理论来解释。

这是一种有吸引力的阐释，但它在休谟的文本里只能得到极少的支持。第一，休谟并没有说约定仅仅被作为一种方法论工具，正如他对自然状态所作的阐释一样。而一般来说，休谟不是一个会错过使人理解方法论规则的机会的人。第二，在对导致正义的建立的动力因的叙述中，休谟确实给出了上文所提及的理性主义的意指，以及下文将要描述的其他内容。第三，我们将会乐于见到，如果有某种桥梁在以下两者之间被清晰地建立起来了，即一方面，理论的

进化性的部分的动力因，与另一方面，通过理性主义的约定而对其进行了富有想像力的解释的“终极因”（即正义的功能）。但是实际上，并没有这样的桥梁被清晰地建立了，这与休谟有意识地使用理性主义的约定仅是将其作为方法论工具的理解正好相反。

为了进一步理解这一问题，首先描述我所确信的，休谟关于正义起源的经过仔细考虑了的观点。接下来我将讨论，对于休谟来说，在何种意义上这一正义是人为的。这将使我们讨论以及在某种意义上解释我所称的，他的理性主义的意指得以可能。

休谟经过仔细考虑了的、关于正义的起源的观点一定是进化性的。他在《人性论》中是如此地强调这一观点，正如我们上面已经见到了的；而在《研究》中，我们得到了他关于正义和社会是如何一起发展了的框架，[46] 若非他仍持进化性的观点，则在这些问题上没有任何特殊之处。但是让我们更切近地刻画这一理论。正如我们见到的，它通过越来越被广泛模仿的个人化的行动来解释正义的发展。如果我们注意这些行动的本质，我们将会看到，它们是极其简单的，实际上它们是一些不行动的片段——即“戒取他人的所有物”。[47] 所有这些与休谟经常反复坚持的东西是一致的，即理性在正
18 义的建立中（因此在社会中）的角色是非常轻的：“模糊的感觉和些微的经验就已经足够了。”[48] 因为，如果保持财产的稳定的规则：

> 是非常深奥的和难以发明的；那么在某种意义上，社会就必须被视作是偶然的，是许多世代的结果。但如果我们发现没有东西比这个规则更加简单和明显了；如果我们发现每一个父母，为了维持其子女间的和平，都必须确立这一规则；如果我们发现，正义的最初萌芽随着社会的发展而必然日益完善；如果所有这一切都如此的显而易见，那么我们就可以得出这样的结论：人类绝不可能长期地停留在前社会的那种野蛮状态，而人类的最初状态和情形应该恰当地被认为是社会性的。(T. 494) [49]

这样一种观念是极其重要的，即认为在正义的起源中，只有程度非常低的理性被包含进来了，因为这一观念使休谟指出了原因和结果的一种近乎于自相矛盾的不一致。原因是想当然的大量的个人

化的行动，所有这些行动都出自于一种有节制的或者是文明的自爱 23
与有限的仁爱的结合。但是最终的结果却是一系列普遍的或一般的规则，这些规则对于社会的存在来说是绝对必要的，因此对于个人来说也同样是绝对必要的，而在这些规则对于公共的善具有一种强烈的“自然倾向”，这种倾向强烈到了我们所能想像的极限，但是当这些规则适用于个人情形时，又可能会极其轻易地不论是与私人的善还是与公共的善，都截然相反：

> 法官们把穷人的财物判给富人，把勤劳者的劳动收获交给浪荡子，把既伤人又害己的手段交予恶人的手中。然而，法律和正义的整个安排是有利于社会并同样也有利于每一个人的。(T.579)[50]

因此，个人的“自私的”行动的远期效应实际上远远偏离了他们心中本有的或者应有的。正义的观念“在粗鲁和野蛮的人们中间从来不曾被梦想过”。[51] 作为制度化的一般规则的正义乃是个人化的人类行动的**结果**，但却并不是**故意的**结果。而这不仅仅是休谟在谈论正义时所不得不适用的一个信条，它是一个被清晰地表达了的观念：

> 确定财产权、权利和义务的那些规则……它们全体对于维持公共的善和支持社会都有一种直接而明显的**倾向**。出于两种解释，最后这种情况是值得注意的。第一，因为**如果**这些法律确立的原因虽然**已经**是对公共的善的尊重，而公共的善是这些法则的自然趋向，这些法律作为被有目的地设计出来的，并且是指向某种目的的东西，它们仍然是人为的。第二，因为，如果人们赋有对公共的善的强烈尊重，他们就绝不会用这些规则来约束他们自己；所以正义的法律乃是以一种更加间接和人为的方式，从自然
> 原则而产生的。自爱才是正义的法律的真正根源，而由于一个人 19
> 的自爱和他人的自爱是自然地相反的，那些攸关利益的激情就被迫依据符合某种行止和行为体系的方式来调整它们自己。因此，这个包含着各个人利益的体系，对公众自然是有利的；**虽然其发明者原本并非故意地为着这个目的。**(T.528—529)[52]

如果我们首先考察引文中第一点所使用的虚拟式暗示的是什么，我们发现，正义的原因并非是对公共的善的尊重[53]，尽管它自然地倾向于这一结果。而在引文的后半部分我们则被告知，个人的“攸关利益的激情”必须“调整它们自己”，并因此形成一种“行止和行为的体系”。而最后清楚地强调了，整个结果是“发明者……并非故意地”发明出来的。

在《人性论》后面的内容里我们发现，休谟加入了一个澄清性的边注。在那里他说正义、忠诚和国际法①等，“仅仅是为了追求社会中的利益而来的发明物”。进而他又补充说：

> 它们的发明者首先挂怀的……是他们自己的利益。但我们对他们的认可远远地及于最遥远的国度、最久远的年代，以及远超出我们自己的利益的所在。(T. 577)

换言之，正义是如何被确立的是一回事，而一旦它被建立起来了，我们与它的关系则是另外一回事。

以这种方式看待正义，即把它看成是人类个人的行动的一个非故意的结果，必定是法哲学历史上最大胆的思想之一。与其大胆程度相同的是它的独创性。因为它使休谟可以避开任何额外的霍布斯式的理性主义[54]，尽管正义是人类行动的一个结果，但是它并不是被人们精心建构出来的。[55] 在这种意义上，休谟避免了法律实证主义的缺陷，而向某种立于所有实证法之上的“自然法”或者基本法保持了开放的选择。同时，他能够把正义的起源很好地保持在自然世界当中——确定导致其发生的特殊原因，即各个人之间的行动（或者交互行动）。因此，他不需要任何神圣力量的干预——或者，为此之故，需要任何特殊的道德感。安于他作为一般经验主义者的倾向和他的哲学上的牛顿规则，他能够通过人所共知的和非常一般的人类的激情（抑制了的自爱和有限的仁爱）、行动（审慎地戒取他人的所有物）和交互行动（相互戒取和模仿）来解释正义的

① “Laws of Nations”旧译为“万国公法”，是“International Law”（国际法）的旧称。因两者在含义上没有区别，为了不引起歧义，在本译文中一律将其译为“国际法”。——译者注

起源。

这种把社会制度视为人类行动的一个非故意的结果的观念，就其本身来说，是一种消极学说。它仅仅说出了这种制度的原因**不是**什么。因此，它仅仅是拓宽了我们的追寻，因为我们接下来必须追问的不仅仅包括是何种行动实际上导致了何种制度，我们还需追问，是什么激励了这种行动。因为如果我们找到了那些动机，我们 20
就可以找到对此的解释，即为什么问题中的创造社会制度的意向可以**不是**那些动机的一部分。

现在，休谟的理论在这一点上满足了我们，这是一个重要的事实。因为，在仔细检视了正义的原因和发现了建构性的理性在这一过程中所起的微小作用之后，他仅仅得出了这样的结论，即正义是一种非设计的和非预想的制度。

这种某些社会现象是人类非故意的行动的结果的观念并不起源于休谟：它曾在现代被伯纳德·曼德维尔（Bernard Mandeville）清楚地预言过。但是曼德维尔是以一种更一般的方式来使用这一观念的，他并没有对个人性的原因和整体性的结果之间的关联的细节给予太多的关注。他也在一种经济学的语境中大量地使用这一观念，经济学语境中的这一观念由于斯密而变得极其著名。但是，休谟的独特大胆之处在于，他用这一观念来解释一种在传统上极为中心的、在某种意义上最为“神圣”的社会生活要素，即基础性的法则本身，亦即我们的“正义感”。这是休谟对这一做法的哲学证成的最重要的部分之一[56]，即以一种世俗的和经验的基础性法则的概念来取代传统的自然法，在这种法则可以在他的人性科学范围内得到解释的意义上，使得这种法则成为真正“自然的”，并因此成为了牛顿式宇宙观中的正式成员。但是它确实，与传统的自然法理论一样，在超越了任何理性人类的审思慎虑之处，以及远远越过我们当下社会的地方，来寻找正义的根源。

显而易见，休谟理论的最后部分是与普通法传统和柏克（Burke）相符合的。而他将会与那些致力于正义的历史发展的思想家们找到更多的共同点。但是，这绝不能令我们无视这里的决定性区别。因为，休谟永远不会说法律自身的古老性证成了它自己。法律的历史发展对于我们对法律的理解将会至为重要，而它对于我们变更（或者保护）法律的机会也同样重要。但它永远不能成为我们评价的原则之一。这些原则真正的本质将会在下文得到解释，但是在这里应该指出的是，法律的历史和法律的历史理论之间的平衡将是斯密的将要展开的最重要的主题之一。

2.5 自然与人为

在整个对正义的处理当中，休谟对其形而上学地位感到满意。正如我们已经看到的，他的最重要的观点之一显示了正义有着自然的原因，但是他却把它称为一个人为物或者发明物，乃是人们约定性地建立起来的。在《人性论》第三版的结构中可以见到的、自然与人为之间的这一区分似乎在休谟的道德理论中有着基础性的重要
21 性。第二卷处理人为德性，而第三卷以他对自然德性的叙述为开篇，进而把这两种理论的线索整合为整体。但是让我们看看这一区分是否真的如此重要。

在第二卷第一章，即“正义，是一种自然的德性还是人为的德性?”中，以及在休谟（如我们所见到的）已经坚定地倾向于后者的地方，他以如下对用之于正义的“自然的”和“人为的”的澄清来结尾：

> 我在这里必须说，当我否认正义是一种自然的德性的时候，我所使用的**自然的**一词，仅仅是与**人为的**一词相对立的。在这个词的另一意义下来说，既然在人类心灵中，没有任何原则是比正义感更自然的，那么因此也就没有德性会比正义更加自然。人类是善于发明的物种，当一种发明是显而易见的和绝对必要的时候，也可以被恰当地说是自然的，正如不经思考或者反思的参与而直接发生于原始的原则的任何事物一样。尽管正义的规则是**人为的**，但却并不是**任意的**。如果我们所理解的自然的一词是指是任何物种所共同的东西，或者甚至如果我们把这个词限定于是指那些与这些物种不可分离的事物，那么把正义的规则称为**自然的法则**也就并不是一个不恰当的表达了。(T.484)

在这一段中，有两种东西是引人注目的；首先，人为的现象是“思考和反思”参与下的结果，其次，自相矛盾的是，在它们与任何其他事物都同样必要地存在于这个世界上的意义上，又是自然的——当然，这意味着它们如何产生于自然这两点假定了“思考和反思”可以通过这样的原因来解释。我们当然知道这是休谟的立场，在他第一次讨论自然的和人为的区分与道德品质的关联的时候，他就明确地援引了这样的观点：

> 自然不但可以与稀少的、不常见的东西相对立，同样也可以与人为相对立；而且在这个意义上，人们可以争论德性的概念是否是自然的。我们很容易忘记，人们的设计、计划和观点是一些原则，它们发挥作用时与热和冷，潮湿和干燥的原则发挥作用时是同样必要的；但是我们把它们视为是自由的和完全属于我们自己的，因而我们通常把它们与自然的其他一些原则对立起来。(T. 474)

换言之，休谟援引了他的决定论方法论[57]来说明，尽管正义和 *22*
与其相似的东西是人为的现象，因为它们是通过人的理性力量的参与而得以产生的，但是它们却牢固地存在于自然界的轨道之内，因为理性力量的行动本身就可以通过自然的原因来解释。而正如我们所见的已经看到了的，这意味着人在这个世界上的情境是这样的，即“模糊的感觉和些微的经验”必然地用“攸关利益的激情”来抑制它们本身，并且因而抑制着我们针对我们的邻人的行为，等等。

这一主题反复地在休谟那里出现着，即人为的现象有着它们特殊的性质，是因为理性的力量涉入到了这些现象的成因当中，而理性的力量和它们的行动本身就是自然中的一种关联。因此：

> 补救的方法［对于人们在世界上的困境］……不是由自然得来的，而是得之于人为的措施；或者更恰当地说，自然提供了判断和知性，作为一种对于人们感情中不规则的和不利的条件的补救手段。(T. 489)[58]

因此，通过更仔细地检视可以发现，初看起来休谟似乎将其视之为基础性的自然的和人为的之间的区分，在一个方面完全没有被他视作是基础性的。人为的东西和其他东西同样有着自然的原因，因此，以这种观点来看，这种区分是仅限于字面上的。相应地，我们毫无意外地看到，休谟在《人性论》中警告我们说“没有比自然这个词的定义”更加“富有歧义和模棱两可的了”[59]；而在《研究》中，他说“**自然的**这一词通常被用来在如此多的意义上使用，而又有着如此松散的含义，以至于讨论正义是否是自然的似乎是徒劳的”[60]。

人们可以带着一种解脱感来读这样一个脚注，即“所有这些讨论都是仅限于字面上的”。[61] 我们必须得出这样的结论，即休谟，按照我们的期望，坚决地决心坚持的仅仅是他的宇宙中的纯粹自然的动力因而非任何其他东西，而与此相应地，我们看到他在一封给弗兰西斯·哈奇森（休谟将《人性论》第三版的手稿寄给了哈奇森）的信中所宣称的：

> 我不能同意你的《自然的感觉》。它是建立在终极因之上的，尽管它是经过深思熟虑的，但是对于我来说它不够确定和不够哲学……我永远不会称正义为非自然的，而是将其称之为人为的。[62]

很明显，休谟所致力于的是对一种几乎与西方哲学史一样古老的区分进行讨论，即习俗（nomos）与自然（physis）的区分，约定性的或者人为的与自然的的区分[63]，而我认为，它类似于霍布斯着手从事这一问题时的迅即的灵感。[64] 我们现在已经面对的休谟的讨论的缺点似乎导向这样一种结论，即这实际上是一种不区分。无论如何，休谟坚持使用这种区分，而如果我们把这视为一种暗示，即暗示它在这样或者那样的意义上有着**某些**作用的话，我们并不是全错了。

至少在一处，休谟对人为的现象采用了一种有些抽象的观点，这种现象被表象为正义，不仅是从它们的起源的视角，而且同样也是从它们的性质的视角来看的，一旦这些现象被创造出来：

> “确定财产权、权利和义务的那些规则，并不具有自然的起源的标记，却包含有很多人为的措施和发明的标记。它们数量过于繁多，以至于不能自然而然发生：它们有可能会被人类法 23
> 律所改变，而它们全体对于维持公共的善和支持社会都有一种直接而明显的趋向。最后这种情况值得注意……因为，尽管如果这些法律确立的原因已经是对公共的善的**尊重**，这是在公共的善是这些法律的自然趋向的意义上的，而这些法律仍然会是人为的，因为它们是被有目的的设计出来的，并且是指向某种结果的。”(T. 528—529)

我想集中于上文所提及的人为的第三个和最后一个特征。正如我们已经指出的（上文 p. 20），那个虚拟式清晰地暗示了休谟稍后所明示的观点，即这些规则（公共的善）的“目的”不是一个**故意的**目的。但是接下来他又说，即使在这种情况下，这些规则“仍然会是人为的，因为它们是被有目的的设计出来的，并且是指向某种结果的”。换言之，正义有**一个目标**或一个**目的**是一个事实，而正是这个事实使它们是人为的。但是，尽管这一段清楚地暗示了一个**故意的**目的与仅仅是作为一种“**自然的倾向**”的“目的”之间的区别，休谟却从未在他关于自然的和人为的区分的推理当中，清楚地提出这一点。这是一个遗憾，因为休谟如此地接近于一个对于自然的和人为的之区分的修订了。如果他已经得出了他在以上引文中以及在他的整个正义理论中所暗示的，即作为一个“非故意的结果”的现象，他应该可以看到自然的和人为的之间的第三类，这个第三类分别有着这两者的某些特质。这个第三类的内容在作为非故意的和应被解释为动力因的意义上，类似于自然的现象；而它们在作为人类行动的结果，当然包括理性的人类行动的结果的意义上，则类似于人为的现象。但是，休谟没有得出这样一个理论仍是一个事实，尽管他实际上表述了这样观点，也尽管他在其正义的观念中给出了一个关于第三类的极好的例子，正如我们已经见到的。[65]

在一对比较中，休谟实际上又一次指出了正义作为一种人为的现象，在这个世界上具有一种非常特殊的地位——但是又一次，他没有说出决定性的东西。他比较了所有权与“**漫步学派**哲学的想像的品质”，进而指出唯一的区别是，所有权能够导致道德认同——而它能够做到这一点仅是因为它服务于某种功能。[66] 而在《研究》中，休谟比较了正义与各种各样的“模糊的迷信”，结论是前者“是人类福祉和社会存在所绝对必要的”，而后者则“是肤浅的，无用的和令人讨厌的”。[67]

很明显，在休谟视之为人为的东西中，真正使他印象深刻的是它们目标的导向性，即它们有某种功能的事实。现在，如果我们考虑到这一事实，且加之以这样一个事实，即传统的人为概念是，其中包含了某种建构性的理性，并再度加之以这样一个进一步的情
24 况，即对于休谟来说，“思考和反思的参与”确实实际上在正义的起源中起了决定性的作用——尽管**不是作为**建构性的理性来追求正义的规则，而仅仅是作为“模糊的感觉和些微的经验”，而在某些情形之下，它们已经足够来抑制和调整关于自爱和有限的仁爱的攸关利益的激情——如果我们把所有这些事实放在一起，我认为，对于上文已经指出了的，为何休谟相当频繁地从进化性的正义的理论滑向一种理性主义观点所蕴涵的观念的问题，在某种程度上就变得更加易于理解了。[68] 棘手的是那些关于理性、目标导向性和效用的概念。理性牵涉到正义的起源的程度是很低的，但是它的运用无意地**导致**了一种制度，因为指向某种目标，这种制度看起来包含了程度非常高的理性，这是在它有着一种明确的功能的意义上来说的。正义由之起源的个人行动有着一个有意识的目的，即对“攸关利益的激情”，也就是自利的一种更安全的满足，但是它们导致了正义的规则，而这些规则把**公共**利益（或者效用）作为它们的“目的”。当然，这种公共利益包含了每个个人的私人利益；但是**作为**一种公共利益，它可能并不出自于任何人原本的**目标**，而确实，它完全是一种“自然的倾向”，而不是任何其他的东西。我主张，正是想要把这些纠缠的关系彻底弄清楚的错误（加之缺少对自然的与人为的之间的区分之澄清），导致休谟在某些个人事例中不得不说一些明显与其正义理论不一致的东西。我将引用一些更为明显的事例：“法律和正义……的整个框架是对社会以及每个个人都有利的，正是着眼于这种好处，人们才通过自愿的约定建立了它。”[69] 但是，人们当然不可能在事前就把**公共**利益放在心上——而只能是首先关注各个人的利

益（因而需注意，休谟所标注的话“以及对每个个人”）。

在讨论正义的道德特性时，休谟补充道：“现在，正义是一种道德德性，仅仅是因为它有人类的善的倾向；而实际上，它不过是一种为了该目的而来的人为的发明而已。”[70] 而另一处：“这些（关于正义的）规则……是为了特定的目的而人为地发明的。”[71] 这里使用的是同样的评论。

最后，《研究》显示了也许是休谟所有的著作中最富于理性主义色彩的一页——恰好在休谟关于在何种意义上正义可以被称之为是人为的的讨论当中：

> 自然的可能与这些都是相对的，不论是**异常的，神迹的**还是**人为的**。在前两种意义上，正义和所有权无疑都是自然的。但是，由于正义和所有权以理性、深谋远虑、设计以及人们当中的一种社会性的联合和联盟为前提，因而在最后一种意义上，“自然的”这一称号也许并不能严格地适用于它们。(E. 307—308，note)

“理性、深谋远虑、设计”以及前文所引用的长远的视角和目 25
标，这些确实很难与“模糊的感觉和些微的经验”，以及“最少的反思”相符合，否则，在休谟集中讨论正义的起源的地方，我们是可以看到它们的。

如果我们把注意力转至与之密切联系的问题，即公共利益（或效用）是由何而来的时候，同样可以发现这种时而出现的混乱：公共利益（或效用）实际上是建立正义的原始动力的一部分，还是它仅仅是当正义确立以后的一种“自然的倾向”？因为休谟说得非常清楚，“正义的起源只是源于人的自私和有限的仁爱，连同自然对人的欲望的不充足的供应”[72]。但仅半页之后混乱就出现了：“因此，是由于我们对自己和**公共利益**的关注，使我们确立了正义的法律。”[73]同样，在《研究》中“关于正义”一章的开头，他同样声称他想要展示“公共效用是正义的**唯一**起源”[74]。

然而，几乎是无可置疑的是，这样的段落是粗心大意的结果，因为在其他地方，休谟对其理论中关于私人利益和公共利益的关系则是完全清晰的：

> 因此，自利是正义得以**确立**的原始动机，但对公共利益的**同情**是引起那种德性的**道德赞许**的来源。对公共利益的同情的原则对于控制我们的激情来说太弱了，但是它却有足够的力量影响我们的趣味，以及给我们以赞许或责备的情感。(T. 499—500)

至此，这一点被挑明了，即在休谟解释正义的道德品质时，他谈到了公共利益——一个我们不得不描述的理论——而在这里，私人利益被作为正义的起源背后的力量得到了重申。

我认为，在休谟的进化性的正义理论与各种各样的理性主义的观念之间不时出现的张力，最终来自于我在一开始处所提到的困难[75]：即，一方面，休谟只能把正义视作作为绝对的一般规则的正义来认识，因为如果存在着任何的例外，整个体系将会崩溃。但在另一方面，如果正义是由个人的行动和对这些行动的模仿而零碎地产生出来的，那么一种中间状态就必定是可能的，也就是说，事后被认为是正义的个体行动**无须**从以一般规则形式而存在的正义中就可以得到其基础，因为那些一般规则是获致那种特定类型的基础的个体行动的**结果**。

因而，我们重新提及存在于正义的起源背后的个体行动。休谟把那些行动作为**间接指向**个人利益的行动（自爱和有限的仁爱），但是，为了表明人们实际上能够并且乐于模仿这种“开明的”自利，休
26 谟需要更加强调这一点，即模仿发生于家庭之间而不是个人之间。

2.6 所有权

休谟试图通过外在的据有（possession）的观念来解释正义的起源。正如我们现在所理解的，最初，正义是人们在不靠近他人的据有物的时候所表现出来的那种行为。这使据有获得了一种稳定性，而正义所保护的这种稳定的据有被我们称为所有权。因而，正义的观念产生了所有权的观念。[76] 但是，问题是，有**哪些**据有变成了处于正义的保护之下的所有权。以他常有的辩证的方式，休谟仅仅通过一对可能的替换就得出了他自己的结论：既然对正义规则的最终证成，如我们下文将要见到的，是一种能够唤起我们的道德赞许的

公共效用，那么就可以认为，那些受正义所保护的、并因而转化为了所有权的据有，是那些用来追求公共用途的最大化的据有，也即是在那些会为了共同的善而最好地使用那些东西的人们手中的据有物。[77] 但是，事情可能并不一定是这样：首先，这不是一个能够选出特定的人去据有某种特定的据有物的一种清楚明白的标准；其次，人们关于什么人适合拥有何种据有物的观念“容易产生如此多的矛盾，而人们在评断这些矛盾的时候又是如此的偏私和易受感情的支配，因此这样松散的和不确定的规则绝对不适合于人类社会的和平”[78]，因此，也不适合于正义规则的真正“目标”。

休谟考虑的第二种可能性是，只有在据有物被**平等地**分配于人们之间时，“真正的”正义才保护它们，正如平权主义者们①所声称的。[79] 但是这同样是不可能的。首先，人们在本质上是如此的不同，以至于即使在某种程度上达到了平等，不平等也会立即再次出现。其次，考虑到正义的起源，无法想像任何一个有着足够权力的人会平等地分配所有权。而关于平权主义的学说的规范性的一面，去尝试它或者将其实现都会是极其危险的，因为无疑，它需要一种专制统治。[80]

于是，休谟关于这一点的讨论的结论是，正义被引入而用来保护的据有物不能以任何方式被要求重新分配，因为那将需要一种实际上任何人都不可能拥有的权力，或者一种不存在的全体一致。而如果有任何人试图按照相反的设定来行动，那么这将毁坏任何社会存在的可能性。

休谟自己的解决方式是，正义的引入不可能做得比正式认可**事实上**的据有物更多了。除了上述的消极论证，休谟指出，人是习惯和习俗的奴隶，因而他们逐渐养成了一种对他们现在实际的财物据有比对任何其他东西都强烈得多的感情。而这对他们来说看起来是 27
显而易见的，即正义的规则应该保护这些**事实上**的据有物。在一个很长的脚注里，休谟把他的意思表达得更清楚了一些。尽管“大多数确定所有权的规则中有着公共利益的动机”，以及尽管，如我们所知的，“模糊的感觉和些微的经验”对于使人们产生这样的动机就已

① 英国内战时期的一个非正式的联合体，他们要求宪法改革和平等权利。——译者注

经足够，但是，休谟仍然发现了“去怀疑，这些规则原则上是依据想像来订立的，或者是依据我们思想和概念的更加轻率的性质而订立的”的理由。进而，他继续援引他的联想原则，指出一个人和他的据有物之间的关系是这样的，即心灵自然地倾向于将它们连接起来，而因此，这种新的、被称之为所有权的东西是对已经存在的关系的一种巩固，而不是任何其他：

> 所有权既然形成了一个人和一个对象之间的关系，所以很自然地要把它建立在某种先在的关系之上。而既然所有权只是社会的法律所保证的一种永久的财物据有而非任何其他，因而很自然的，就要把它加之于现实的财物据有之上，这是一种与之类似的关系。(T. 504—505，note；及参见 E. 195—196)

因而，现实的财物据有是解释通过引入正义的规则而最初出现的所有权的条件，而在一个发达的社会，它仍是所有权的一个来源。休谟因此称其为占有（occupation）。[81] 但是，正如他所指出的，在一个变化着的和发展着的社会中，占有作为所有权的唯一来源显然过于不具可行性和不灵活了，因而时效（prescription）的原则、添附（accession）的原则和继承的原则就自然地发展起来了。所有这些规则都有一种想像力的自然运用的背景，但是想像力所产生出的东西在不同的情境之间经常非常模糊和矛盾，因而在这些规则里必定会有一种强烈的武断的因素。在那些对效用的分析和思考明显失败了的地方，民法的出现补充了自然法。[82]

在这些简短的概述中，非常明显，休谟不仅仅关注于解释那些法律之下的基础性的原则，这些原则在现在的社会中也同样存在。同样，他也有兴趣去展示，由于人们的本性和情境，基础性的法则必定是一种带有进化性的背景的现象。由于上文已经给出的原因，对某种据有的稳定性必须得到发展。这本身就引起了一种新的情境，这种情境要求基础性的规则在更具体的规则，例如时效规则等当中的清晰，而这就需要民法和成文法的再次介入。以同样的方式，必要性和便利自然地导致了依照同意而对所有权进行变更的规则[83]，同样也导致了承诺和契约的制度。[84]

在后文我们将会看到，斯密是如何将这些方面的法律作为其法理学体系的一部分的。但是，他把这些方面的法律的基础由休谟所认为的在想像当中发展为了一种旁观者的解释，而这一点使社会得以建立，并因此使历史发展作为解释中的必要要素更为显著了。[85] 28

2.7 承诺

在《人性论》中，休谟对承诺做了一个特别的研究，其目标是要表明——正如“普遍的正义”[86]一样——承诺建立了一种人为的制度，而在这种意义上，随之而来的遵守诺言的德性是一种人为的德性。这是一个极其重要的讨论，因为这是休谟关于责任的观点的少数指示之一，而因此这也是他关于普遍的正义法则的道德品质的观点，即，它们作为“自然法”的特性。

与处理正义问题时类似，休谟以指出并不存在遵守诺言的自然动机来开始他的讨论。[87]一般的动机是责任感或者义务感，但是这预设了这种责任得以发生的一个承诺。直到我们去处理休谟的责任理论时，我们才能看到这到底意味着什么。在那之前，必须把这一点视作休谟的进一步论证的一个前提，即我们首先应该解释承诺何以能够作为一种社会制度出现，进而展示我们遵守承诺的道德责任是如何由之产生的。

正如休谟自己指出的，他对于承诺的出现的解释与他对正义的基本法则的出现的解释十分类似。[88]一方面，攸关利益的激情对人的心灵的支配使人们非常难于彼此相信。但是另一方面，他们所处的情境使得彼此信任是必要的。因为，尽管他们可能发展出了所有权的某种稳定性，甚至发展出了某种基于同意而变更它的观念，但是对于他们来说，在没有承诺和契约制度的情况下，将所有权视为是**“缺席的或者一般的”**而进行变更仍然是不可能的。“一个人无法变更其二十里格①之外的一所特定房屋的所有权，因为同意作为必备的条件无法在传输的同时被达成。”[89]而同样，交换服务也是不可能的。在这种情境的压力下，个人会在某些特殊的条件之下看到相

① 里格（league），长度单位，1 里格相当于 3.0 法定英里。——译者注

信他人的有利之处，而另外的人可能同样会看到证明他自己是值得信赖的对其的好处。因为如果他不这样做，他将永远无法期待自己被信任，而因此，他将会把自己隔绝于一种对他来说是必要的的合作之外。这种危险之所以会出现，是因为承诺必须被表达出来，而这种对一个人的决心的语言表达使其具有了公共性：

> 当一个人说他**承诺了任何事情**时，他实际上表达的是他履行这件事的**决心**。与之相伴随的是，通过使用这种**话语形式**，如果他失约的话，那么他就把自己归之于了永不再受到他人的信任的惩罚之下了。(T. 522)[90]

因此，并不是决心产生了承诺，因为决心只是我们自然动机。而
29 是符号的使用或者表达将这种决心公开化了，由此就产生了承诺[91]，因为它产生了一个新的动机，即对如果履行不能（non-performance）而产生的同胞对他的不信任的恐惧。而因为所使用的符号是人为地被人们所发明出来的，所以我们同样把承诺视为是人为的现象。

在谈到正义时，在休谟对承诺的起源的短得多的解释当中，存在着某种理性主义的要素。因此，他谈论承诺的“制度”，并且显而易见，休谟把承诺视作是为了某种目的而被深思熟虑地作出的。但是另一方面，他强调这种目的性和深思熟虑是只包含了非常少的理性的目的性和深思熟虑，正如只在具体的情境之下出现的目的性和深思熟虑一样。同样清楚的是，承诺的出现只是正义法则的逐渐清晰化的另一个步骤，因为这只是这种情境的逻辑，即当所有权已经存在了，并且略为复杂些的社会关系也在进行中了，这就产生了一种对承诺制度的真正需要。但是，必须弄清楚，在对承诺的起源的处理中，休谟并没有给予我们就像他在评论与正义的起源相联系的，关于人们的**意向**与行动的整体**结果**之间的关系时所作出的，那种清晰的评论。我们希望他指出，在个人的情形中，人们只要能足够经常地把握机会，就能够在无意中建立一个出于自利的动机而相信他的邻人的话的新的制度，而这一新的制度自动地产生了一个新的遵守诺言的自利的动机，即对“如果失约的话，永不再受到他人信任的惩罚”的恐惧。尽管休谟从来没有清楚地这样说，但是他显

然有足够的材料去说清楚。而与他对与之类似的情形，即正义的基础性观念的起源的说明的背景不同，如果在这一点上他被挑战，毫无疑问，如上所述就是他的观点。

正如休谟清晰地指出的，承诺构成了契约法的核心，而在同样的语境中，斯密采纳了休谟的解释，他将旁观者原则公式化并且加以强调，而这一原则在休谟对这个问题的讨论里是非常明显的。而对于休谟来说，旁观者原则为他的责任理论提供了钥匙。[92]

2.8 责任

正如我们在我们目前对休谟的正义理论的处理的开头处所见到的，这一理论实际上是由两部分构成的：一种关于正义的起源的理论，和一种正义的道德品质的理论。到目前为止我们只处理了前者。在我们完成对后者的仔细检视，它是如何被整合到休谟对道德评价的一般解释之中去的之前，我们还未能处在一个能够理解把正义理论分成这样两个部分是何等的重要和基础的位置上。

关于道德的一般理论，休谟主要关注的是，什么是道德上好的
和坏的，什么是德性和恶。因此，当我们在他的《人性论》中“关 30
于正义的起源和所有权”一章的结尾处发现，他转向了正义的道德品质的问题，并将其表达为“我们为何添加（annex）正义的德性和不正义的恶的观念”[93]的时候，是毫无意外的。无论如何，他确实同样也有一个与他的一般理论完全符合的责任（obligation）理论。尽管关于这一理论他说的并不多，但是他的责任理论是清楚和重要的，以至于我认为通过这一理论来接近休谟关于正义的道德品质的观念（包括承诺）[94]是最为方便的。

休谟通过陈述**应当**包含了**能够**的原则来开始他关于责任的最重要的段落：“没有任何行动能够作为我们的责任而被要求，除非有根植于人类本性之内的某种驱动性的激情或者动机，这种激情或者动机能够产生这种行动。”[95]我们只可能为了这样的动机而处于一个责任之下而去行动，而这些动机必须在人类的自然动机的范围之内。进而，他继续清楚地说明了，这种动机对于我们的责任观念意味着什么：

> 这个动机不能是义务感。一种义务感假定了一种先在的责任作为前提，而一种行动如果不是被任何一种自然的激情所要求的，它也不能被任何自然的责任所要求。因为即使不做这个行动，也不能证明心灵或者性情中有任何的缺点或者不完美，因而也就没有任何的恶。(T. 518)

换言之，我们有责任去做一个行动的条件是：其一，如果做出这一行动的动机是人类的自然动机（这就是**应该**包含了**能够**的原则，而这也是责任的必要条件）；其二，如果我们对这一行动的不履行是我们的性格中缺乏一种品质（因而缺乏这种行动的动机）的一个标志，它是一种不应有的“心灵或者性情中的缺点或者不完美”。在引文的前一页强烈地暗示了休谟所说的“缺点和不完美”的意思：

> 一切道德都取决于我们的情感。当任何的行动或者心灵的品质**以某种方式**使我们愉快时，我们说它是有德性的；而对它的忽略和不履行**以类似的方式**使我们不愉快时，我们说我们处于履行它的责任之下。(T. 517)

不履行某种责任的不完美是一种标志，因此是一种属于某种不愉快的品质，即那种与伴随着我们的德性的知觉（perception）的愉快相类似的不愉快。但是，我们现在从休谟对道德评价的感情背景的一般说明中了解到，后者的愉快产生于与一种特殊的间接激情的联合当中，在某种意义上，这种间接激情近似于并仅近似于一种对爱情的修正了的看法，这种看法我们称之为道德认可。[96] 当然，这
31 导致我们期待此问题中的不愉快产生于与类似于憎恶的间接激情的协力当中，而这就是我们所说的道德不认可。[97]《人性论》中更早的对责任的一个简短的处理强烈地支持了这就是休谟所要表达的东西：

> 当任何德性的动机或者原则是人类本性中所共有的时候，一个感到内心缺乏这种动机的人可能会因此而**厌恶他自己**，也可能出于某种义务感，而在没有这种动机的时候去履行这样的行动……(T. 479) [98]

如果把所有这些片段放到一起，我们可以把休谟的责任理论是什么看得非常清楚了。必须以人类自然的和通常的品质以及与之相伴随的动机为背景看待责任。如果一个人或者缺乏某种品质，或者在某种特殊的情境下没有那种通常的或者自然的动机，他仍可能去履行那种如果他具有这种品质和动机，那么该品质和动机将导致他去做的行动。他可能会看到，如果人们在这种情境下通常地和自然地所为，即，作为一个不偏私的旁观者，如果他没有履行那一行动，他将会厌恶他自己（在不赞成他自己的意义上）。然而，如果他履行了那一行动，他将会对自己感到愉快，即赞成他自己。而这就构成了义务感：

> 一个在他的性情中确实感觉不到感激的人，仍会乐于去履行感恩的行动，并且会认为他通过这种方式完成了他的义务。(T. 479)
>
> 尽管我们本来没有去解除痛苦的责任，我们的人道之心仍会引导我们这样去做；而当我们遗漏这种义务时，因这种遗漏而产生的不道德感就是一种证据，即我们需要人道主义的自然情感。一个父亲知道照顾他的子女乃是他的义务，但是同样，他也有一种自然的倾向去这样做。而如果没有人有这样的倾向，那么就不会有任何人处于这样的责任之下。(T. 518—519)

我们将会注意到，上文我已经将休谟的责任解释为对自然的或者**通常的**动机的补充。后一种描述是为了表明休谟这样的观点——自然原则在人类心灵中有着惯常的表达，而这些表达可能会随着时间和地点的改变而改变。[99] 通过这种方式，对于休谟来说，把一种人性在基本上是一致的的观念与那些在历史上和地理上的人性的不同的事实相调和，就变得是可能的了。[100] 我们不应被导向相信，由于对在我们的责任观念中什么是自然的以及什么是共同的东西的关注，使得责任与尊敬是同样的了。尽管我们的责任观念是在社会压力下**形成的**，但是只有当其情境被视作是客观的和不偏私的之时——这与休谟所有的道德评价完全一致——它才成为了道德责任。这是休谟的论证中至关重要的一步，但是其全面的意义要待到我们分析了历史和效用观念的角色之后才能被理解。 *32*

然而，到目前为止，我们所提出的仅仅是休谟的责任理论的一部分。因为这一点是很明显的，正如这个理论认为，它只能解释义务感是如何能够作为自然动机的补充，以及因此为什么我们有一种实践自然德性的责任。但是，我们特别感兴趣的是去实践人为德性的责任。人们可以用如下方式来构造这些关于德性的难题。并不存在实践这些德性的自然动机，正如我们所见，没有一种动机不把它们的存在假定为社会实践。但是，这意味着，不实践它们并不表明任何自然的“心灵或者性情中的缺点或者不完美”。相应地，一个人并不会自然地因为没有实践它们而憎恶自己，而因此，也就没有任何去实践它们的义务感会自然地产生。正是这种情境迫使休谟开始着手将他的理论细化，这个理论是关于正义的规则（包括承诺制度）是如何从人们个人化的、自利的行动中出现的，以及一旦这些规则已经存在，它们是如何通过同样的自利——尽管是间接的——被维持的。而从这个基础出发，他将解释我们是怎样将一种道德价值加之于这些正义的规则之上的。因此，我们将会看到，整个理论是怎样很好地适合于：在不武断的和在人性的情境里有着自然的原因的意义上，把正义的观念传达为**发展的**东西和一种**自然的**生长物的；而在其发展过程里的任何重大的转折中都没有理性的计划的意义上，把正义传达为一个**非故意**的生长物的。

人们是如何因未按照正义的规则行动，而憎恶他们自己——当然还有他人，并因此发展出作对这类行为的首要兴趣的义务感的？在一个核心段落里，休谟援引了他的同情原则。他首先指出，随着一个社会的壮大，对于个人来说，出于自身利益而去遵守正义的规则的自利动机会逐渐变得微弱：对这一所涉范围甚广的原则的单独例外似乎并不会产生太多的伤害。但是，当人们被第三人不公平地对待时，我们对其产生的同情对抗了这种动机变弱的倾向，同样，当我们自己是不公正的对象时，我们所感受到的愤恨也对抗了这种倾向［当然，后者也可以被对我们自己的旁观者——同情（spectator-sympathy）所建立］：

> 尽管在自己的行动中，我们可能会通常看不到维持规则的这种利益，而可能去追逐较小的但较为切近的利益，我们永远

> 少不了感觉到由于他人的非正义所抱以的偏见，不论是直接的还是间接的；在那种情形下，我们既不会被激情所蒙蔽，也不会因为相反的诱惑而抱有偏见。即便非正义是如此的遥远，无论如何都不会影响我们的利益，它还是会使我们不愉快；因为我们把它视为是损害人类社会的，而且对于所有接近该犯罪者的人来说它都是有害的。我们通过**同情**来分担他们的不快。根据
> 一般观察，人类行动中任何令人不快的东西都被称之为恶，而以 33
> 同样的方式，所有产生满足的东西都被称之为德性。这就是为什么善和恶的道德感随着正义和非正义而发生的原因。(T.499)

随之而来，那些同情的个案和因而产生的道德赞同／反对或者正当／非正当的行动，成长为一种一般规则，而这种规则“我们无法不将其延伸至……哪怕是我们自己的行动”。而这种延伸得到了以下事实的支持，即“在他们也拥有我们的情感的意义上，我们自然地**同情**他人”。对于最后一点，毫无疑问，休谟考虑的是我们成为我们自己行动的旁观者的能力，而因此根据旁观者的结果（或者，更准确地说，他们的倾向）来评价这些行动（毋宁说，它们的动机）的能力。所有这些看起来都是非常清楚的，而我们也很乐意让休谟得出他的一般性的结论：“自利是正义得以**建立**的原始动机，但是倾向于那一德性的**道德认可**的源泉是对公共利益的同情。”[101] 但是，如果追问，我们是怎样从以上叙述中得出正义的道德**责任**的，我们则遇到了困难。如果我们不正义地行为，我们缺乏的究竟是**什么**动机？因为没有什么样的动机，导致我们开始憎恶自己了？它不可能是对公共利益的同情，正如我们已经看到了的，同情仅仅是一种交流的原则，而不是一种激发性的力量。[102] 显而易见的答案是，我们所缺乏的动机是那种我们通过同情其结果（或倾向）而去赞同它的东西。现在，这种结果（或者倾向）是公共利益。但是动机是什么呢？只要义务感尚未建立，唯一的动机就是自利。但是，就我们所知，这种动机仅仅是当我们进行道义评价时的一种对性格品质的指示，因此，它很难与休谟所认为的、作为一般性格特点的自利相类似，这种自利是在道德上被人们赞同的（当然，它并不必然地导致那些被普遍地不赞同的东西），而结论必定是，**不存在那种动机**我们

会因没有它们而导致我们憎恶自己。因此，看起来，休谟没有能够提供给我们这样一种动机，能够形成正义行为的利益驱动力与对这种行为的道德责任之间的连接。但是无论如何，休谟并没有彻底地辜负我们。因为，如果我们再次转向他对承诺的处理，我们可以得到充分的指示，让我们去填充缺失之处而使理论更一致连贯：

> 在假设有一种遵守承诺的道德责任时，对于所遇到的困难，我们或者是**加以克服**，或者是**设法逃避**。例如，一个决心的表达通常不被认为是有约束力的；并且，我们也不会乐于去设想，对语言的某种形式的使用是如何可能引起重大差异的。因此，我们在此是在**虚构**一种新的心灵活动，我们将其称之为承担责任的**意愿**（willing）；而我们假定，道德是以这个意愿为基础的。(T. 523) [103]

34 如果我们利用我们从正义的情况所知晓的，我们可以据此来进行接下来的解释。一旦被自利驱使的承诺变成了规则的行为，通过对它的有益倾向的同情，我们开始赞同这一行为，那么，人的这些自然的倾向——将行为视为是动机的表达和将动机视为是性格品质的表达，就导致他们去**想像**，在承诺的背后存在着一个自然动机（因此，存在着一种性格特点）——即承担责任的意愿。而人们通过同情而赞同的，正是这种**想像的**动机。当他们发现，基于相当好的理由，他们自己并没有这样的动机的时候，他们就开始憎恶自己，而这种自我憎恶（self-hatred）产生了去完成他们的承诺的义务感。换言之，出于道德上**中性的**动机（自利）而作出的某种行动，在整体上有了善的结果，而似乎又如此明确地以这些结果为目标，以至于人们自然地开始想像，存在着对这些行动的一个特殊的动机，是这一动机将他们导向了这些结果。他们自然地开始赞同这一并不存在的动机，并且因他们自己不具有这样的动机而憎恶自己。而这种自我憎恶是一种神奇的公式，因为它建立了践行正义、满足承诺，也即我们的义务感的真正的道德动机。

请允许我强调这种对于想像的动机的建议是我的一个基本构架。我基于以下几个理由而提出它：其一，在休谟的论证中，需要一个极为重要的转折，即从攸关利益的动机中，把道德责任发展出来；其二，引文中有关于这一观点的暗示——而在这个语境中读起来，似乎是一个很强的暗示；其三，这一观念与休谟的一般立场是一致的，即道德认可是关于动机的和通过动机而关于人的。以及其四，这与他的关于责任的一般观念，即将责任视为是因缺乏一种动机而自我憎恶的观念是一致的。[104]

2.9 两个难题

前面全部关于人为德性的道德价值和道德责任的一般叙述，特别是关于正义的道德价值和道德责任的叙述，产生了一个重要的假定。这个假定一向被视为是理所当然的，即休谟的理论可以解释，一旦这些德性以前文所描述的方式确立为社会制度了，我们是如何同情那些得益于这些德性的有用的倾向的人们的。但是对于我来说，这恰恰是休谟的理论做不到的。从休谟对同情机制的描述出发，我们只能同情特殊的个人，这是不证自明的。这个被同情的人实际上可能是任何人，不论他是如何的奇怪，但是他必须是一个具体的、单独的人。但是这种情况显然并不满足人为的德性，尤其是正义。这里的有用性是对于其成员不特定、并且总是处于变动不居的状态的一群人的有用性，这种有用性甚至并不向人们所知的具体 35
的人显现。这是区分自然德性和人为德性的全部意义：尽管前者在每个个人情况下都是有用的，但在后者却未必如此。

同情理论的这一失败将提供道德评价理论中必要的一步，这一步骤不仅仅因其自身而重要。对我来说，这很明显的解释了为何休谟在写第二《研究》时，对同情的技术概念避而不谈，而引入了同胞感这一更为宽泛的概念，这种做法恰恰是“解决”这一问题的，即它不要求同情的对象的具体化，而《人性论》中的同情则要求这一点。正如本章的稍前部分已经指出的，这一难题——是如此的重要——绝不应因此被视作是休谟关于激情和道德之间连接的最初理论的或多或少的崩溃，而应被视作一个更新的思辨（speculation）的时机。《研究》也构建了一些这样的思辨。

我们不知道休谟是否满意于这一思辨，但是斯密是不满意的。尽管我们没有直接的证据，但是我认为，这是关于斯密的一种富于成果的视角，即把他的有条件的适当的观念，视为一种试图将休谟正义理论的两个分支——正义的起源和正义的道德价值——连接成一种理论，并因此解决这两个分支中各自的困难的努力，我们将在下章对此进行讨论。前一部分即正义的起源中的难题是（我们已经在上文指出了），休谟未能清楚地阐明，正义行为的实践之扩展如何在心理学上是可能的之诸细节。而斯密在理论的后一部分所见到的困难，即正义的道德价值和道德责任，我认为，可以被表述为如下的两难问题：或者不得不通过同情这一概念来解释道德价值和责任（《人性论》中的解决方式），但是这要求同情对象的具体化，而在一个“匿名的”社会，即在超越了家庭群体的社会里涉及正义的情况时，这种对象是不存在的；或者以“同胞感”为手段来解释道德价值和责任（《研究》中的解决方式），虽然避免了上述的困难，但是这种方式对前景过于乐观，并且是理性主义的，以至于其在普通人中难于找到，只不过是一个哲学家的思辨罢了。斯密是如何限制《人性论》中的具体化而避免陷入休谟的难题的，因此他同时如何避免了这一两难问题的再次出现，以及他对“情感**倾向**”[105]的过分倚重，将是下一章的部分主题。

2.10 历史的角色

“人们强烈地热衷于**一般规则**”[106]，“如果没有规则他们甚至无
36 法在路上彼此通过相安无事”；不错，“如果没有成文法、准则以及正义和荣誉的观念，人们甚至不可能彼此杀戮”。[107]这种通过遵守同样的行为模式来创造规则的能力和倾向是人们生活的一个基本特征，而我们现在已经看到了，它是如何产生了一些最重要的关于一切的规则，即根本的“自然的法则”（laws of nature）。这些法则并不是以任何方式从关于人性的陈述所**导出**的，它们是由人性的某种基本特征而**导致**的，特别是当人性被置于当下这样的世界的时候。而因为人们有通过长远利益来平衡短期利益的能力，他们被自己偶然使之形成的规则所约束，因此，这些规则在某种意义上获得了某种独立的地位。当这些规则获得一种道德品质时，它们的独立地位得到了进一步增强。这种道德品质同样并不“起源于”对人性之描述的

任何神秘的感觉。而是由一系列的间接激情所构成，当人们处于某种因果性的情境之中，具有一种自然的能力来感觉到这些间接激情（与动物恰好相反）[108]。因此，休谟所提出的是一种（刻意的经验性的）假说，这一假说是关于因果关系的可能的序列的，其最终结果远远超过了任何个人所能够有的计划或者意向。而关于法则，它们是没有立法者的法则。关于社会制度，尽管它们有着完全“自然的”原因，但是它们铭刻着作为一个“人为的发明”的所有印记。社会制度是普遍的、一般的，不允许任何例外。因此它们是“非个人性”的，因为它们在特定的情况下不考虑个人的特点。[109] 这不过又是它们不允许任何高于一切的价值的另一种说法——对此下文将进一步予以揭示。它们不像自然德性，不允许任何等级这一事实也展示了同样的东西。社会制度是绝对精确的和明显的，并且是“适当的和正确的，而责任（因此正义）不承认等级”。[110] 遵守这些规则的结果是一个全面秩序的建立，即社会。因为正义和社会是相符合的；确实，正义“在任何情况下，对于人类社会的建立来说，是至为必要的”。[111]

尽管休谟通过他的正义理论达到了这一基本观念，即社会秩序是自发地产生的，并没有刻意的建构的干预，但是他是否以及在何种程度上把这一观念引入了他在《论文集》（*Essays*）和《英国史》（*History of England*）中的一般社会哲学里，则是多少有些疑问的。当然，不能在理解他的文本时加入一种全面的社会进化论，并将其视为他的核心旨趣。[112] 如果我们关注的是对休谟的社会和政治哲学的一般理解，那么对这一点的注意将是重要的；而这一点在这里同样重要，是因为它迫使我们面对以下两个关键性的难题。即，在休谟的理论中，正义与历史的进化之间的关系是什么？正义与人们所能
够援引的其他价值之间的关系是什么——或者换言之，正义在何种 37
意义上对人们来说是根本的？

我已经论辩过，休谟的正义概念是进化性的，但是，并不应被理解为，这就意味着他提出了一种正义实际上是如何进化的理论。他的论证牢牢地根植于他的人性理论。但是，在此基础上，他表明了正义是这样一种现象，在其背后必定有着一种进化过程。在某种意义上，他的论证可以被称之为是消极的：他试图展示正义既不是人类心灵的某种单独功能的结果，也不是人类理性的精心构建；他通过

46 展示正义乃是人们对在现实世界中情境的自然反应的一个必要的副产品，展示了这一点。因此，他并不是在写作正义的历史，但是他表明，基于永恒存在的人性的特征（自爱和有限的仁爱）和同样普遍的这个世界的特征（相对稀缺性），正义必定有一个历史，而这个历史又必定是纯粹自然的。但是，这一理论显然对在特定的情况下，是什么导致了这一发展未置一词。[113] 因此，不仅谁拥有什么这一问题是偶然的 [114]，人们也可以想像，哪些**种类**的东西可被解释为所有权这一观念也可能多种多样，并从属于发展的。[115]

当我们关注正义的道德品质时，可以得到同样的观点 —— 休谟的理论是这样一种设计，它相当清楚地指出了历史的位置，但其本身却不是一种历史理论。与所有社会德性的情况一样，正义的道德品质通过对来自正当行动的效用的同情而产生。[116] 但是如果我们来看效用这一概念，它呈现为一个一般原则，而不是一个有着特定内涵的观念：

> 有用性是令人愉悦而引起我们赞许的。这是一个通过日常观察而得以确认的事实。但是，**有用**？对什么有用？当然，是对某人的利益有用。那么是谁的利益呢？不仅仅是我们自己的利益：因为我们的赞许通常延伸得更远。因此，它必定是那些受赞许的性格或行动所服务的人的利益。(E. 218)

但是，显而易见，这种利益是极其多样的，那么效用的概念就必须同样如此。这一点非常重要，因为它展示了道德完善的空间，以及知识所扮演的角色。人们越是更好地理解人性及其境况，他们就越能更好地看到什么是人们真正的利益（假定他们有基本的自爱和有限的仁爱的激情），以及相应地，更好地去评价。休谟关于这种根据知识进步而重新进行评价的一个最好的例子是关于奢侈的：

> 奢侈，或者一种对生活的快乐和便利的精益求精，长久以
> 38 来被认定是政府中一切腐败的来源，以及各种派系斗争、暴
> 乱、内战和自由的彻底沦丧的直接原因。它是所有的讽刺文学
> 家和严厉的道德家慷慨陈词的对象。而那些证明或者试图证明

> 这种精益求精其实趋向助益于增进工业、文明及艺术的人，经常更新我们的**道德**情感以及**政治**情感，而将那些从前被认为是有害的和值得谴责的东西标记为值得称道的和无害的。(E. 181) [117]

我们必须同意，“休谟的‘一般心理学’关注的是心灵的功能和机制，而非心灵的内容，而心灵的内容是多种多样的，并为社会的和历史的情境所补充”[118]。而这一结论分派给哲学、批判（在宽泛的意义上，休谟式的感觉），以及历史以它们适合的功能。我一直关注的是，展示“一般心理学”自身是**如何**导致了一种对正义的历史评价的要求的。而休谟的历史的、“社会学上的”作品是否满足该目的，则与我在此的目标问题毫不相干。

2.11 效用和自然正义

我们已经通过一条漫长的道路，走向了上文所提出的第二大难题，即，在何种意义上，正义对人类来说是一种根本性的法则。我们现在必须面对此种解读的某些困难。我们知道，正义通过对效用的同情获得其道德性格，而这导致休谟坚持，使责任正当的力量趋向于与其效用相称。这清楚地暗示了，正义并没有基本到其他价值不能超越的程度。因此，看起来，休谟坚定地站在效用的立场上，而附随的正义则或多或少的是一个附带现象，仅仅只是效用的一个功能。然而，问题要远比这复杂得多。因为我们必须记得，在这个问题中的效用乃是**公共**效用，这种公共效用以一种开明的眼光来看，包含了每个个人的私人的效用以及个人通过同情而参与进去了的效用。这意味着，正义只有在其不再是公共的用途时，才有可能被超越。但是，由于正义在社会生活中非常具体，这种被超越的情况仅可能发生在最极端的情形当中，即，由于“外部的”压力，社会遭遇被解体之虞的威胁的时候：

> 在沉船以后，抓住所能抓到的任何救生的手段或工具，而不考虑既定的所有权的限制，这是犯罪吗？或者，假如一座被围困的城市正面临饥饿所带来的死亡的威胁，我们能够想像，

> 人们将出于对在其他情况下将是公平和正义的规则的拘泥尊重，而无视他们面前的任何自我保存的手段，丧失他们的生命吗？正义这一德性的用途和趋向是，通过社会的秩序而达致幸福和安全；但是当社会即将毁灭于极端的必然时，则没有什么更大的罪恶能使人们因惧怕而不采取暴力和非正义，在这种情况下，人人都可以为自己提供明智所能支配或者人道所能许可
> 39 的一切手段。(E.186)

换言之，只有当公共利益不被影响的情况下，其他的动机，比如明智或人道，才可以接替正义。[119] 正义的一般规则与正义产生的公共效用之间的联系是如此的紧密，以至于只有在极少的情况下才允许例外。但是，这种联系显然是经验性的，至少在休谟的意图里是这样的，而他的哲学政治学（philosophical politics）的任务即是向人们展示这种联系。一个更好的理解是，这里伴随了一个更强的责任，对于那些能够理解它的人来说，休谟的新科学通过这种方式，达致了与政治宣传和父母般的教化几乎同样的功能[120]。而那些能够理解它的人成为了休谟对未来寄予厚望的、“中道的人”（moderate men）。唯有当人们不受到这种新科学的宣传和教化的影响，他们才会变成像平权主义者[121]一样的“一种政治狂热者”，开始他们以自己的评价为基础来行动，对抗自然的法则。

现在如果我们仔细考察这里涉及的效用——即公共效用——我们将看到，休谟在这一点上的观点是非常复杂和不寻常的。当说到正义是如何获得其道德品质的解释时，他是通过展示**非正义**如何是一种恶来做到的。[122] 人们有一种同情非正义造成的恶果的强烈倾向，并且因此不赞同非正义。这显然暗示了，当非正义被根除时，留下来的是正义的行为。如此说来，正义是一种消极的德性，正如斯密在晚些时候表达这一观念时所说的，“我们可能经常会通过静静地坐着和无所行动，就满足了正义的所有规则”。只有当正义在艰难的境况下方能达到时，我们才直接而积极地赞同它，只有在这种时候，这种赞同才比对非正义之不存在的赞同更多。这种正义的消极形式的规则意味着，在某种意义上，它们只是说出了什么是**不应**做的——不要侵占任何他人的财产，不要不守承诺，等等——但是这

种方式对受保护的权利未置一词。就正义而言，受到保护并且只有 49
通过正义的规则才存在的所有权和契约，能够被用之于个人所想要的任何目的。当然，这样的行动可能会遭遇更为一般的道德评价，但是这已超过了正义的范围。现在，这意味着正义促进和保护的利益不是任何一种能够具体详细说明的利益。它仅仅是相容于一个社会之内的全部个人利益的总和，即，它不是不正义的。而**这**就是公共利益（通过同情，这是引起我们对正义的道德认同的根本原因）：

> 既然一个人的自爱和另一个人的自爱天然地相反，这些攸关利益的激情就不得不以某种方式来调整自己，以使它们能够共存于某一操行和行为的体系。因此，这一包含着各个人利益的体系，当然是对公众有利的。（T. 529）

这再一次意味着，正义的法则在这种意义上是**有用的**，即它们 *40*
是作为**满足某一目的的手段的**，而这一目的就是公共利益。但是，这种我们可以称之为“手段—效用”的观念，显然不同于我们在后来的功利主义理论家那里所见到的效用观念。对于他们来说，效用或多或少的被某种愉快和幸福所规定，因此这种愉快和幸福就是行动应该追求的**目的**。

手段—效用与目的—效用之间的区别是非常有价值的[123]，但是，休谟自己在多大程度上看清了这一点，是值得怀疑的。如果我们严格地坚持他使用效用这一概念的方式，它可能会清楚地呈现为“手段”的意义。当他谈到公共利益同样对私人有用时，后者的内容就明显地不相关了。当然，对私人有用的内容也可以是愉快或者幸福，但这是外在于正义的效用证成（utility-justification）的另一回事了。因为谈到正义，所有关于个人目的的可说的正义必须都是相容性的，即它们不是非正义的——那就是公共利益。而休谟在“手段”意义上使用效用，不仅仅是为了连接效用与正义。当我们因其促进他人的利益而在道德上赞同一个人的性格特点时，在上文描述的意义上，这显然是手段—效用。“有用性仅是对某一目的的倾向。”[124]显而易见，是这种手段—效用使对我们印象的“修正”成为了可能，因而我们作为“一个明智的旁观者”能够道德地、亦即不偏不倚地既判断我们的仆人又评断马尔图斯·布鲁图斯（Martus Brutus）①；也可以审美地、同样也不偏不倚地判断**任何**城市的防御工事。但是，所有这些清晰性确实被休谟不断地对幸福的援引所模糊了，而幸福是这些林林总总的“手段”所意在追求的。当然，把手段和目的放在一起谈论并没有任何问题。但是，在缺乏对效用的概念的一个直接而清晰的界定的情况下，确实令人怀疑，休谟在何种程度上清楚地看到了他的双重用法的后果。而当我们讨论斯密的时候，将会继续对这一问题进行探究。

然而，鉴于效用的“手段”意义的强势出现，那么，说休谟的道德理论，尤其是他的正义理论在总体上是功利主义的就显然是一种误解了，因为这一标签明确地与边沁和两位密尔的目的一效用理论联系在一起。由于休谟对正义的道德证成或者我们对正义赞同的原因，是正义创造了“一种操行和行为的体系”，而这种行为体系允许对兼容于整个社会生活的个人利益的最优追求。而可疑之处在于，这些个人利益的内容对休谟的论证究竟有什么样的相关性。

但是，必须强调的是，这并不能阻止我们对正义的行动进行进一步的道德评价，因为所有那些通过了正义考验的个人利益，亦即那些并非不正当的利益，可能会引起各种各样的其他的道德感受。
41 我们可能会发现，尽管一个行动是正当的，在其中并没有任何违反正义法则之处，但是，它可能欠缺仁爱；或者与之相反，尽管一个行动是不正当的，它却是人道的。但问题是，这些进一步的道德评价在涉及正义时，不具有相关性，因此，它们是外在于正义的法则的，因为它们确实没有影响到上文所限定的公共利益。只有当公共利益置身事外，而“当社会即将毁灭于极端的必然的时候”[125]，其他道德的和非道德的评价才可以取代正义。

根据休谟，一个行动在何时是正当的呢？简单的心理学上的回答是，当这一行动是这样一种性格特征的表达，这种性格特征总体上具有增进他人的利益的倾向，而我们能够通过同情赞赏这些利益的时候。但是，真正重要和有趣的问题是，这种同情在什么样的情

---

① 马尔图斯·布鲁图斯（Martus Brutus，公元前85—前42年），晚期罗马共和国元老院议员，谋杀恺撒的主谋和主要参与者之一，是西方历史上著名的谋杀者。——译者注

况下才能够发生作用。只有通过一种不偏不倚的视角，这种同情才能发生作用，即，它不应依赖于所涉及的任何特定的个人。但再一次，相当于说，这一行动必须符合一般法则：任何人都能够愿意去做它。然而，这不过是下文的另一种说法而已，即，这一行动或者至少是该行动背后的动机，应该相容于所涉及的社会或者群体中的，可能的最大多数的其他目的；否则就没有“任何人”，或者至少接近于的“任何人”，能够愿意去作出该行动。这就是我们对特定视角的“纠正”的重要意义，依据这种纠正，我们在每一个案里判断他人以及我们自己的行动，因此，我们能够站在“任何人”，或如休谟的更优雅的表达——明智的旁观者的立场上来进行判断。

以这种方式来确切地阐释休谟正义理论中的核心观点，我们就能够在将要面世的休谟式的自然的法理学中，对历史所扮演的角色投之以一束澄明的光。如果正义的核心检验之一是上文所强调的方式的使目标的相容性最大化，那么显然，在任何特定的时候，遍及于一个社会的、关于“目标”的知识就有着决定性的作用。这种知识将包含于自然的社会历史当中，尤其是这个社会中法律的自然历史。正是在这种意义上，我们才能够理解休谟关于正义的规则的建立中，**实际的**财产据有的重要性观点。如果在一个特定的社会中，已经形成的实际的财产据有没有得到尊重，那么更多的人的目标将会是对破坏财产的阻挠，而不是像一个存在正义的规则的社会事实上的情况。当然，这并不是说人们实际上以这种方式来计算。这其实是在说，如果有任何人怀疑正义的规则，那么已然存在的的实际状况（**实际的**财产占有）的知识在解决他的疑惑中将起着决定性的作用。我主张的是，我们可以将此理解为休谟确定所有正义问题的模式。而这种模式似乎远远超出了正义问题的范围：它解释了在评
价任何社会现象时，休谟对既存状态的重要性的尊重，不论这种既 42
存状态是过去的，现在的还是计划中的未来的。

所有那些对休谟观点的重新阐释使我们能够表明，他对描述性与规范性学科的非凡结合，是如何彻底地避免了通常的、只要涉及正义问题就不得不提及的“是”还是“应当”（is/ought）的问题的。[126] 休谟对自然状态的否定的全部要点在于，人们的目标和渴望通常存在于一种他人的目标和渴望的语境当中。这意味着，关于应当做什么

52 的规范性问题，可以说，通常是零碎地产生的：在我和任何其他人想要做的其他事情都给定的情况下，我能够做什么？道德证成永远都不可能是终极性的，它们必须以其存在的特定的社会价值体系为出发点。只要有人存在，就必定有这样的价值体系存在：至少，必定存在着家庭成员之间的生存、繁衍和有限的仁爱的意愿。但是，当涉及应当做什么这一规范性问题的时候，这个价值体系将永远不会作为一个终极证成的问题而出现。对于我们来说，在绝对的意义上说一个行动或者行动的规则是否是正当的是不可能的。我们所能做的是，检验这个价值体系的正当性，根据我们所持有的其他目标和价值——而任何一个其他的目标和价值也都可以再次以同样的方式被逐个检验。在某种意义上，这是一种道德有效性的一致理论，但是需要注意的是，自然的"目标"或者人性的追求为该理论提供了与自然的一种牢固的关联。[127]

现在我们可以看到，正义和法则背后的评价并不能给予它任何更多的分量。法则的古老并不能使其自身具有强迫性。因此，认为休谟的理论与我们在普通法理论家中发现的，例如，辉格党传统，或者如前文已经提及的，在柏克那里发现的传统主义者的法律证成理论之间有任何密切的联系的观点，都是误导性的。[128] 在某种意义上，在休谟声称存在着对正义的某种普遍的检验的意义上，他更接近于现代的自然法理论家们。但是，在让既存的社会价值系统在这些检验中起到重要作用这一点上，他又与他们非常的不同。休谟的理论围绕着正义的起源与正义的道德价值之间的区别而建立，而如果他对前者的处理暗示了一种与传统理论家的表面上的亲和，那么他对后者的处理就暗示了一种与自然法的、几乎同样表面的亲和。

在休谟的理论中，历史的证成或者自然法作为可相互替代的选项这一点，不是唯一变得陈旧过时的东西。同样的情况也发生在法律的自然法基础和实证主义基础之争上，这一点已经很清楚了。自然正义既不是一系列永恒有效的、实质性的法律，也不是一种人类的精心的构建。它乃是一些普遍检验的原则，这些原则必须参考一个社会已经存在的价值体系。这一观点的含义似乎是，正义既不是
43 完全相对的（对于社会，时代，阶层或者任何其他的），而在其清楚地指出了确定的规则的意义上也不是绝对的——尽管，考虑到这个

世界和人性的近乎普遍地所是（相对稀缺和有限的仁爱），基本的正义 53
规则仍将采用休谟对其进行了解释的形式："财产据有的稳定……通过同意而对它进行的移转占有，以及……对承诺的履行。"[129] 但是，这样的自然正义似乎是一种指导性的理念，这我们在追求知识时，真理可说成是指导性理念是相当类似的。对正义的追求成为了一个不带有任何自然目的的过程——至少，只要人类还是一个永远有着有
待正义检验的新的行为的"善于创造的物种"。 *44*

注 释：

[1]《大卫·休谟书信集》, *The Letters of David Hume*, ed. J. Y. T. Greig (Oxford, 1932), vol. I, p. 32；并参见 T. 620—621.

[2] Hume, *Letters*, I, p. 33；并参见 T. 621.

[3] 尤见：R. D. Gumming, *Human Nature and History* (Chicago and London, 1969), vol. II, chapter 13, esp. pp. 170ff.；N. Capaldi, *David Hume: The Newtonian Philosopher* (boston, 1975), pp. 179—187；J. T. king, "The place of language of morals in Hume's second *enquiry*", in D. W. Livingston；J. T. king (eds.), *Hume: A Re-evaluation* (new york, 1976), pp. 343—361.

[4] Gumming, *Human Nature and History*, *loc. cit.*

[5] Ibid, esp. pp. 172—174.

[6] E. 219—220, note.

[7] 下文对休谟的道德理论的简要概括自不必说，既没有伪装出任何完备性，也没有伪装出任何原创性。这种概括的唯一目的是，为休谟的正义理论布景。就这一介绍，我非常感谢 P. S. Ardal 教授在他的 *Passion and Value in Hume's Treatise* (Edinburgh, 1966) 中所作的研究；并参见他所编辑的《人性论》中他所作的引言和注释、卷二和卷三。

[8] 见 Ardal 在他的 *Passion and Value in Hume's Treatise* 第三章和第六章中对同情的处理。

[9] 这种观念普遍存在于《人性论》，因而难于特别地单独选出一段。但是 T. 584—587，这里一定是其中最为清楚的。同样对"（那个）用眼睛来看似乎是笨拙的和摇摇欲坠的建筑"(T. 586) 这个例子的运用，提供了与早期对同情的处理的有趣的反向对照，即"小房间消失在楼梯中、接待室中和过道中"的房子！(T. 363—364)

[10] 又一次，在《人性论》中有大量绝对充足的、清楚的可引用文字来解释这一点，而我将再一次特别参考 Book III, Part iii, Sect I (T. 580—584)。

[11] 休谟在《人性论》(pp. 589—590) 给出了这一分界。为了我的目的，没有必要争论同情是否包含于我们的评价的四种品质中。但是见 Ard-

al, *Passion and Value*, pp. 152—156.

[12] T. 590.

[13] T. III, ii, I:"正义，自然的还是人为的德性?"

[14] T. 479.

[15] T. 480.

[16] Ibid.

[17] T. 480—481.

[18] T. 481.

[19] T. 481—482.

[20] T. 482.

[21] T. 482—483.

[22] 这个和下面的一些引用来自休谟的《人性论》，并包括了休谟自己对这本书抄本的边白处作的一些小的修改和增补。这些在 P. H. Nidditch 的修订本中都已给出。

[23] T. 483.

[24] 参见 Knud Haakonssen，"Hume's social explanations: the case of justice"，*Danish Yearbook of Philosophy*，vol. 12，1975，pp. 114—128.

[25] 参见 Duncan Forbes，*Hume's Philosophical Politics*，该书前两章对此进行了处理。

[26] T. 484.

[27] T. 485.

[28] T. 486.

[29] T. 492—493.

[30] T. 488—489.

[31] 例如，见 T. 489.

[32] T. 487.

[33] E. 184；参见 T. 495.

[34] E. 185—186；参见 T. 495.

[35] E. 187—188.

[36] T. 493—494；E. 188—189. 在《人性论》(p. 493) 中，休谟说：自然状态可以是非常有用的，并且作为一个合法的**方法论的**工具，它使一个人能够以"知性"的抽象的方式来处理人性情感性的一面，也就是，社会的限制(这一点无意中显示了他的理性社会的概念)。

[37] 在与休谟解释的正义的起源的关联中，R. D. Gumming 在他的《人性和历史》(*Human Nature and History*) 中讲到了《人性论》和《研究》的一个不同：在《人性论》中，正义主要地被视作去缓解人类的不幸；而在《研究》中，正义更多地被视为一种用以产生"丰富"(abundance) 的工具。但是，这看起来并不很有说服力，因为正如休谟在《研究》中所指出的，在社会

中，我们是怎样能够通过“技艺，劳动和勤奋”来创造了我们对“极大丰富”的享受的（E. 188），所以在《人性论》中他指出，不仅是“通过社会，（人的）所有的弱点都被补偿了”，而且“尽管”在那种情形下（社会），人的欲求每一分钟都在倍增，尽管他的能力还依然存有争议，但是，比之于“他在野蛮和孤独的情形里，对他来说可能的任何变化”，社会仍旧使他在每一个方面都感到满足和快乐。（T. 485）休谟进而继续指出了那种确实把社会变成是有利了的安排——即劳动分工。休谟同样在《研究》里说“在自然的开放的和自由之手里，我们只能得到非常少的享受”，等等。（E. 188）在两本著作中，正义因而既具有了一种回顾过去的方面，同样也具有了一种展望未来的方面，这毫不令人惊奇，因为这两方面是互相补充的。而我不能在这两本著作对此的强调中看到任何明显的不同。

[38] E. 195；T. 492.

[39] 关于休谟的平静的激情的理论，见 Ardal，*Passion and Value*，chap. 5，esp. pp. 104—106.

[40] T. 536—537.

[41] T. 490；参见 E. 306.

[42]《人性论》(p. 498）对这一问题的处理是有歧义的。因为对正义的传统制度的讨论非常类似于对现实的正义的讨论，See P. S. Ardal，“Convention and Value”，in G. P. Morice（ed.），David Hume：Bicentenary Papers（Edinburgh，1977），pp. 51—68.

[43] 见 e. g. T. 494，531—533.

[44] 我把这视为自明的，即休谟是在向越来越多的人来讨论正义的范围，而不是把正义的概念的范围引向新的方面，例如契约，或者说，把所有权的概念的范围从牲畜引向土地。在我这里所处理的《人性论》中的段落中，他的思想中没有任何与后者类似的暗示。

[45] T. 498.

[46] E. 192.

[47] T. 489.

[48] E. 195.

[49] 在低水平上的理性主义，同样可见 T. 492，526.

[50] 同见 e. g. T. 497，531—533；E. 304—306.

[51] T. 488.

[52] 关于正义的人为性的要点的讨论见下文（pp. 21—226），这里只引用了对于理解来说足够的长度。

[53] 在其他地方对此有着清晰的说明，见 T. 495，499.

[54] 关于霍布斯的传统的解读。

[55] 对这种道德和法律的实证主义的批评，见 T. 500，521，578—579；E. 214.

[56] 我们仍将不得不留心，正义是如何变成必须的。

[57] 对我来说，这是对休谟的立场的最合适的标签。因为，他关于决定论的讨论的信息看起来显然是方法论的，而不是形而上学的，即：不要做一个非决定论者，因为那样是在放弃通过因果关系找到一种解释的希望，而决定论则是保持这种希望的一种方法。

[58] 参见 T. 475，477，484，493；E. 307.

[59] 休谟继续用"自然的"反对"奇迹的"，反对"稀少的和不常见的"，以及反对"人为的"、"文明的"和"道德的"（T. 474—475），而前面三对比较在《研究》中再次出现，pp. 307—308，note.

[60] T. 474；E. 307.

[61] E. 308.

[62] 参见 Hume，*Letters*，vol. I，p. 33. 这并非是休谟最后一次有理由的恼怒于人们在这一点上对他的误解。当他为了爱丁堡的教席而写作他自己的"书评"时，他必须以匿名的形式为《人性论》作辩护。他所作的最后说明中的一点是这样的："当作者（即休谟本人）断言，正义是一种**人为的**而非**自然的德性**的时候，他似乎感觉到了他使用的词语包含了一种令人反感的意义；因此他运用了所有适合的权宜手段，通过**定义**和**解释**来避免使用它。但是他的责怪者们（没有指明身份）并没有注意到这一点。通过**自然的德性**，他完全地理解了**怜悯**和**慷慨**，正如我们被一种**自然的本能**所立即带至的那样；而通过**人为的德性**他意指的是**正义**和**忠诚**，正如与自然本能同时要求的某种对人类社会一般利益的反思，以及与其他东西的一种结合一样。在同样的意义上，吮吸对于人来说是一种自然的行动，而言说则是人为的。但是，这种学说里的何种东西可以被假定为哪怕是最少的有害的？难道他没有清楚地断言，在这一词的另一种意义上，正义对人是如此的自然，以至于没有一个人类社会，甚至是任何一个社会中没有一个单独的成员，曾经完全缺少所有这些感觉吗？"［A Letter from a Gentleman to His Friend in Edinburgh，ed. E. C. Mossner and J. V. Price（Edinburgh，1967），pp. 30—31］

[63] 对这一传统的讨论以及与它社会和政治哲学的相关性，见 F. A. von Hayek，*Law*，*Legislation*，*and Liberty*，3 vols（London，1973—1979），vol. I.（esp. pp. 20—21）. 文献同样参考该处，并参考 Popper，*The Open Society and Its Enemiess* 2 vols（London，1966），vol. I，chapter 5.

[64] 建议见 D. D. Raphael，"Obligations and Rights in Hobbes"，*Philosophy*，vol. 37，1962，pp. 345—352.

[65] 无疑，是最后一个条件导致了哈耶克说的：休谟实际上扭转了传统的区分。（*Law*，*Legislation*，*and Liberty*，vol. I. p. 20）

[66] T. 527—528.

[67] E. 199.

[68] Above，pp. 18—21.

[69] T. 579.

[70] T. 577.

[71] T. 532—533.

[72] T. 495.

[73] T. 496.

[74] E. 183.

[75] 见上文，pp. 16—18.

[76] T. 490—491.

[77] T. 502；E. 192—193.

[78] T. 502.

[79] E. 193—194.

[80] 休谟同样指出，对于社会中必要的作为下级的服从者来说，需要不平等。E. 194.

[81] T. 505—507.

[82] E. 196.

[83] T. 514—516；E. 195.

[84] T. 516ff.；E. 195.

[85] Blow，pp. 104—114.

[86] T. 518.

[87] T. 516—518.

[88] T. 519.

[89] T. 520.

[90] 参见 E. 199—200，note.

[91] 正如 Ardal 已经指出的，这在某种程度上是对奥斯丁观点的一个预期，即"'我承诺'是一种行为，而不是对精神活动的一个陈述"。见 Ardal 在他编辑的《人性论》第 39 页的注释，Book II and Book III. p. 347。 See Ardal，"And this's a promise"，*The Philosophical Quarterly*，vol. XVIII，1968，pp. 225—237.

[92] Blow，pp. 112—114.

[93] T. 498.

[94] 当休谟在《人性论》关于承诺的一章中处理义务问题时，他说的非常清楚，推理对于"正义的一般原则"来说是一样的。(T. 518)

[95] T. 518.

[96] Above，pp. 7—9.

[97] Above，pp. 7—9.

[98] 关于这一点，见 Ardal 编辑的《人性论》中他作的引言，Books II and III，p. 28.

[99] 当然这是"一个对话"的主要主题。

[100] 见 Forbes 在《休谟的哲学政治学》(*Hume's Philosophical Politics*) *chapter* 4 中对此的揭示。

[101] T. 499—500.

[102] Above, pp. 7—8.

[103] 这至少是休谟作出这种暗示的另一处，即，是行动而不是动机是在看待责任是如何产生的之时重要的东西；见《人性论》(p. 479)，关于责任，在那里他以这种说法作了总结，“行动最初仅被视作是动机的征兆：但是通常，在这种情况下，正如与其他所有情况一样，我们把注意力固定于这些征兆上，而在某种程度上忽视了它们所代表的东西。”

[104] 除了在本段的意义上处理的责任，休谟还经常谈论“自然责任”。关于这一点，见 Knud Haakonssen, “Hume's obligations”, Hume studies, vol. IV, no. I, 1978, pp. 7—17 (pp. 14—17).

[105] TMS, I, i, 3, § 8.

[106] T. 551.

[107] E. 210—211.

[108] T. 326.

[109] T. 531—532.

[110] T. 530，并参见这一整段 (pp. 529—531)。

[111] T. 491.

[112] 我在这里参照了 Forbes 的观点，见 Duncan Forbes *Hume's Philosophical Politics*, pp. 26—27 and 59ff. Especially p. 61, note 1.

[113] 参见 T. A. Roberts, *The Concept of Benevolence* (London, 1973), p. 103.

[114] T. 502.

[115] 休谟并不像斯密后来所做的那样，以任何系统的方式来研究所有权观念的发展，但是他确实至少一度提及了那著名的四阶段中的三个：Hume, “Of Commerce”, in *Essays*, vol. 1, p. 289.

[116] E. 214—215.

[117] 很难不将此理解为是对曼德维尔著作的参照。

[118] Forbes, Hume's Philosophical Politics, p. 119. 这部著作的整个第4章“社会经验与人类自然的一致”，与此处的观点高度相关。

[119] 同样参见国际法的同类案例，T. 567—569. 这一主题在斯密那里变得极其重要，即能够压倒正义的唯一东西是防御。Blow, pp. 94—95.

[120] 参见 T. 500—501；E. 214.

[121] E. 193.

[122] T. 499.

[123] 手段—效用与目的—效用的区分的这一表达方式，我受惠于哈耶克的《法律，立法与自由》(vol. II, pp. 17ff.; ibid., note 14, p. 155)。

[124] E. 219; above, pp. 7—9.

[125] E. 186.

[126] 我认为，这一论证可以扩展至休谟的整个道德哲学，但那超出了我们在这里所关注的问题。

[127] 后一种观点没有任何价值。因为它主张，并非所有的目标对于人性都同等重要或者与人性同等地接近，那么因此，不同的目标在目标兼容性最大化的检验中不具有同样的价值。在这一点上，休谟没有任何专门的理论。但是，在通过主张对消极的（非正义）的排除优于对积极的价值的发展，他接近了一种对消极价值和积极价值的区分，其中前者对于人类的存在和福利来说是基本的，并包含了不容许对其有任何一种形式的伤害。斯密继续了这一点，并在某些细节上解决了它，将其作为正义的基础的一部分，而就这种形式，其与消极的功利主义类似。Blow, pp. 83—87.

[128] 例如，哈耶克，《哲学，政治学和经济学研究》（伦敦，1967），pp. 99—107, 111, 160; H. B. Acton, "Prejudice", *Revue internationale de philosophie*, 1952, pp. 323—336. 一方面对休谟的一般处理，以及另一方面对普通法和辉格党传统以及柏克的处理，见 J. G. A. Pocock, "Burke and the ancient constitution: a problem in the history of ideas", See Pocock, *Politics, Language, and Time* (London, 1971), pp. 202—232; 同样参见 Forbes, *Hume's Philosophical Politics*, pp. 260—237. 关于普通法传统的个案，见 J. G. A. Pocock, *The Ancient Constitution and the Feudal Law* (New York, 1967).

[129] T. 526.

3

斯密的道德理论

3.1 休谟和斯密关于同情

从休谟的主要哲学著作《人性论》转向斯密的主要哲学著作《道德情操论》，是一种多少令人迷惑的经历。一方面，在处理的问题和提出的理论方面，以及从后者对前者的批评与合作来看，《道德情操论》都与《人性论》存在着大量的相似之处，并且在其中反复出现了或多或少的对休谟自身理论的参考。而另一方面，在著述的语气和风格方面，这两者之间又存在着显著的区别。然而，可以说，休谟用自己的语言建构了一种抽象理论，并且试图将一般经验以及这些经验的语言学上的表达调和到他的理论中去；而斯密则试图将一种抽象的理论调和入一个一般语言的概念性框架当中——或者，至少是将其调和到一般语言的最小延伸当中。这可能是为何休谟研究者发现斯密的理论深度不够，而斯密研究者则倾向于认为这是休谟为他的深奥付出了经验性内容和相关性的代价的原因之一。而这两本著作之间的区别不仅仅限于语言和风格。因为这恰好是斯密抱怨休谟的地方，即斯密认为，休谟的道德理论乃是哲学家的建构，这种建构没有抓住人类道德本来的情形[1]——在本章中我们将有机会再次回到这一抱怨。

斯密对“同情”一词的使用是使用日常语言实现理论目的的优势和危险的一个最佳例子。在某种程度上，我们多少都能理解日常语言，但是正因为如此，我们很难达到斯密所赋予它们的那种技术

上的曲折含义。正如奥古斯丁之于时间难题①，似乎只要我们不去追 61
问斯密，我们就能懂得它是什么。但是无论如何，在斯密的同情的概念这一点上，似乎还是有些一致的，不论它可能是什么，它都是与休谟的同情概念根本不同的。因此，我不无犹疑地主张，在两位哲学家的同情理论之间存在着某些显著的结构性的类似，而程度与之同样显著的区别的出现，则是由于斯密对休谟的观念的扩展和普遍化。[2]

将同情问题视为一种因果关系问题，是解决休谟和斯密的同情 45
难题的一把钥匙。当我们有两种相似的激情，并且把其中一种称为是对另一种激情的同情的结果，或是对另一种激情的同情性的反应时，“同情”代表了什么？对于第一种情况，休谟把他的回答限制在了一个相当简单的心理学过程当中：当一个人察觉到了他人身上的、对一种激情的表达，那么在他自己先前经验的基础上，他形成了一种关于这一激情的观念，而这一观念转化为一种印象，即，通过旁观者自身印象的触发性的出现，这种观念转化为了一种与他人的原发激情相似的激情。这一心理学上的过程是一切评价的出发点，但是，为了产生一种合适的道德的或者审美的评价，同情性地产生的激情必须依据原始的激情及其表达所发生的**情境**而被“校正”。如我们在前一章中见到的，这是客观性的评价得以产生的方式。

斯密所做的，只是扩展了旁观者产生同情性反应的原因性因素，将这些因素扩展至**包含了**原始的激情及对这种激情的表达时的情境。依照斯密，这种情境不仅仅是一个次要的和校正性的因素。这不仅仅是我们知觉到了他人的激情从而引发了我们同情心的表达。在某种程度上，对于相当简单的激情，情形可能确实如此，即，这种激情并没有超出该激情的所有者所拥有的激情的范围，例如在快乐或者悲伤的情况下；但是，即便是在这样的情况下，这种同情仍是不完美的，除非单纯的激情（或者，对它的表达）以外的因素被更多地了解到了。当然，越是对于指向或包含了他人的、更具有道德相关性的激情，就应该越对之多加了解。[3] 同情的产生，实际上是激情产生时的一系列整体境况：“同情……的产生更多地是由

① 奥古斯丁在《忏悔录》中说：“时间究竟是什么？没有人问我，我倒清楚；有人问我，我想说明，却茫然不解了。”——译者注

于激发这种激情的情境，而不是产生于对这种激情的看法。”[4] 这一点是极其重要的，因为它表明了同情的**对象**即他人的激情，与同情的**原因**即产生原始激情的整个情境之间的区别。这再一次表明了，原始的激情仅是整个过程的偶然性部分。基于某些理由，这些原因可能并没有产生原始的激情，但是，它仍可能在旁观者那里产生一种同情性的激情。因此，旁观者有可能能够根据他对情境的审度，说出那种原始的激情**应该是什么样的**。斯密通过一些著名的与道德无关的例子来说明了这个非常重要的观念：我们会对一个白痴作为白痴的痛苦而感到同情，尽管他可能过得十分快乐；[5] 一个母亲对她生病的孩子的未来会感到同情，尽管这个孩子对其未来的任何事情都一无所知；最极端的例子是我们对死者的同情，尽管对于他们来说，感觉到任何激情的可能性都被排除了。[6]

46 现在，斯密对同情的原因所作出的解释是如此清晰地与休谟所作的不同，而又同样清晰地是与之相容的。因为到目前为止，斯密所做的，是指出休谟所选中的原因，即对激情表达的知觉本身是不充分的，而且在结果上，也就是同情出现时，它也远非总是出现。休谟的理论使行动和它们的动机在某种程度上是前瞻性的（forward-looking），相应地，我们从这种视角出发来判断它们。动机和行动被看作是故意或者非故意地针对着某种结果，而道德判断是从这个意义上说的，由对这些行动和动机的优点的估计而构成。与此相反，在斯密那里，行动和它们的动机是回顾性的（backward-looking），它们是对一种情境的**反应**。而我们是从这种视角出发，来判断它们对于一种情境来说是相宜的还是不相宜的。这种改变不仅仅给道德理论的内容产生了影响，同样给道德理论的认识论地位，或者毋宁说，给道德判断的认识论地位产生了影响。依照休谟自己的认识论术语，道德判断必定从一种幻象（illusion）**开始**，因为它以想像本质上是私人的和不可及的，人们对他人的行动（或者动机）的反应为开端。它以一种被称为“同情”的类比性的“推理”为基础，情境化的“纠正”正是在此基础上添加的，由此而产生了相应的道德（或审美）判断。

在斯密那里，这一点被明显地改变了，因为把道德判断视为被判断的行动适于其情境的首要问题，斯密将知识问题转化为了情境问题。能够作判断就意味着能够了解该行动的情境，因此也就意味着要有不偏不倚和见多识广的旁观者的理想。这显然是对我们道德世界的公共性质（communal character）解释的一种进步；至少这种情境的某些部分通常是对公共视野开放的，而同情的整个运用使得这种情境使旁观者和主要的相关者之间尽可能地具有共同性。换言之，在斯密看来，道德判断在其出发点上就已经有了比休谟的更广的经验性基础。

斯密能够对这一点进行很好的理论应用，因为，把情境作为道德判断首要的基础观点使他能够依据对情境和它们的伴随性情感进行一个粗略的划分，而这一划分依据的是通过同情——对于旁观者来说的普通的可及性。这就是《道德情操论》的第一篇第二章所做的工作。因此，对于我们来说，很多情况是困难的，例如，了解产生于他人身体的激情，而要了解有内在原因的激情则比有着我们可以见到的外在原因的情况更困难。同样，对于旁观者，要获得对于所指向的那个人，在某种程度上独有激情的同情性的理解，比如对他的爱情的理解，也是困难的。但是，尽管我们不能把握这种独特的激情，我们却
了解激情的一般类型，这就使我们能够体谅所有外围或者伴随性的激 47
情。爱情“并不是作为一种激情，而是作为一种能够产生其他使我们感兴趣的激情的情境使我们感兴趣的”[7]。斯密进而继续讨论了三种更重要的激情类型：非社会性的、社会性的和自私的激情。所以这些我们都能够通过同情来理解，而斯密的主要论题是，在赞同这些激情为适宜的意义上，我们在何种程度上能够同情它们。[8]

休谟是通过联想链条（the chain of association）来解释这一问题的。斯密则使用了意义更广泛的“想像”（imagination）。但显而易见的是，斯密极有可能通过使用联想来解释想像的功能。假设他没有这样做，是因为对于他的目的来说，联想可能是在一般理论中的一个不必要的细节。就算可能如此，斯密和休谟的这两个理论在进一步的细节中还是存在着大量的相似之处。对于休谟来说，当我们自己处于原始感受表达的影响之下时，同情感就此产生；尽管这种同情感与原始的感受相似，但它是我们作为旁观者的**自己的**同情感，因为它是通过对自我的印象的激发性影响而产生的。是否能以移情（empathy）[9] 这样的现代心理学术语来描述这一过程确实无关宏旨。关键我们要注意到，作为旁观者的感受而存在的同情性感受是

同情的一个简单条件（simple condition)。

根据斯密，当旁观者把自己置于产生原始感受的影响之下时，同情感就产生了。这个过程只有通过著名的想像的情境转换（imaginary change of situation）才能完成：为了看到处于那样的影响之下，我们自己的反应是什么样的，我们想像我们处于另外一个人的所处的境况之中。而作为旁观者，我们通过对想像的这种使用而获得的感受就是同情感，也就是“同情，或者旁观者的相应感情”[10]。当然，经常引起困难的，是我们应该怎样去理解旁观者地位的这一想像中的改变。他改变了什么：仅仅是情境，还是他自己也改变了？对于我，对此没有也不可能有任何清晰的一般性答案。它必定会因许多因素的不同而不同，例如旁观者还是行为者（原始的感受的所有者）的人格，他们之间的相互关系，涉及的情境和感受的性质，等等。但是，关于此有两点需要作出说明。首先，行为者的人格本身对于整个情境是极其重要的一部分，因此，旁观者越是能够更好地在想像中对这种人格加以识别（identify)，他对情境的理解就越好、越精确，以及因此，他的同情感也就会更好和更加精确。[11] 其次，必须指出的是，对于斯密，正如对休谟，同情的行动必定要被旁观者对其自身的意识所伴随着。正如我们看到的，所有同情的背后推动力都是一种想要联系或者比较我们**自己**的反应与**他人**的反应
48 的愿望。对人们的所有评价恰恰是产生于人们之间的这种“张力”，而同情的行动是其中必要的第一步。

因此这一点是必要的，当然在我看来，这更是一个问题，即，从他对同情的讨论的一开始，斯密就清楚地表明了，旁观者自己的意识通常在某种程度上是伴随着同情的行动的，不论他可能如何成功地接近了行为者的真实状态，旁观者所感受到的东西：

> 确实，总是会在某些方面与（后者）所感受到的有所不同，……因为那种对情境的改变的隐秘的意识仅仅是想像的，而这不仅仅在程度上降低了同情感，并且通过某种方式改变了它的类型，而给予了它一种完全不同的更改。①（TMS，I，i，4，§7）[12]

---

① 译文中涉及《道德情操论》的部分，由译者依照原文中的引文直接译出。又及，本段引文中的（后者）指的是行为者（agent)。——译者注

确实，人们可以说，只有在所有的同情行动中都保留了旁观者的自我意识的情况下，斯密才能够彻底把同情机制作为评价的基础来运用。因为，正如我们已经见到了的，甚至根本没有人有待于被同情，或者只是一个彻底弱智的和不可及的人是有待于被同情的——即，在绝对没有任何其他人有待于被“识别”的情况下，我们仍然能够完美地去同情，并且因此去评价。简言之，在很大程度上，旁观者能够在他的想像中取代行为者的位置，但是，存在着这样一点，即他必须保留一些这样的意识，即他自己是作为同情者的，超出了这一点他可能就无法进行他的识别。

3.2 同情与道德赞同

斯密通过指出同情的现实性作为人类的一个原则、哪怕是那些最坏的人也拥有这一原则而开始了《道德情操论》。但我们更要记得他没有仅仅让问题停留于此。他在很多不同的地方清楚地指出，同情是通过一种在人性中更为基础的原则来起作用的，这一原则是，同意（agree）我们的同胞，以及与他们相一致的愿望。例如，因此他说道：

> 交谈和社交最大的乐趣……来自于情感和意见的某种一致，来自于心灵的某种和谐，正如众多的乐器相互保持一致和合拍一样。但是，除非情感和意见有一种自由的交流，否则这种极其令人愉快的和谐是不可能得到的。由于这一原因，我们都渴望感受到彼此之间是互相影响的，都想深入对方的内心，都想观察到真正存在于内心深处的情感和感情。（TMS，VII，iv. §28）

这种对于他人的近乎于强制性的兴趣是及其重要的。一方面，
这种兴趣使人们让自己被他人所引导；另一方面，它又使人们试图
引导他人。基本上正是这种延绵不断的交流，构成了所有人类文化
的基础。这种交流很可能构成了语言的基础；通过自负，它是所有 49
社会等级区分的基础；通过物品交换的形式，它存在于任何经济的
背后；而通过同情的机制，它产生了所有的人类道德。

无论如何，只有在这种情况下，对一致（agreement）①的追寻才要求同情，即正在寻求的同意的对象在某种程度上较为紧密地与一个人联系在一起，而不涉及其他人（一个或多个）的时候；因此，前者将会以一种显著不同的方式被影响，即他将在一种不同的情境之下被影响。而对于其他的情况，例如对于“科学和鉴赏”的对象，则会有所不同。这里，所有（的人）②：

> 都以相同的视角出发去观察它们，而我们没有去同情的机会，或者也没有为了产生情感和感情的最完美的一致，来考虑同情由之产生的想像中的情境变化的机会。(TMS，I，i，4，§2)[13]

但是，如果这种同意的对象是这样的，即一个人特别地被其影响了（例如，有可能是另一个人针对他的怨恨），那么任何其他人——即所有的旁观者——只需通过同情，通过在想像中试图让这一对象和整个情境来影响他们，就可以理解和评价他的反应。[14] 这种情境的不同与对理解和一致的愿望一起，引发了同情。

然而，旁观者的感受不过是对原始感受的同情性反映，因此，同意将会是不同的。“主要的相关者对此是敏感的，而同时他又热切地渴望着一种更彻底的同情。”[15] 这使**他**同情旁观者的情境。因此，只有通过这种意义上的交互同情，最大程度的同意才能被达成。由于旁观者自己的伴随性的意识，这种同意永远都不会是彻底的，但是它的确“对于社会和谐来说足够了”。[16]

在现在这一解释的意义上，同情是对所有其他人的判断手段，也如我们下文将会看到的，是判断我们自己的手段。评价或者判断的基本行动仅仅存在于这样一种比较之中，即对这个评价或者判断所主要地涉及的人的原始反应，与旁观者对之同情性反应之间的比较。如果这两者达成了一致，那么旁观者就赞同所涉及的那个人；否则，他们就不赞同：

---

① “agreement”既可以译为“同意”，也可译为“一致”，在意思上也基本没有差别，但是因为后文所涉及“agreement”的地方，多指的是两种动作的一致，因此根据汉语的语言习惯，将之译为“一致”，但实际上这个“agreement”是与本节第一段中作为动词使用的“同意”（agree）相呼应的。——译者注

② “（的人）”为译者根据引用段的原文的上下文加上去的。——译者注

> 对其他人的激情的赞同……由于对于他们的对象是合适的，与发现我们完全同情他们是一回事；而不这样赞同他们，与发现我们不完全同情他们也是一回事。(TMS, I, i, 3, §I) 67

这里清楚地暗示了同情与赞许之间的区别，而这种区别的原因是同情，为了这个同情，斯密不得不在后文的一个脚注里为休谟作出澄清[17]：

> 一种反对我的意见说，由于我发现了对同情的赞许的情感总是 50
> 令人愉快的，对任何令人不快的同情的容许是与我的体系相矛盾的。我的回答是，在赞许的情感中，有两点应当予以注意：第一，旁观者的同情性的激情；第二，由旁观者所观察到的这两者之间的完美契合所产生的情感，即，旁观者自己的同情性激情与主要涉及的人的原始激情之间的契合。赞同的情感恰当地存在于其中的后一种感情通常是令人愉快和喜欢的。其他人对此可能感到愉快，也可能感到不愉快，这依赖于原始激情的性质，因为这种原始激情的特征必定会以某种方式保留着。(TMS, I, iii, I, §9, note)[18]

这段抽象、清晰性令人想起休谟，这种清晰性是很多学者希望斯密也能具有的。但无论如何，斯密的同情性评价理论中已经有了足够的清晰性，让我们能看到如下区分：首先，在旁观者那存在着一种想像中的情境转换，通过这种情境转换，旁观者试图尽可能地设身处地于与原初涉及的行动者同样的起因性的影响之中。我们会经常发现，只有在斯密那里，这一过程才被称之为同情。其次，存在着受这种原因所影响的结果，即所谓的旁观者反应。这也被称之为同情，或者同情感、同情性的情感等。再次，存在着一种对原始情感和同情性的情感的比较。最后，存在着一种由这种比较而引起的感情，它或者是一种被称之为赞同的愉快感情——当原始的情感与同情性的情感相吻合的时候；或者是一种被之称为不赞同的痛苦的感情——当原始的情感与同情性的情感不相吻合的时候。这种愉快通常被称之为同情，而痛苦则应该被称之为憎恶（antipathy），在一些偶然情况下，它也确实被这样称呼了。很明显，斯密在前两种意义上对同情的使用是中立的，既可能引起最后一种意义上的憎恶，也可能引起最后一种意义上的同情。这种使用是技术上的，并且它以对斯密理论的理解为前提，而看起来最后一种意义上的同情与这个词通常的意义更为接近，即同情这个词通常暗示了某种积极的态度。然而最令人困惑的是，斯密经常使用同情的概念来表示上面提到的全部三种意义，还加上比较——即，他经常把同情作为包含其结果的整体过程来讨论，而在这种意义上的同情只可能是“积极性的”(赞同)。[19]

我提到了对于斯密来说，赞同与不赞同是特殊类型的愉快和痛苦，即它们产生于对原始情感与同情性情感的比较之中。这需要一些正当的理由。尽管斯密从未把这一点处理得十分明了，但他确实在脚注中引称道，积极性的情况，即赞同，是“令人愉悦和喜欢的”。并且，他有整整一章——题目是“关于愉快和交互同情”——指出，同情有着它自身的、与众不同的愉快，不论对于受到同情的人还是给予同情的人都是这样；而非常清楚的是，在这里，同情必定意味着赞同
51 或包含了赞同。[20] 在同一章中，他还处理了消极性的情况，相应地，我们应该如他一般将之称为憎恶或者不赞同。结论必定是，在赞同的性质这一基本问题上，斯密是完全同意休谟的：他们都会坚持赞同和不赞同是由不同的感情或激情构成的。[21] 他们的整个论辩超出了引发那些激情的原因链条。

3.3 同情的相互关系

我已经不止一次地指出，同情对于斯密来说是人们**相互之间**的事情。我主张，同情的这一特点对于斯密的整个道德理论是至关重要的，实际上，如果没有这一点，他的同情观念本身几乎是不可理解的。但由于《道德情操论》的写作方式，同情的相互性特点的重要性仍然容易被低估。因为，尽管在该书的第二章，斯密就处理了“论交互同情的愉快”；尽管早在第四章[22]，他就给出了关于同情的相互性观念的一个相当好的描述；尽管，如果没有这一观念作为前提，人们就无法得到对第一卷和第二卷的完整的理解，但是只有到了第三卷，读者才能得到对这一问题的完整处理。人们可以说，在第一

卷和第二卷，斯密告诉了我们同情是如何**被给出**的，而在第三卷，他表明了同情是如何被接受或者被**得到**的。但是，由于这可能是斯密最原初的观点之一，即他想要解释的道德情感是**这两者**的结果，如果不是根据第三卷来阅读，前面两卷将失去它们几乎全部的重要性。

当然，斯密通常把人的社会性作为一个问题，即一个人是与他人联系在一起的。这意味着他确实不得不经常注意人们；他不得不观察他们，看他们在物理上和精神上的喜好的是什么，即，关于行为：

> 我们关于人的美和丑的最初观念是来自他人的形体和外表的，而不是来自我们自己的……以同样的方式，我们最初的道德批判是运用在他人的性格和行为之上的。(TMS，III，I，§§4，5)

不考虑先前所提到的人们天然地追寻与同胞的一致性的事实，受迫于社会环境，受迫于他们仅有的共同的存在，他们不得不在试图相互理解的中性的意义上**给出**同情。但是，重要的是，人们马上就会发现，这也意味着他们的同胞也在以相同的方式观察着他们。“我们马上意识到，其他人对于我们自己的（性格和行为）也同样直率。”[23] 一旦我们认识到这一点，我们首次知道了，自己作为一种有着某种物理上的，以及更重要的，某种道德上的表现的人，可以是评价的主体。这种对他人对我们的观察和评价的了解使我们看到， *52*
存在着一些有待于观察和评价的东西，而我们自然地去会想像它们会是什么样子的，或者对其他人来说，我们看起来是怎样的。[24] 因此，这种知觉，或者，我早前的术语，这种对他人同情性的努力接受，使我们了解了自己的心灵。而如果一个人，**当然这是不可能的**，是在社会之外长大的，那么这样的认识就不会发生。[25]

一旦这种对我们自己作为判断的主体的意识苏醒了，对一致的欲求就会驱使我们试着以我们想像到的他人可能判断我们的方式来判断自己。这意味着我们必须作为自己的旁观者而行动的同时，也作为被判断的行为者而行动：

> 当我努力去检视自己的行为时，当我努力去对这个行为作出评判时，无论我是赞同它还是谴责它，很显然，在所有这样的情

> 况下，我都仿佛把自己分成了两个人：一个我是检视者和判断者，与另一个我所扮演的角色是不同的，而另一个我是那个行为被审查和被判断的行动者。第一个我是旁观者，当以那个特殊的观点出发来看待自己的行为时，通过设身处地于他的处境，通过考虑到当它发生在我面前时我自己的行为会是怎样的，我努力去体会他的情感。而第二个我是行动者，这也是我对自己的恰当称呼，而对他的行为，我努力以旁观者的角色来形成一些意见。第一个我是判断者，而第二个我是被判断的人。”(TMS，III，I，§6)

通过同情，我们试图对自己产生一个旁观者的立场，试图使用一个别人看待我们时所使用的有距离的视角来看待自己。这是同情的第一步。然后，我们试图去想像，这样一个旁观者是否会以及在何种程度上才能体会到我们的真实立场。这是同情的第二步。进而我们试图估计同情的第二步的结果，来看在我们的原始动机和情感与那些我们想像中的旁观者同情性地产生的情感之间，是否会存在一致——即想像中的旁观者将会赞同还是不赞同我们的原始情感和动机。最后，我们试图通过由对该旁观者的同情构成的同情的第三步，来使这个旁观者赞同或者不赞同自己的行动。通过这种方式，我们开始以与我们判断别人的行为时同样的标准来判断我们自己的行为，即在处在我们自己情境中的旁观者眼里，该行为是否是合适的。我认为，所有这些步骤在斯密对同情的相互性处理的开始的一个单独段落里，得到了概括，尽管初读起来，他的散文文体似乎并没有揭示这一点：

> 对我们自己的行为，我们或者赞同，或者不赞同，依照的是我们的感觉，当我们把自己设身处地于另一个人的情境中，并且可以说，从他所处的情境出发，仿佛以他的眼睛来看待这个行为的时候（同情的第一步），我们或者能够或者不能完全地
> 53 体谅并同情影响了该行为的情感和动机（同情的第二步和比较）。可以说，除非我们离开了自己的自然地位，努力在一定的距离之外来看待自己的情感和动机（第一步），否则我们永远无法审视我们自己的情感和动机，永远无法形成关于它们的任何

判断。但是，我们无法通过任何其他的方式做到这一点，除非通过努力以他人的眼睛来看待它们，或者以其他人可能看待它们的方式来看待它们……我们努力去检视自己的行为，像我们想像到的任何公平的和不偏私的旁观者将会做的那样（第二步）。如果，通过把我们自己设身处地于公平的和不偏私的旁观者的情境，我们全面地体谅了影响该行为的所有激情和动机，我们会通过对这位假设的公平的判断者所赞许的同情而赞同这个行为。反之，我们则体谅他的不赞许，并且去谴责这个行为（同情的第三步）。(TMS，Ⅲ，Ⅰ，§2)

3.4 通常的标准、理想的标准和社会接受

确切地理解作为旁观者的**他人**，在人们的自我道德评价的标准以及性质的发展中起到了什么样的作用，是具有极大重要性的。到目前为止，我们已经看到了，他人是如何在人们把他们自己以及他们的行为直接地看作是道德评价的对象时的一个必要条件的，并且我们已经看到，这使得人们以与他们用来判断他人时同样的标准来判断自己，即合宜的标准。然而问题是，是**什么样的**合宜性？斯密用《道德情操论》的整个第一卷来解释行动的合宜性，而其第一篇就是“论合宜感”。因此，到那里去寻找解释是很自然的：

> 这种感情似乎具有的，对于其起因或者激发其起因的对象的适当与否和相称与否，构成了随之发生的行动的相宜与否，构成了它的庄重得体或粗野鄙俗。(TMS，Ⅰ，i，3，§6)[26]

这可能听起来像是对一个道德正确的绝对标准的尝试。但是，人们当然不应该忽视那小小的“似乎”：合宜性是人们在作为旁观者判断相互的行为时使用的一个原则。而使用中的合宜性显然意味着，行动者的原始情感与旁观者的同情性情感之间的相互吻合或者一致，这种吻合或者一致带有对后者的赞同的结果。很难把合宜性看成是这种特殊旁观者所使用的合宜性之外的任何东西，因为正如斯密所解释的：

> 人的任何才能都是他判断他人的相似才能时的度量。我通过我的视力来判断你的视力，通过我的听力来判断你的听力，通过我的理性来判断你的理性，通过我的怨恨来判断你的怨恨，通过我的爱情来判断你的爱情。我没有也不可能有任何其他手段来判断它们。(TMS，I，i，3，§10)

这听起来像是一个非常不可能的主观主义。但是，斯密真正的
54 壮举，是展示了人们如何确实拥有着一种具有共同标准的共同的道德世界。他们是**如何**得到它的？这是我们的问题，这个问题我在上文通过询问旁观者的确切的重要性已经有所暗示了。现在，如果停留在第一卷第一篇，我们将会看到，在那里，斯密已经向看起来是答案的东西迈进了一步。他首先指出，转瞬即逝的和微弱的同情感是如何经常与它们的对象——原始情感构成比较的。进而他继续说道，行为者对此通常是有所预见和有所预防的：

> 被主要地涉及的人对此是敏感的，与此同时，热烈地渴望着一种更彻底的同情。他渴望的那种安慰，除了旁观者的感情与他自己的感情的完全一致之外的任何东西都不能提供的……但是他只能希望通过降低对此激情的程度来获得这种一致，在这种降低了的意义上，旁观者才能够与他取得一致。如果我可以说，他必须降低其自然的音调的锐音，为了将其减弱到能与那些关于他的情感相和谐和协调的程度。确实，旁观者所感受到的总是会在某些方面与他所感受到的不同……因为由之产生了同情性的情感的、改变了情境的隐秘的意识，不是别的，正是想像，而想像不仅在程度上降低了这种激情，并且在某种程度上改变了这种激情的类型，对它作出了一个非常不同的变更。然而无论如何，显而易见的是，这两种情感之间还是可以有着一种相互符合的，而这种符合对于社会和谐来说已经足够了。尽管它们永远不会完全一致，但它们可以是协调的，而这就是所有被希望和被要求的了。(TMS，I，i，4，§7) [27]

这一早期的段落是一个最好的例子，它说明了一个充分的理解

是以这样的知识为前提的，而关于这种知识的学说只有在著作的后文中才得以开始。因为清晰的是，斯密在此处使用的是同情的相互性观念，而关于同情是如何“被得到的”，我已经指出，在第三卷才得到了展开。只有通过这种方式，被同情的一方对激情的“降低”才能够被理解。

引用这一段的原因是，它通过非常清楚地阐明了这一要点而结尾的，即，对交互同情的运用无意中产生了共同的社会标准——至少对于使社会生活成为可能来说，这些标准的公共性已经足够了。这再一次为我们提供了评论斯密理论中其他各种不同的核心要点的机会。首先，它表明了交互同情是一种行为的选择机制，而对于情境、主要的是社会情境来说，这已经足够了，这是潜伏于斯密的许多技术性讨论背后的动力因。这可能是斯密对社会理论最大的贡献，我们必须把它留到之后，以对它进行更为详尽的处理。其次，我们被引致询问，根据斯密，对于道德，社会接受和社会需要对其来说是否就已经充分了，或者是否有部分道德能够从通常被接受的东西中获得某些独立性，即是说，道德理念是否是可能的。对此进行解释的理论必须能够解释道德理念是如何从社会道德中发展出来 55
的，既然后者是经验性地、被给出的道德。因此，这种解释理论必须是这样一种理论，它是关于道德理念是如何能够从社会道德中分离出来，以及关于理想的道德是如何能够从**事实上的**道德中出现并开始独立的。

斯密提出的正是这样一种理论。人们用以判断自己的标准与判断他人的标准是一样的——合宜性。并且，如我们所记得的，合宜性是这样的一个问题，它是关于特定的行动及其动机相对于它的情境的适合性。这意味着，尽管是通过交互同情机制的、我们对于他人对自己行为的判断的理解，使我们开始了对我们自己的判断，但这**导致了**我们使用一种**不同于他人的观点的**标准来判断我们的行为。我们通过询问他人是否会认为我们的行为是合适的来开始，但这导致了我们去询问该行为是否在事实上合适的。而只有假设我们站在我们自己的旁观者的立场上，后一个问题才有可能得到回答；不是任何具体的旁观者，因为他会有他自己特定的利益和偏见，正如我们自己也具有的。这必须是一个“第三人”的立场，一个不偏私的旁观者的立场，而这个不偏私的旁观者是不论是行动者还是实际的旁观者，都能够得到的一个理念。因此，我们被导向在每个特定的情境中，都以“绝对的”合宜性来试图判断、并且判断我们自己，而不是用实际旁观者社会道德的合宜性来判断。

这样，至少在某种程度上，对于人们来说，从产生道德的社会环境中分离出他们的道德就是**可能的了**。而与这种独立性并行的，是这种道德也要求达到绝对的合宜性，因为一旦人们感到他们道德的合宜性与社会所认为的合宜之间存在着区别时，他们也就认识到了，如果这两者之间存在某种差异，那么这一定是由于后者的误传（misinformation），而只有前者才是真实的。在这里，与休谟类似，斯密有着一种的健康的苏格拉底要素，一旦评价的基本模型被给出了，那么余下的在很大程度上是关于情境的问题。

正因为运用中的道德原则可能会发生置换，这种置换也会伴随着一种道德理念的置换。在道德生活中，我们以试图运用他人关于合宜的理念、旨在得到他们的赞同和继之而来的称赞为开始；但是我们却很快以试图运用这样一种合宜性，即一个不偏私的旁观者的合宜的理念、旨在得到不偏私的旁观者的赞同和称赞、旨在得到绝对的赞同和值得称赞为结束。[28] 这种置换绝无任何神秘之处，因为通过仔细审查自己的行为和动机，我们必定会不可避免地得到对他人来说是不可及的知识，这种知识使我们能够判断和批评他人对我们的判断。如果我们因此而得出了这样的结论，即我们仅仅是或被赞同和称赞，或被不赞同和责备，而不是应得或“值得”上述的或褒或贬，这就减损或带走了我们从他人那里得到判断的快乐或者痛
56 苦。如果是这样的，我们就不再考虑他人的判断在道德上是否是正确了。[29] 同样，如果我们事实上并没有被赞同或责备，便得出了对于这种褒贬我们是应得的结论，那么我们是把自己的赞同或不赞同放到了本应是他人的评价的位置上了。[30]

当人们以这种方式发展并内在化为一种追求某种独立性的道德的时候，我们可以讨论他们的良知的作用，或者存在于他们中的不偏私的旁观者：“存在于胸中的理性、原则、良知，存之于人的伟大的判断者和仲裁者。”[31] 当人们通过这些方法调整自己的行为时，我们讨论他们的自我命令（self-command），这种自我命令是一种元德

性（meta-virtue），因为其他的主要德性（审慎、正义和仁爱）只有在 75
人们命令他们自己去践行的时候，它们才会取得其道德价值："不仅自我命令本身是一个伟大的德性，而且所有其他的德性似乎都是从它那里得到主要的光芒的。"[32]

现在，我们已经看到了，斯密的理论能够解释道德的可能性，这种道德是独立于或者至少部分独立于社会道德的，尽管它通过以理念中的不偏私的旁观者置换了实际的旁观者，由社会道德发展出来。无论如何，必须小心地处理这种"高等的"道德与单纯的社会意见之间的差别，因为尽管前者由后者发展而来，但前者对后者反而具有一种决定性的影响。对这种微妙的关系保持清醒相当重要。我们必须注意到，斯密坚持认为，仅仅寻求社会赞同，对于一个社会的存在来说是不充分的；而对适当的道德赞同的寻求是必要的：

> 当自然为了社会而塑造人的时候，她同时赋予了人们对愉快的原始渴求，以及对冒犯他的兄弟同胞的一种原始的反感。她教会了他在兄弟同胞的赞成中感受到愉快，而在他们的反对中感到痛苦。她使他们感到，因其自己的原因，兄弟同胞的认可而对他来说最为讨人喜爱和令人愉悦；而他们的不认可则最为令人苦恼和令人不快——但是，仅有这种对他的同胞兄弟的认可的渴求和对其不认可的反感，并不能使一个人适合于他为之而造的这个社会。相应地，自然不仅仅赋予了人们对被赞同的渴求，同时也赋予了他一种对成为应被赞同的人的渴求，或者一种对成为他所赞同的他人那样的人的渴求。第一种渴求仅能够使人们希望自己能够表现得适合于社会。第二种渴求对于人们急切地想要真正适合于社会来说，是必要的。（TMS，III，2，§§6，7）

这听起来似乎与一种传统的自然神学没有太大的差别，但在斯密那里，我们对于这样的情况要仔细衡量才是明智的。我们将神学解释的问题留到后面，而在这里集中于主要的问题：为什么对社会赞同的寻求对于社会生活来说是不够的？为什么人们应该追寻更高的道德赞同是必要的？首先，我们必须记住，对于斯密来说这是一
个简单的事实，即一旦社会使人们以我们已经见到了的方式开始了 57

道德生活，他们就确实寻求这种赞同。但除此之外，我们必须记住，这种对社会赞同的寻求和对实际上的旁观者的赞同的寻求导致了不一致，因为与我们的旁观者相比，我们与自己的行为是以不同的方式相关联着的；我们自然地是偏私的，而且在某种意义上，我们通常是这样做的。恰恰是这种不一致，促使我们去寻找一个第三方的和更好的立场，而行为者与旁观者同样都寻找这种第三方的立场。这就是斯密对于以下两者的比较的要点，即，通过一扇小窗看到的风景，与站在距这扇窗子与窗外的风景相等距离的第三种位置上所看到东西之间的比较。[33] 在这种意义上，我们必须理解：

> 在我们能够在这些相互对立的利益之间（我们自己的利益与旁观者的利益）作出任何合适的比较之前，我们必须改变自己的立场。我们必须既不是从自己的立场也不是从他的立场出发，既不是以我们的眼睛也不是以他的眼睛来看待，而是以一种与任何一方都没有特殊联系的不偏私的第三人的立场和眼睛来看待。(TMS，III，3，§3)

换言之，正是对社会赞同、对实际上的旁观者的赞同的寻求，有着这样一种强烈的倾向，即成为对另一个和更高的判断和赞同的追寻，而这种追寻**对于行动者和旁观者来说都是普遍的**。这种对于绝对不偏私的第三方立场的寻找也许是不可能的，或者极少会彻底获得成功，但是，真正重要的论点以及斯密在上面的引文中试图要达成的论点是，正是这种**追寻**本身使社会生活成为了可能；这种对于普遍立场的**追寻**本身是普遍的，而这种立场却未必一定是普遍的。[34] 因此，正是这种不断追寻的过程真正地构建了社会道德。

但是，道德生活通过这样的一个过程而使社会团结在一起，是什么意思呢？它的意思是，这个过程是一个持续不断地清除那些不适合于社会生活的行为的过程。交互同情在寻求一个普遍的、"更高的"立场的过程中运用的是一种调整机制，这种机制使行为适合于社会环境。通过一些在个人层面和集体层面上都非常引人注目的例子，斯密展示了这一点。对于前者，最有魅力的例子莫过于儿童是怎样学会与人相处的了：

> 当他到了上学的年龄，或者大到足够与同龄人呆在一起了，他……很自然会希望得到他们的喜爱，避免他们的厌恶和蔑视……而他很快就发现，他只有通过缓和，而非任何其他方式才能达到这一点，不仅仅是他的气愤，甚至所有其他的激情都应被缓和到这样的一个程度，即他的玩伴和朋友们可能对之感到愉快的程度。这样，他就进入了自我命令的伟大学校了。(TMS，III，3，§22)[35]

真正的旁观者引出了不偏私的旁观者，而结果是一种长达一生的对行为的调整。[36] 无论如何，这种将交互同情视为一种选择过程 58
的观念确实在应用于一个更广泛的情形里的之时——即一个社会如何将其自己调整至适合它自己的情境的时候，得到了更好的解释。虽然斯密对此的一般描述听起来更像是一种功能主义的模糊形式，但是他对这种观念在不同类型的社会中的应用表明，通过解释，他还有很多要提供的东西。他对比了“野蛮”社会与“文明”社会，说到“野蛮人”，“他所处的情境不仅使他习惯于每一种痛苦，而且教会了他不对任何一种痛苦引起的激情让步。对于这样的弱点，他不会期望他的同乡对之有任何的同情或者迁就放任。”[37] 而与之相比较：

> 一个仁慈并且优雅的人，对他人的激情更加敏感，他能够更加乐于去体谅一个生气勃勃的和热情激昂的行为，而且更加易于原谅一些微小的过分。这个人首要关心的是对此的明察，他确信他判断的公平，并且放任自己以更强的方式来表达激情……(TMS，v，2，§10)

更多相同类型的推理使斯密能够在最后得出他的结论：“一般来说，在任何国度所发生的行为的类型，通常从整体上来说，是最适合于该种情境的。”[38] 我们现在可以看到，这一结论中没有任何奇怪之处，因为斯密非常善于详细地说明行为对其情境的一般性符合的动力因。很简单，因为那些不那么符合于情境的行为将会通过以交互同情的机制传达憎恶的方式，倾向于被清除掉，而符合情境的行为则倾向于通过以同样的方式传达，而得到加强。这一点有着令人瞩目的重要性，因为它表明了斯密允许自己多少进行一些技术性的讨论，而他能够如此完美地合理地做到这一点。他有着一个能够有效解释人类行为表面目的性的理由。

我们又一次发现，休谟曾经预见过这一主张：

> 人性中的任何品质，在它本身和它结果这两方面都最为引人注目的，就是我们所拥有的同情别人的倾向，以及通过交流而接收人们的爱好和情感的倾向，不论这些心理倾向和情感与我们自己的有着怎样的不同，甚至是相反情况。这一点不仅仅在盲目地接受任何意见的儿童那里是显著的，在那些最具有判断力和理解力的人那里也同样是显著的，这些人会发现，去遵循那些与他们的朋友和日常伴侣的理性或爱好相反的、他们自己的理性或爱好是非常困难的。应该把我们在同一国家中观察到的人们的性情和思想倾向方面的伟大的一致性归之于这一原则，而这种相似性更可能是产生于同情，而不是产生于土壤和气候的任何影响。(T. 316—317)[39]

不论是对于休谟和还是对于斯密，正是这种交互同情提供了教育的可能性。出于自然之手的人们基本上都是相似的，但是教育可
59 以使他们不同，因为教育是在各种不同的情境之下敞开的，而人们正是从这些不同的情境之中，通过与教育过程中其他的参与者之间的交互同情而选取了新的行为和思想方式。这种得自于一个人的情境的教育解释了哲学家与看门人之间的不同，[40] 也解释涉及商业问题时，丹麦人、英格兰人与苏格兰人在性格上的不同。[41]

到目前为止，在对斯密的这种通过交互同情而选择行为的观念的处理上，我们允许了一些模棱两可的话。在我们最近的一段的引文所在的章节里，斯密主要试图给出的论点是，尽管选择通常通过交互同情而发生，但是由于习俗、习惯和风尚的影响，并不能导致不偏私的旁观者存在于某些有限的行为范围内的暗示。在这种有限的范围内，对不偏私的旁观者的立场的寻找，即对“自然的”或者绝对合宜的寻找，对于确定的社会实存来说并不总是必要的，相应地，在习俗和风尚没有被排除的情况下，在它们的指引之下，这种寻找会发生一种偏离。但是，习俗和风尚的这种影响只能关涉“**特定**用途的合宜或者不

合宜”，而不可能关涉到“性格和行为的**一般**方式（style）”。斯密通过“特定的用途”的一个极端令人厌恶的例子来解释了这一点：古希腊对孩子的遗弃。这种行为起源于蛮荒时代，在当时，这种行为是必要的、可以被赞同为是适当的；但是，它通过“未被打断的习俗”的影响被延续至了文明时代，并通过“对公共效用的长远考虑”而得到了加强，尽管如果从一个不偏私的旁观者的视角来判断，在文明情境下，该行为将被清楚地认为是极其不适当的。一旦在习俗的影响下，类似的事情可能会发生时，人们可能会想到，人类道德中的一切都有可能被习俗和风尚所动摇。但是根据斯密，情形不可能是这样的：

> 存在着一个明显的理由，来解释为什么习俗永远不能败坏我们对行动和行为的一般方式和性质的情感，这与我们对特定用途的合宜性或者不法性的情感在程度上是一样的。永远不会存在任何这样的风俗。没有一个社会能够存在哪怕一分钟，如果在那个社会里人们**通常的**行动和行为作风与我刚刚提及的可怕行为（例如遗弃孩子）是一致的。（TMS，v，2，§16）

换言之，如果人们不是**一般性地**去寻找“行动的自然的合宜”，而是保持满足于社会性的习俗或风尚，社会将处于濒临崩溃的危险之中，因而它会根除这样的行为。

当然，在斯密那里，这样的讨论是打算展示，当我们了解到了对于作为一个社会存在的人来说，对不偏私的旁观者的立场的寻求是一个自然的发展时，这种寻求在人们的生活中是怎样发生偏离的。除了 60
习俗和风尚的影响，斯密还讨论了对效用的考虑的影响[42]，我们稍后将会回到这一讨论，而他也处理了人的偏爱和利己主义的影响。由于它引入了道德的一般规则，所以后者格外重要。[43]

3.5 一般规则与道德价值

在上文关于行为选择的讨论中，斯密对“特定的用途”与“行为的一般风格”间所做的对比不应与他对一般规则所做的讨论相混淆。显而易见，他心目中的“特定的用途”可以很好地被一般规则所阐明。无论如何，在行为选择和一般规则之间存在着一种密切的联系：行为选择的结果即为一般规则。通过我上文已经描述的方式，某些行动通过同情，被反复地选择为是适宜的，而另一些则被认为是不适宜的。不久以后，这种反复出现的行为类型将会清楚地凸显出来，可以说，人们能够很快将其解读为他们行为的规则或者指针：

> 我们赞同或者谴责某些特定的行动，最初并不是因为，通过审查，它们看起来与某种一般规则是一致或者不一致的。与此相反，一般规则是这样形成的：通过发现经验中的某种类型的，或者在某种情况下以某种方式作出的所有行动都是被人们赞同的，而形成了一般规则。(TMS，III，4，§8)

因此，道德的一般规则是众多自然的道德评价的、个人性事件的非故意结果，但是一旦存在了，它们就极有可能指引我们的道德评价。进而，“我们经常如诉诸判断的标准一般诉诸于它们”。而由于一般规则是对概括人类在各种不同的情境中接近不偏私的旁观者的立场的方法的尝试，因为对不偏私的旁观者的同情，人们感到受这些规则所强制。这意味着，如果他们并非由于高于一切的道德理由或者更高的规则而破坏了一般规则，他们会感到正在招致不偏私的旁观者的反对；而一旦这种感觉被内化，一种义务感便由是产生了。[44] 显而易见，这种责任和义务的理论是与休谟是非常相似的，而尽管它只是在斯密对一般规则进行讨论的时候被模糊地概括了出来，但是正如我们将看到的，这一理论在他的《法理学讲义》(*Lectures on Jurisprudence*) 中，在对契约的处理当中被极其清晰地解决了。[45]

斯密所有关于道德社会是如何形成的，以及一个理想的道德是如何从这个社会中发展出来的观念都是以纯粹描述的方式给出的。这是一种道德**科学**。但是，我冒昧地主张，它同样有着清楚的规范性意义。与所有好的科学法则类似，斯密的法则是普遍性的。这种
61 法则涵盖了他自己以及所有其他人类，因此向我们展示了**他**是如何理解道德理念的，**他**是如何评价的。而与对待休谟相似，我们必须记住，在斯密看来，人们绝不可能从最开始就是道德的：他们总是生活于一个社会中，因此总是处于一种目标、价值和理念的语境中。因

此，道德评价只有在这样的语境中才具有了相关性（relevant）。在本质上，这绝不是一个善或者恶、正义或者非正义的问题，而是与大量其他价值的背景的对照之下，是关于善或者恶等价值的问题的。其他的每一种价值，比如目标等，其本身都是可以被质疑的，但是整个体系则绝不能被质疑，因为如若那样社会将会与一种自然状态相等同。换言之，那是不可能的。

我主张据此来看待斯密的不偏私的旁观者的观念。当我们向着不偏私的旁观者的立场努力时，我们事实上是在寻求这样一种立场，这种立场能够最大限度地与既存的价值相兼容，这种立场适合于其道德语境。这显然不是绝对和最终的检验。而另一方面，对这种立场的寻求并没有使道德判断之于既定的道德体系变成是彻底相对的，因为如我们已经看到的，不偏私的旁观者的立场包含了一种普遍规则，而通过对这种普遍规则的寻求，我们能够从给定的社会道德中获得一种独立性。因此，当我们判断一个行动的道德价值时，似乎我们考虑的是，它是否与一种一般规则相符合，以及这一规则所规定的行动类型是否与既存的价值一般性地兼容。对于道德评价结构中情境因素的首要性的强调，使斯密对一般道德理念的形成和对不偏私的旁观者的立场所作出的解释比休谟更为直接。同样，斯密的交互同情理论，远比休谟的任何解释都更为细节化。尽管存在着这些区别，但在基本的进路上，这两人是相同的。我们理解道德评价、同样也是我们进行道德评价活动的决定性要素，是社会语境或者该评价发生的情境。

斯密的断言，即人类行为是以其情境为基础而判断的，或者是根据合宜性而被判断的，使道德判断成为了人类知识的一般性的、语境性的视角的一部分，在下文我们将对这种视角进行讨论。[46] 而在这种宽广的视野之中，我们必须理解斯密对紧随于每一个被判断的行动之后的东西对判断的影响这一处理；因为在他对这一问题的各种讨论当中，我们可以把它视作一种通常的一般特征，如果跟随在行动之后的东西被以某种方式置于与该行动发生的情境的关联之中，也只可能有这样的影响。所以评价的基本范型依然是一样的，即情境的合宜性。当斯密在《道德情操论》的第二篇中以优点与缺点（merit/demerit）的方式来讨论判断问题时，以及在第四篇中提出

效用如何影响“赞许的情感”的观念时，他都特别关注了这一问
62 题。但是，这一论题在全书许多其他的语境当中也同样出现了。

3.6 优点与缺点

在《道德情操论》的第一篇，斯密引入了合宜性与优点的对比问题，在那里他指出，事实上人们判断他人的行为及其动机：

> 是从两个不同的方面，或者是处于两种不同的关系之中的：首先，处于与激起该行为及其动机的原因之间的关系之中……其次，处于与该行为及其动机的意图的目的之间，或者其意在产生的结果之间的关系之中。——可能引起这种感情（行动背后的）的原因或者激起它的对象的适当与否和相称与否，构成了随之发生的行动的相宜与否，构成了它是庄重得体的还是粗野鄙俗的。——这种感情力图产生的或者意在产生的结果的有益或有害的本质，构成了该行动的优点或者缺点，构成了该行动的性质是值得回报的还是应受惩罚的。(TMS, I, i, 3, §§5—7)

进而，斯密继续作出了“哲学家”和过“普通生活”的人之间的对比，我们在本章的一开头就注意到了这一点：

> 近年来，哲学家们主要考虑了感情的倾向，但很少注意到感情与激起它们的原因之间所存在的联系。然而，在普通生活里，当我们判断任何人的行为以及引起这种行为的情感时，我们始终是从这两方面来考虑的。(TMS, I, i, 3, §8)

引文的末尾似乎在主张道德判断的这两种原则是同等重要并且互为补充的，但这一印象是欺骗性的，因为当我们回到斯密对此的主要处理，即《道德情操论》的第二篇“论优点和缺点”中时，我们会看到，他整个的论点——根据合宜性的判断是基本特征，而根据优点的判断是依赖于此的。

自然地，对优点和缺点的判断的基础是两种激情，分别是感激

和怨恨。当一个行动遭遇到感激时，我们说其中有一些优点。如果反应是一种怨恨，我们说这一行动是有缺点的。在一种广泛的意义上，前一种反应自然地指向回报，而后一种则指向惩罚。[47] 斯密小心地指出，在这种意义上，即感激与回报、怨恨与惩罚通常是由原始行动产生的或者是源于原始的行动的，这两种反应通常是与该原始的行动密切地联系在一起的。这就把感激和怨恨与爱和憎恶区分开来了，而爱和憎恶是关涉到他人幸福和不幸的类似的激情，因为对于后两种激情来说，对它们的感受不需要**由于**对直接地感受到了它们的人特殊地做出任何行为。[48] 感激和怨恨的这种特性直接导向问题的核心。一个人可以说，当一个旁观者试图评价一个判断的优
点或缺点时，他真正关注的是两个行动，一方面是原始的行动，而 63
另一方面是由感激/怨恨的感受加上继之而来的对优点/缺点的判断并给予回报或惩罚而构成的行动。这意味着，旁观者如果首先判断了前者，他就只能判断后者；因为后者是对前者的反应，前者构成了后者在其中发生的**情境**的一个实质性的部分。回报或者惩罚的合宜性自然地将会依照旁观者同情性地产生的、感激或者怨恨的自然的感受来被判断[49]，但是他只能通过对该情境的充分的构画（picture）来达到这一点，并且，这一构画包含了一种对原始行动的合宜性判断。那么所以，用第三章的长标题的话来说：

> 不认可施惠者的行为，就不会有对受益者对他的感激的同情；以及……相反，没有对施害者动机的不认可，就不会有对受害者对他的怨恨的任何同情。（TMS，II，i，3）

对一个行动的道德评价依赖于对另一个行动的道德评价，当后者是前者情境逻辑的一部分时，但是这两种评价都是通过同情和根据合宜性而被施行的。[50] 这将斯密引至了这样的结论，即“优点（以及缺点）的感觉似乎是一种复合的情感”。它包含了两个同情的步骤，随之而来有着两种关于赞同和不赞同的道德情感，一个是对原始行动的而另一个是对反应的情感，而它们是由感激或怨恨所构成的——或者，如斯密所言的，“一个是对行为者情感的直接同情，而另一个是对他行动的受惠者的感激的间接同情”，而关于缺点的消极情况

是，“一个是对行为者情感的直接的反感，而另一个是对受害者怨恨的间接同情”。[51] 斯密在这里对直接同情和间接同情所作的区分似乎有些奇怪。就我所能想到的，所有这些所说的是，为了达到间接的同情及与之相伴的评价，一个人不得不通过直接的同情和与之相伴的评价。

我们可以得出这样的结论，即斯密通过对根据优点与缺点的判断的消解，取而代之以两个合宜性的判断，牢牢地驻守于他的通过合宜性进行道德评价的理论当中。但是，我们可以得到的结论不止于此。斯密的分析表明了，对原始行为背后动机的道德评价，是独立于该行动事实上是否导致了激起被该行动所影响的人们的感激或者怨恨的。当我们判断时，我们试图像一个不偏私的旁观者那样，根据我们自己对感激或者怨恨同情地产生的感受去判断，而并非把他人实际上的感激或者怨恨的感受作为判断的依据。

这是不偏私的旁观者会理想化地采取的立场，但是，不论对于不偏私的旁观者，还是在更高的程度上，对于任何其他实际上的旁
64 观者，这一立场都太容易被偏离了。理想化地说，评价一个优点的判断是否合宜，唯一重要的条件是，引起这一判断的原始行动背后的动机是否是合宜的。但是，行动以及它的后果将会轻易地反过来干扰自己，并且会经常或多或少地窃取了这种外显的机会。“并且，由于行动的结果都处于运气的统治之下，因而加深了运气对人类关于优点或者缺点情感的影响。”[52]

这种通过运气的影响而产生的人们对合宜的感觉的扭曲是会发生的，因为由行动的实际结果而产生的愉快/痛苦自发地通过感激/怨恨的方式，回溯向行动背后的动机或者意图。甚至当这些结果不可能是被意图的时候，在某种程度上这种情况仍有可能发生。因为尽管当我们对绊倒我们的一块石头感到怨恨甚至要“惩罚”它的时候，我们能够做到迅速地纠正自己，但法律的历史表明，过去人们并不总是能够对他们关于无生命的事物（不考虑动物）的自发感受进行这样的纠正。事实上，在斯密同时代的法律中同样可以发现这样的因素，正如他在《法理学讲义》中所展示的那样。[53]

人们的判断甚至在其背后不可能有任何的意图的无生命的事物的“行动”时，也会如此彻底地偏颇（side-tracked），很难不去这样想像，在他们对他们同胞的判断里也存在着这样的因素。这里，不

论是意图和还是实际的结果，实际上确实作为激发我们判断的原因而起作用，如果缺少两者中的任何一个，判断就会相应地受到影响。斯密以如下方式概括了这种结果：

> 这种幸运的影响的结果，首先，是当那些产生于最值得赞美的和最应受谴责的意图的行动没有产生它们所意图的结果时，减损我们对于它们的优点或缺点的感觉；其次，当那些行动偶然引起了不寻常的愉快或者痛苦时，增加我们对于这些行动的优点或者缺点的感觉，而这种感觉超出了对产生这些行动的动机或者感情来说应当的程度。(TMS，II，iii，2，§1)

这一在所有判断中的关于合宜性的偏见，自然是通过贯穿于任何社会群体的交互同情而被交流。因此，尽管我们道德判断的理想对象是动机和意图，但实际的对象却常常是行动和它们的后果。[54]

这是一个及其非凡的结合，把一种关于意图的理想的伦理学与一种关于结果的实际的伦理学结合在一起了。进一步说，它满足了斯密要出做好的解释的目的，因为恰是这种结合，使他能够将道德解释为一种在有运气成分的世界里的外在行动的指南，并且与此同时，把这种道德视为是与理想的和绝对的合宜性最终相关的。注意到下面这点是非常重要的，即通过对正义的消极德性的违反，斯密 65
特别强调了道德作为外在行动指南的消极方面。在这里他提出了他的部分惩罚理论的基础：

> 情感，设计和感情，尽管依照冷静的理性，人类行动是从这些东西当中得出其全部优点或缺点的，但是它们却被内心的伟大法官置于了所有人类管辖的限制之外……因此，正义的这一必然规则——在此世人们应该仅仅因他们的行动而不是设计或意图而受到惩罚，是建立在关于优点与缺点的人类情感的有益的和有用的不规则性之上的，而这一点初看起来是如此的荒谬和难以解释。(TMS，II，iii，3，§2)[55]

但是，尽管这种“不规则性”在社会生活的**外在自由**（forum externum）中提供了有用的指导，它却绝对没有排除旁观者的**内在自由**（forum internum），在那里旁观者尽力使自己去除所有的扭曲，而寻找以绝对适宜为基础的标准，即不偏私的旁观者的标准。而一个优点或者缺点的缺乏都被其行动的幸运的影响所掩盖的人：

> 激起他灵魂的宽宏大量和坚定不移，努力依据他应该表现出来的样子。依据其慷慨的天性如若获得圆满成功时，他应会表现出来的样子来看待他自己；努力依据即便失误了，但是总起来说令人愉悦和公正的人类情感，或者这些情感本身完美地一致的时候，他仍将表现出来的样子来看待他自己；而并非其目前所表现出来的样子来看待自己。（TMS，II，iii，3，§6）

我们应该注意到，这一页清楚地说明了一个斯密经常重复的，听起来有些奇怪的用语的①背后的东西，即旁观者的观点：（1）是什么，（2）应该是什么，（3）根据某种情况应该是怎样的。第（1）点给出了实际的旁观者的立场；第（2）点则是不偏私的旁观者的立场；而第（3）点表明了前者可以接近后者的方式——通过对情境和人性的同情性的理解。正是最后一点使斯密讨论了人类情感中的一致性：知识在道德中的苏格拉底式的角色。同时，这个公式总结了这一理论应该具有的雄心勃勃的双重意图：一方面，给出在特定社会中对社会道德的解释框架；而另一方面，它应该是一个关于普遍的和理想的道德的理论。这一理论的伟大简洁性在于，它对这两者使用了同样的解释原则——通过交互同情的选择。正如我们已经看到的，正是实际的旁观者、受难者和行为者之间的交互同情建立了社会道德；但是与此同时，这种交互同情也不可避免地建立了对理
66 想的旁观者及其道德标准的寻求。

3.7 效用的地位

对行动的关注可能会干扰实际的旁观者对动机的理解，斯密的

---

① 即指“旁观者”这一说法。——译者注

这一认识当然不应该被视为是对后果主义者道德理论的一种让步。除了上文关于旁观者方法已经说出的一切之外，《道德情操论》第四卷为我们提供了在这方面的直接的批评。这一卷题为“论效用对赞同情感的作用”，是全书中最为复杂的论辩片段之一。它被分成两章：在第一章中，斯密通过展示效用对于我们对“所有的艺术产品”的评价有什么样的影响而介绍了这一问题；而在第二章，他将讨论转向了道德评价。斯密通过了下面一系列陈述而开始了这一卷，首先，是对他所认为的休谟的效用观念的陈述，即把效用作为是幸福的手段；其次，对休谟关于效用“通过恒久地主张”、通过想像而使人愉快的观念的陈述，而这种评价的有用对象的令人愉快的归宿是“适于发扬”的；再次，休谟使我们想起了，它是如何通过旁观者的同情而成为一般的评价标准的。[56] 通过这种方法展现休谟的观点，斯密清楚地表明了，他并不认为休谟在效用的双重意蕴之间作出了区分，而休谟对两种意蕴的双重使用使我们怀疑他在隐秘性地这样做，即区分手段—效用和目的—效用。[57] 此外，斯密本人并没有澄清这一区分。对于斯密来说，效用的概念既包含了手段也包含了目的，但应当注意的是，这些目的从来没有被视为有任何特殊的重要性而被处理，从来没有被视为有什么特殊的内容而被单独提出。这一点在我们下文处理正义与效用的关系时是及其重要的。

在某种意义上这是令人困惑的，即斯密并没有达到效用概念的清晰性，而他似乎曾经清楚地有这样做的意思。第四卷的通篇都表明了这一点。斯密的策略是：首先，批评休谟没有对我们评价中的手段的影响与目的的影响作出区分。其次，休谟在手段—目的的意义上运用效用。同样的是，休谟从未将这两点联接为对于两种意义上的“效用”的区分。再其次，斯密致力于第四篇的主体部分，来展示手段和目的区分对于理解的重要性，即先是，审美性的评价，然后是，道德评价。斯密的论辩是按照这种顺序，以如下方式进行的。

尽管在这一点上休谟是非常正确的，即我们经常参照人工制品所产生的目的的价值来对其进行评价，但是通常被忽略了的，是目的自身非常经常地出离于视线之外了，而整个评价都是依据手段而
进行的。这就是说，我们根据一个东西的目标导向（goal-directed- 67
ness）来评价它而并不考虑这个目标，根据它的良好设计（well-con-

trived）的程度来评价它而不考虑它是为什么而设计的：

> 但是这种适合，这种任何艺术产品的巧妙设计，应该通常比那些它们本来的意图达到的目的更加得到珍视；而正是那些为了达到任何便宜性或愉悦的而对手段而作出的调整，通常应该比该便宜性或愉悦更加受到重视；正是，便宜性或者愉悦的整个优点恰恰在于达到这些目标的过程，而就我所知，这还没有被任何人注意到。（TMS，Ⅳ，Ⅰ，§3）

斯密首先通过“审美”特性的三个著名的和非常吸引人的例子来解释了这一点：一个必须彻底重新排列椅子的人，一个无法让他的手表足够精确的人，以及“许多因在无效用的无聊琐事上投入大量金钱而使自己破产的人。”[58] 在所有这些情况下，一般的目标被忽略了，而手段的体系和秩序被视为了主要的东西。这被称之为“价值错置”（value-displacement）。[59] 至于作为一种字面上的描述，这可能是相当不幸的；也极有可能是没有实际的错置发生，如果这意味着从一种目的视角转向一种手段视角的转换过程。这种目标可能从未在任何人的心中清晰过。在下面更为重要的解释中，这一点得到了展示。斯密仅仅论辩到，社会中大多数为了更好的社会福利的努力，在早至人的童年阶段和少年阶段就开始了，它们是被“对艺术和设计同样的对体系的热爱，同样的对秩序美的尊重”而激起的，而并不是被对它们被预想为通向何方的任何清晰的认识所激起的。这是斯密关于非效用（vanity）的理论，它对于斯密的很多最重要的主题来说是焦点性的观点，其中包括关于使社会成为一种持续过程的机制的观念。我们应该把这些主题留给稍后的评论，而只是把这些重要的段落作为对一种重要的人类评价的结构的解释。[60]

如果这对于斯密向我们提出重新安排椅子与最广泛意义上的社会变动性之间的类似还不充分，那么他的结论使我们看到了，“无聊的琐事”与社会政治制度之间的类似——这是就它们的评价模式来说的。社会政治制度同样更多地被这样一个观点来判断，即它们是否建构了一个“宏大的体系”，而不是它们是否：

趋向于促进那些生活在它们之下的人们的幸福。这是它们的唯一用途和目的。然而，从体系的某种精神出发[61]，从对艺术和设计的某种热爱出发，我们有时可能会比珍视目的更加珍视手段，而急切于促进我们自己的同胞同类（fellow-creature）的幸福，更多地是出于一种完善和促进某种美的和有秩序的体系的视角，而不是出于对他们遭受或者享受东西的任何即刻的感觉或感受。(TMS, IV, I, §11) *68*

这个特别的例子为接下来的一章提供了很好的转换，在下一章中斯密以提出这一观点为开始，即既然文明社会中的各种制度是为了弥补人性中的缺点，并且既然这样的制度是依据它们在产生幸福方面的有用程度而被评价的，就可以认为，德性可能会使社会制度变为冗余的，如果这样的德性是人们之间的规则，并且这些德性也以同样的方式被评价。换言之，斯密表达了休谟的观点，即人类性格和它的动机是根据它们的倾向是有用的还是有害的来判断的。接下来在这个语境中，斯密对休谟的第二个重要的引用。斯密说，道德判断根据的是被判断者的性格倾向的这一观念，是哲学上深思熟虑的建构，而不是对于人们实际上是如何判断的真实反映。为了进行这一批评，斯密有效地援引了他对道德评价的语境主义的观点。当哲学家审视人类行为的时候，他是从一种一般性的和抽象的视角来看的。他将他们的行动倾向与他们的性格和动机联系起来，依据这些来对它们进行评价和归类。然而，这不可避免地导致他忽视了情境和语境，每个个案中特定的性格正是在其情境和语境中发生作用的，而人们在日常生活中进行道德判断所依据的恰恰是这种语境。道德判断是一个特定的判断，而不是一个一般性的和类型化的判断。对倾向和结果的一般性考虑是一个事后的再思，这种事后再思可能会在晚些时候到来，并取得一些对情境判断的影响，但是，情境判断必定仍然是基本要素。[62] 因此，斯密的语境主义是他对休谟的“哲学家的错误”的批评的真正背景：

性格表面上从它们的有用性或不便性中的而得出美或丑，很易于以一种独特的方式，打动那些根据抽象的和哲学的观点

> 来研究人类行动和行为的人。当一个哲学家检视为何仁慈被赞同或者残忍被谴责时，他通常并不是从他自己出发，以一种非常清楚和明白的方式，从对任何特定行动的或残忍或仁慈的观念出发，而是通常满足于那些性质的一般名称在他那里所引起的模糊的和不确定的观念。但是，只有非常特殊的情况下，行动的合宜与否，优点或者缺点才会非常地显而易见和清晰可辨。只有给出特定的例子，我们才能明白地察觉到，自己的感情与行为者的感情是相符合还是不一致；或者，在某一特例中感受到对他产生了一种社会性的感激，还是在另一情况下感受到的则是一种同情性的怨恨。当我们以一种抽象的和一般的方式来考虑德性与恶的时候，那些激起多种情感的品质在很大程度上似乎消失了，而情感本身也变得不那么显而易见和清晰可辨了。与此相反，德性的幸福结果和恶的致命后果似乎因此而凸现出来了，宛如从所有任何其他的品质中的一种中突出和彰显出它们
> 69 自身了一样。(TMS, IV, 2, §2)

当我们比较这一核心段落中的论证与前一章中对此的论证时，如上文概述的，我们可以看到斯密对效用处理中的一般观念。只要判断涉及人为的对象，我们通常会超越当下判断的东西，而我们是被迫这样做的，这是为了看到它“对某物的益处”(good for) 是什么。因此，休谟这样说是正确的，即我们是根据它们的效用对这样的东西进行判断的，如果这被理解为意味着我们是根据它们实际的或者想像的、对于某种整体的或者部分的体系的贡献来判断的。但是，既然对于体系作为一个整体的“对某物的益处”是什么，我们没有兴趣，也没有哪怕是最模糊的观念，就不存在我们以人为对象作出判断的一般性的标准。尤其是，没有理由去认为，我们通常是根据它们在创造幸福中“对某物的益处”是什么而对这样的对象进行评价的。重要的是整个体系本身，而不是任何这种普遍性的价值，不论这整个体系实际的或想像的本质是什么。我们在进行道德判断的时候是完全不同的。在此我们判断的是人的性格和人的动机，但是我们只能以他们在行动中的表达为基础来进行判断。然而，与对象相反，行动确实有着一个外在的具体要素，正是在这种

外在的要素中，它们才是特定的时间中发生的事件。因此，为了达到对行动的充分理解，我们一定要在与它们发生的即时性背景或者情境的联系中来判断。只有当我们这样做了，任何进一步的联系才可能会被引入，而不可避免地，这种关于行动的“效用”——一般或者特殊的——的判断，关于行动之下的动机的判断，或者关于行为者性格的判断，必定是次位于根据具体的情境的合宜性的判断的。[63]

斯密又通过两个观点来支持他关于道德判断的这一结论：第一个观点用了七行，而第二个有十一页多，但是如果依据长短来判断它们的重要性就太鲁莽了。第一个读起来仅比一个断言稍长一些：

> 首先，这看起来似乎是不可能的，即对德性的赞许也许与我们对一栋方便和设计巧妙的建筑的赞许是一样的；或者，我们表扬一个人，也许与对某个抽屉柜的评论没有任何不同的理由。(TMS, IV, 2, §4)

出现在此处的“方便和设计巧妙的建筑”是对休谟《人性论》(p. 617) 的参考，在那里“一所方便的房子”同样也出现了，而这一小段反驳了休谟理论中的一个核心内容。在《人性论》(p. 617)，以及给出了更多细节的文字中 (pp. 471—473)[64]，休谟试图面对斯密在上面的引文中提到的问题：

> 如果德性和恶是由愉快和痛苦所决定的，那么这些善恶性质必定在任何情况下都是由情感所产生的；因而相应地，任何对象，不论是有生命的还是无生命的，不论是有理性的还是无理性的，只要能够激起一种满足或者不安，都可以在道德上成为是善的或者是恶的了。(T. 471) 70

简言之，休谟的回答是，尽管在不同种类的愉快和痛苦中存在着充分的家族相似性，这种相似性“使它们能够被同样的抽象术语所表达”[65]，但是作为一种经验事实，关系到道德判断的这些愉快和痛苦是不同的：

> 一所方便的房子和一种有德性的性格，所引起的赞许的感受是不一样的；甚至即便我们赞许的来源相同，并且是由于同情和它们的效用观念而产生的，这两种赞许仍是不同的。在我们感受的这种不同中存在着相当难以说明的地方，但是，这关于我们的一切激情和情感、我们所拥有的经验。（T. 617）

斯密没有发现“我们感受的这种不同”是如此的“相当难以说明”。尽管他将同意休谟，不论对人为之物的评价与还是对道德事物的评价，都是或愉快或痛苦的，[66] 但是，斯密将会声明，他可以通过详细解释它们起因的不同来解释这两种愉快或痛苦的不同之处。前者显然是关于效用或者无效的愉快或者痛苦。而后者，道德上的赞同或者不赞同的愉快或痛苦，显而易见，是观察者与行动者之间的一致或不一致而导致的愉快或者痛苦，而这样的一致或不一致只能通过对行动者主要地涉及的情景的同情性的探寻才能被发现，即，通过对他的背景和语境的理解。因此，当休谟指出：“只有当我们一般地考虑一种性格，而不参照我们的特殊利益时，才会引起这样一种（特殊的）感受或者情感，使其展现为道德上善的或是恶的。”[67] 斯密对此会非常同意，但他同时也会指出，这样一种一般的和不偏私的观点是通过对他人情境的同情性的理解来达到的，而不是通过对关涉性格中有用趋向的理解。[68] 我认为，我们必须在这种意义上理解斯密在第四篇第二章结尾处的陈述，“只要赞许的情感是由这种对效用的美的察觉而引起的，那么它就与任何一种对其他人的情感都没有关系。”[69] 并非是这样的有用趋向使我们对他人产生兴趣，或者使我们将这种趋向诉诸于他人；而是，当我们通过社会生活，通过交互同情，实际上得到了一种对他人的兴趣后，进而效用才取得了道德上的重要性。这是仅仅在一个断言的遮蔽之下，斯密能够隐藏的东西。

斯密反对性格和动机的有用趋向是道德评价的基础的第二种方式，是通过表明实际上人类心灵中的有用的品质，或者是对那个人自己的，或者是对他的同胞的，而这些品质极少是依据“赞许的……第一根据”[70] 而被判断的。他通过很多例子来对此进行说明，在这些例子中，那些品质［理性与克己（self-command）；仁慈，正义，慷慨以及公共精神］被赞同并非是因为任何有用的趋向，也并非是因为缺乏它们而对人们自身的伤害，而是因为它们满足了实际的或者想 *71* 像中的不偏私的旁观者的赞同。道德行为的动机不是效用，而是旁观者的赞同，如果可能，当我们能够给旁观者惊喜，并使他通过普通的和期望之外的努力而对我们的行为感到惊奇时，就会有随之而来的旁观者的赞扬和钦慕。[71]

第四篇继续给出了对效用是道德评价的来源的一个强有力的反驳，但是斯密谨慎地避免去过度夸张他的例证。他没有说对效用的考虑对于道德判断没有任何影响。他所说的是，“不是这样的观点……效用或者有害性或者是我们的赞许和不赞许的第一性来源，或者是首要的来源”[72]。那么，问题是，对效用的考虑是**如何**开始影响道德判断，并因此而影响行为的呢？这是与斯密联系起来时，人们所能够提出的最激动人心的问题，因为它开启了一个极其非凡的理论建构。斯密对我们的问题的即时性回答是简单的，即效用的观念是一种“事后再思”。[73] 人类性格或者行动的有用趋向是某种我们在事后能够认识到的东西，而这种事后的认识可能因此强化了我们建立在合宜性之上的原始判断：“效用，当我们开始看到它的时候，无疑给予了（道德行为）一种新的美，而在此解释的基础之上，更进一步将它们举荐给了我们的赞许。”[74] 但是，这种对道德行为效用认识并不是人们道德判断中的常见之物。它是一种抽象的东西，因为它超出了行动所发生的情境，因此，它更多的是一种哲学的推断：“然而，这种美主要地被有反思和思考的人所察觉到，而无论如何，它都不是首先向普通人类大众的自然情感举荐这种行动的品质。”[75] 然而，这样的哲学推断不仅仅是被纯粹的哲学好奇心所引起的，并且，当道德判断受到挑战时[76]，它是一种我们将会反身以求的与正义相关联的主题。可以假定，对效用的关注可以从以上两个来源进入人们的道德视野，通过情境的合宜性作为一种对他们通常的道德判断的支持而起作用。斯密曾经多次触及了这种影响的真实性。因此，举例来说，在他对德性的大致类型的处理中，他指出：

> 在对所有德性（对审慎，正义和仁爱）的赞许中，我们对它们令人愉悦的结果和它们的效用的感觉，不论是对于那些实践这些德

> 性的人们，还是对于其他人来说的，与我们对其结果和效用的合宜性的感觉结合在一起，通常构成了我们的赞许中的相当大的、并且通常会越来越大的一部分。——但是，在我们对克己的德性的赞许中，对克己的结果的满足有时不再构成或者常常会只构成赞许的很小的一个部分。(TMS, VI, Conclusion, §§6—7)

此外，在斯密批评哈奇森的道德情感理论时，他指出，以下四
72 种道德评价的来源似乎过于详尽了，而没有给任何特殊的道德感留下空间：第一，对行为者的动机的合宜性的判断；第二，对受难者动机的合宜性的判断，以及进而两个支持性的来源；第三，从合宜性的判断中形成的一般性规则，这些一般规则因而在某种程度上规约了合宜性判断；以及第四，对动机和行动的有用趋向的关注。[77]

效用是道德判断的一个真实来源，尽管它是第二位的。但是，是在什么意义上的第二位？在这里我们建议的是一种与一般性规则平行的第二位。一般性规则，正如我们前面已经注意到了的，它产生于根据情境合宜性而对之作出道德判断的个人行动，因而与之类似，有用的结果倾向于跟随在这样的道德行动之后。在这两种情况中，道德行为和道德判断的这种不可预见的结果都仅仅是事后认识到的，而只有在那时，它才开始对道德判断和道德行为发生了影响。

非常清晰的是，斯密在这里作出了一个重大的假定，即道德行为实际上确实倾向于在世界上有着有用的结果，正如我们知道的那样。然而，这在斯密那里不仅仅只是一个假定，这是一个被明确地表达了的信条。[78] 当人们以一种道德适当的方式来行动时，这样的行为结果一般来说是有着一个有用的趋向的。或者，坦率地说，总的来说德性在这个世界上是会付出的："德性处于所有通常的情形之上，甚至是关于此世生命，真正的智慧，以及获取安全和利益的最为确定和最为易于达到的手段。"[79] 我们可以把这视作是启蒙运动乐观主义的一个非常极端的例子，或者是自然神学的一种传统的技术性的反解释（non-explanation）。我们也可以更进一步地来看这个文本，因为斯密以如下的方式在继续：

> 我们对事业的成功或者失望，必定极大程度地依赖于我们

> 对于好的和坏的所通常抱有的看法，以及依赖于我们生活在其中的一般倾向，不论这种倾向是支持还是反对我们。但是，取得利益以及避免他人的不利评价的最佳、最确定、最简单和最易于达到的方式，无疑是使我们自己成为前者而非后者适合的对象。(TMS，VII，ii，2，§3)

人们一定是生活在社会中的，而他们做的绝大多数事情都取决于他们的同胞对其的协助，至少在最低的限度上，同胞并不阻碍他们的行动，并且还经常给予积极意义上的帮助。对这种条件的满足是一个人的行动取得成功的最重要的有利条件之一。然而，为了得到这一点，一个人从事事业的方式能够与其同胞有些一致则是必要的。由于这种一致得自于各个方面，它就发展成了一种对个人行为尽可能相容的适应。如我们所知，这种对行为的见解的一致性寻求 73
是通过交互同情而达到的，并且，如我们所知的，交互同情有一种被一般的、不偏私的立场所吸引的倾向，或者至少有产生这样的立场观念或者理想的倾向。显而易见，这种不偏私的立场越多地被追随，个人的行为就会变得越有相容性；而这只是更多的人依照不偏私的旁观者关于合宜性的各种标准来追求他们的各种目标的另一种说法而已，而他们将会从其同胞那里得到更少的抵制和更多的协助，也就是说，他们会变得对于自己和同胞都更加的有用。不管这是否是一种乐观主义，斯密都提供了一种解释。

然而，斯密并不是不恰当地乐观。他所说的是，除非人们**一般地说**非常接近于道德行为了，并且除非这种**一般性**导致了成功的结果，否则去理解社会、以及人类是何以得到幸存的是绝不可能的；当然，这并不能够阻止在个人以及某些特殊种类的行为中存在着例外。[80]

3.8 宗教的地位

如果有人因为难以理解，在个案中的失望何以对于导致更广泛的道德崩溃、以及因此而来的社会的崩溃来说是不充分的，而仍然觉得斯密过于乐观主义和不现实了，那么他应该记得斯密理论中的两个更进一步的特征。首先，不偏私的旁观者的理论是一种关于失望是如何能够被内在化的理论。在某种行为方式的德性没有被周围社会所理解和赏识的情况下，人们至少在某种程度上，有着采取不偏私的旁观者立场的能力，而这种能力可以使他得到这样一种可能性，取得独立于“局内人”的判断的“局外人”的赞同的可能。这种赞同可以作为对在社会性的世界失去的机会的补偿和安慰而起作用。[81] 其次，如果这还不够充分，那么，人们还有一种对上帝的“更高审判的诉求”。[82]

确实，当斯密的神学被大多数评论者的同情的所简单地涉及的时候，显得非常弱，但是我再一次提醒要对此小心，并且仔细阅读他已经说过的东西。让我们从一个相当核心的阐释开始：

> 当我们……对于在尘世找到任何能够遏阻非正义得逞的力量而绝望的时候，我们自然地会诉诸于天堂，希望我们本性的伟大造物主会在以后，亲自执行所有他在此世给予我们的、激励我们去努力尝试的行为指引原则；希望在以后，他将会完成
> 74 那些他自己拥有并因此教导我们去开始的计划；并希望在来世，他会使每个人都依据其在此世的所为而得到应有的报偿或报应。而因此，不仅通过人类的弱点、人性中的希望和恐惧，还包括那些我们所遵从的最高贵的和至善的原则、通过对德性的爱，我们被引领至相信，存在着一个未来国度。(TMS，III，5，§10)

对于宗教信条，首先需要注意的是，它是一种道德功能的结果。人们相信上帝和来世，是因为他们是被自己的道德确信而引向这些的。上帝和来世是道德确信的延续和完成，宗教因此成为了道德的一个有力支持，“宗教强化了自然的义务感”。[83] 在斯密那里，这种首先把宗教作为一种道德的功能和延续的观念是如此的引人注目，因此似乎有理由将他的观点称为道德神学，而这是出于对康德的恰当尊重，但是在当前的文本中，对于这两者我们将不予以比较。

然而，斯密的神学还不止于此。当一个人通读了《道德情操论》中所有与神学有关的篇章后，下面这一点在这些页中的许多（如果不是大多数地方），都作为一个突出的特色凸显出来了，即斯密实际上是在提出一种人性理论。像“我们自然地诉诸于”，“我们自然地被引至相信”，“自然教导了我们去希望”，“一种深植于人性中的希望和

期待”，“宗教的自然原则”这样的段落，充分地体现了提出人性理论乃是他的意图。我们已经注意到了，斯密的将宗教信条作为道德情感的一个延续和完成的观念，而在上面的引文中，我们听到了“自然地……希望伟大的造物主……他将会完成那些他自己拥有的……教导我们去开始”。我们在《道德情操论》另外的地方听到了，人们只有在这样的假定之下才能给出仁爱，对上帝所监督的幸福的伟大、普遍体系的整体或部分有所贡献。[84]

斯密所主张的是一个关于宗教信条的彻底自然主义的理论，这是他对道德情感的解释中不可或缺的一部分，而道德情感理论对于他的人类知识的一般理论来说是极其重要的。[85] 斯密理论中的这种自然主义特性，被他对“科学的”旁观者所采取的那种非常超然的态度所确认了，而这种态度是当他在讨论宗教对法律的形成的影响时，贯穿于整个《法理学讲义》的。[86] 而当然，这被斯密在《道德情操论》中多种不同的语境中都主张了的、宗教的自然历史的微妙因素所解释了，例如这一段：

> 我们认为，上帝的正义……仍然要求他在将来报偿那些鳏寡孤独所受到的伤害，他们在此世遭到了太多的侮辱，而这些侮辱在此世是不受惩罚的。相应地，在任何一种宗教里，以及在这个世界所曾经视作的任何一种迷信里，都曾经既有地狱渊薮（Tartarus）又有极乐之境（Elysium）①，既有对邪恶者提供惩罚之地，亦有为正义者提供报偿之地。（TMS，II，ii，3，§12）[87]

尽管斯密因此可以通过自然原则来解释宗教情感，但是这一点 75
总是很清楚的，即这种形式的宗教与结构化的宗教体系是非常不同的。正如对效用的考虑，后者是思辨和哲学。在构成某种特殊的道德情感的延续时，宗教情感是最具有其自然性的，但是当它们成为一种体系时，它们乃是一种哲学家的建构。与此相一致，斯密坚持认为这样的宗教不应与行动有关：宗教是一种安慰性的默想（contemplation）。“自然并没有把这种庄严的默想指定为我们生活中重大的事件和

---

① “Tartarus”和“Elysium”都是希腊神话中的词，分别指提坦被囚禁的地狱底下暗无天日的深渊和极乐世界。——译者注

事业。她只是向我们指出它，把它作为对我们的不幸的安慰。”[88] 只有在它是增强我们自然的道德情感的一个因素时，宗教才与行动联系起来了，当然，这只是人们的生活和道德构造起了一个被其自己的自然原则所主宰的独立空间的另一种说法：

> 对宇宙的伟大体系的管理……对所有理性的和感性的存在者的普遍的幸福的照料，是上帝的事务，而不是人的事务。人被分配的是一个更加谦卑的部分，但是这一部分更适合于人类力量的弱点，以及人的理解力的狭隘之处——对其自身幸福的照料，对他的家庭、他的朋友、他的国家的照料……沉思的哲学家最庄严的思辨亦不能弥补他对其最小的现实责任的疏忽之处。(TMS，VI，ii，3，§6) [89]

宗教或多或少地是一种哲学的思辨，它与人类自然的道德情感相重合，对于某些人来说比其他人更加如此。但是，用前者去取代后者，就像僧侣试图做的那样，[90] 是与自然相反的，因此为大多数人类所排除。换言之，人们的宗教信条是他们根据自然的原则自己选择的：

> 比较一下……修道院的微不足道的苦行与战争中令人变得高贵的痛苦与危险；假设有一天，或者前者一小时的生活，在世界的伟大裁判者的眼中会比在后者中荣耀地度过的一生有着更多的优点，那么这无疑与我们的全部道德情感相悖，与自然教导我们的调整我们的轻蔑与钦慕的所有原则相悖。然而，正是这种精神，把天国的宗教留给了僧侣和修道士，或者那些行为和言谈与僧侣和修道士相似的人们，却把地狱留给所有的英雄，所有的政治家和立法者，所有古代诗人和哲学家，所有那些发明了、促进了艺术或者在艺术上卓越的人，那些为人类生活的存续、便捷或者点缀人类生活作出了贡献人，所有伟大的人类保护者、指导者和施惠者，所有那些自然的称颂情感迫使我们把最高的优点和最崇高的德性归之于他们的人们。(TMS，III，2，§35)

还有什么比这同休谟对“所有僧侣式的美德的后果”的指责更

相象的了吗？而其背后的推理与休谟的“人为生活和方式”的观念 99
有可能比这更相似了吗？[91] *76*

与休谟相似，斯密从未对宗教假说明确地提出自己的态度。他将他自己限制在只是指出，人们关于上帝和来世生活的目的论的推断，是以与其他的人类知性同时进行的，但是它是纯粹思辨性的。他并没有说这样的思辨是无效的。从他在许多不同章节的语气中，一个人可以得到这样的感受，即斯密已经彻底地把对他自己来说非常熟悉的、休谟关于这一推论的批评拿来使用了。他对宗教世界与人类行为世界之间的巨大鸿沟的坚持似乎暗示了这一点。确实，可以说，在涉及人们生活的**实践**（praxis）的意义上，斯密对这一鸿沟的坚持，使人们完全接近于克尔凯郭尔对宗教的“信仰的跳跃”（leap-of-faith）①的观点，这种接近和人们对休谟对宗教的批评的接近几乎是同样的。[92] 而这两人中是否有谁想要把这种飞跃保持下去则是我们还不能知道的。

然而，真正重要的是，在涉及道德理论和理解的时候，一个人是否想要接受这一飞跃是不相关的。没有任何东西是取决于目的论的解释，而因此处于一个目的论秩序的保证者的位置上。我认为这样的说法是安全的，即无论在斯密的哪一部分出现了丝毫的目的论，相当清楚的是，就必须根据我们大体上可以称之为动力因的东西，在该处去寻找一个“真正的”解释。我们已经看到，在大部分人类行为的领域里已经是这样做的了，而我们也已经能够从他的解释性实践中，很快地读出斯密在这一问题上的哲学原则。然而，我们无需仅仅满足于这一点，因为斯密非常清楚和有力地阐明了他解释的观点。

3.9 目的论

在对目的论的解释的处理上，斯密是从这样一种假定开始的，即人们确实在宇宙中一般性地、且在物理世界中特别地察觉到了一种目的导向（goal-directed）的秩序。这是否是真实的当然值得怀

① “Leap-of-faith”是克尔凯郭尔宗教哲学的一个重要提法，它的意思是指，对于那些未能证实或者理解的事物予以信任的这样一种“信心的飞跃”。——译者注

疑；很可能这对于18世纪的人们来说远比对20世纪的人们更为真实。如果不考虑这一点，很明显，斯密以一种简洁的解释方式作出目的论的批评是出于一种修辞学上的目的。人们——或者至少是某种人，哲学家们——会在他们观察世上的植物和动物时发现一种一般秩序是一回事；而去**解释**它们的不同部分的运作、并因此解释全面的秩序则是另外一回事。为了达到解释，“我们……区分它们的各种运动和组织的动力因（efficient cause）与终极因（final cause）”。而尽管我们可以看到像消化和血液循环这样的东西“对于动物生命的伟大目的来说是必要的”，我们还是“从不试图像从它们的动力因
77 出发那样，从那些目的出发来解释它们”。而正如我们并不假定血液是有意图地循环的，我们并不想像手表的齿轮有任何特定的展示时间的希望。[93] 换言之，在斯密看来，在他的时代，方法论的讨论达到了对此两者区分的清晰性，即对秩序的沉思与涉及物理世界时的、对功能的解释。但是，在道德问题上则远远没有达到这样的清晰性。在这里，对秩序的知觉仍具有这样的统治性，以至于哲学探寻者把他自己的思辨转移到了他所观察的个人那里，好像那是他们的行动原则一样：

> 当我们被自然原则引至追求一些目的，而这些目的也是一种精微的和启发性的理性会促使我们追求之时，我们便非常倾向把它们的动力因于归因于那一理性，并且我们把用以追求目的的情感和行动想像为是人的智慧，而实际上那是上帝的智慧。(TMS, II, ii, 3, §5)

到目前为止，这本质上是一个消极的学说。这是一种否定，即否认人类理性是一种能够塑造或者建构人类生活基本轮廓的力量。无论如何，斯密对这一点非常了解，而他的一个主要目的是去完成这样一个积极任务——指出产生人类生活秩序的动力因。他从人类存在的基础，即人的单纯的物理存活出发论辩，这种单纯的物理存活并没有留给“我们理性的缓慢和不确定的决定”来照看。我们为了生活和福祉而运用必要的手段，是被下面的东西所激发的，即各种不同的“原始的和即时性的本能……而对它们会产生有益的结果

的趋向则没有任何的考虑，这些结果是自然这个伟大的指引者有意通过这些本能而产生的”！[94] 当然，斯密作为一个哲学家，他的真正功绩在于，指出了有些东西可以精确地类比于人类的社会生活，并且努力得出了一个关于动力因的理论，可以说，这个理论（一方面）取代了统治着我们的物理存在的本能，而（另一方面）取代了那种只在其哲学倾向中才属于人类的建构性的理性。这就是作为一种行为选择机制的交互同情理论，是这种交互同情使社会生活成为了可能：

> 虽然人……天然地被赋予了一种对于社会福祉和保护的欲求，但是自然的造物主并不信任他的理性能够发现，某种惩罚的运用是达到这种目的的合适手段，而是赋予了他对于理性的最适合的运用以即刻的和有启发性的赞许。(TMS，II，i，5，§10)

所有这些意味着一种关于非故意结果的专门哲学：其理念是当人们为了个人目的而行动时，被人性的一般原则所指引，一些不可预见和远超出那些目的的东西出现了，而这些东西会在以后变成某
种可认识的秩序。斯密清楚地说明了，这一理论的基本理念是得自 78
于曼德维尔，但是将其引入正义理论的理念则是从休谟处得来的。

斯密在这一问题上比休谟清楚得多，这是因为他在分析我们对行动和性格的道德判断中的手段视角（means-perspective）与目的视角（ends-perspective）的相对重要性时的精确性。一旦他摒除了休谟的令人烦恼的效用概念、而代之以他自己的情境合宜性的概念作为道德推理的基本要素，他就有了一种对于理性在人的行动中的角色、因此其在我们对人类行为的解释中的角色的更为清楚的认识。相应地，我们在斯密的理论中从来没有发现与在休谟那里所发现的相同的困难的张力，即理性的创造与非故意的产生之间的张力。但是，如果这样，斯密就从来没有把自己卷入对自然的和人为的之间区别的讨论，而我们假定这种讨论可能是对休谟难题的解释的一部分。斯密对此是否有着任何清楚的想法，或者是否是这种讨论的逻辑将他迫至了一种非故意的清晰，我们就不得而知了。

3.10 道德理论与人类知识

在斯密对效用理论以及一般认识论理论的批评背后，在两种人类知识之间存在着一种区分，而这种区分在他的哲学中有着基础的重要性。清晰性是以优雅的丧失为代价的，在此，这两种知识也许可以分别被称之为语境性知识与体系知识。我们在前文详细描述过的，人们通过同情机制而对人类行为所拥有的知识是前一种知识。这是一种产生于特殊情境的具体知识，而在人们一起生活的任何地方，都会产生关于人类行为的常识（common-sense）的观念。[95] 它关注的是个人行动的即时性环境，并且，它几乎自动地产生一种对于实际上采取的行动的适当性或者合宜性的评价。与此相反，系统性知识是对事物、事件或者处于某种更大的“整体”或体系的功能性联系中的个人理解——或者是对这样的体系中的所有要素的理解。这种知识有多种不同的形式，从对根据其趋向或者“效用”而对个人行动的理解，到对作为形成了一种目的论的、以及也许是神圣的指导秩序的宇宙所有元素的看法。这种形式的知识同样也与评价密切相关，并如我们上文所见的，斯密实际上将其分成了两种形式，一种适用于“手段效用”，而另一种则适用于作为一种标准的“目的效用”。其中，前者可以被描述为一种对体系内部的功能性效能的理解，而后者则或是暗示了一种把体系作为一个整体，而对于其目标的评价，通常依据的是幸福。

79 因此，系统性知识在其对象是关系（relations）的意义上通常是关系性的；而语境性的知识则**在实践中**通常是关系性的，因为它通常包含着对于情境与行动之间关系的评价。这给了我们通向斯密关于知识是如何生长的观念的线索。知识发生于当已建立的和被期待的关系被推翻的时候，或者当新的怀疑出现，以至于先前两个毫无关联的因素可以被联系起来了的时候。在这样的情况下，“我们首先对新出现事物的出乎预料感到惊奇，而当这刹那的情感闪过之后，我们更对它是如何发生的感到好奇”[96]。但是，任何因此而受折磨的人都渴望一种秩序的重建，那样“他就可以摆脱这种好奇，这种不确定和求知欲的焦虑”，而这些好奇和焦虑是那些令人惊奇的事件或者事物所产生的。[97] 因此，想像力的满足，“而并非对它的发现的任何利益期待……促使了人类去学习哲学”[98]。然而，在这两种知识之间存在着一个巨大的差别。因为，尽管无序（disorder）在某些种类的体系里会产生巨大的好奇以及对新知识的探索，但是在个人行为水平上的无序不仅仅只是小规模的，而且还有一种为了实践目的的调整机制与之联系在一起。因此，如果一个旁观者对另一个人的不适当的行为感到惊奇，他的不赞同——他对情境的不同理解——通常会通过交互同情影响那个行动者的未来行为。换言之，在实践的水平上，这个问题被分散了。我主张，是斯密的这一观念的根本性的原因，即，当自然哲学已经发展成为体系了的时候，道德“哲学”仍以格言和常识的准则的形式存在了相当长的时间。[99] 并不存在同样来自好奇心的压力来发展道德体系，当它试图这样做时，它被这样的事实所阻止——直到非常晚近的时期，“人性的抽象科学还处于它的婴儿阶段”，并且“人类心灵中不同功能的不同职责与力量”还没有被“仔细地检视并彼此区分过”。[100] 而同样，这也因为我们“自然地（有着）对检视那些在我们外部变化的东西的原因和关系，比检视在我们内部变化的东西的原因和关系有着更大的好奇心，后者自然地只会造成非常小的印象”[101]。因此，当自然哲学家发展了越来越多的复杂体系时，道德哲学家在没有任何适合的基础的情况下工作着，并试图在不可能之处创造出体系和精确性，指的是他们对积极德性的处理；而忽视了可以达到体系和精确性的地方，指的是构成了自然法理学基础的消极德性。[102]

斯密对这一问题的处理远远不止于此。他指出，那些同样的力量①——如这里所提出的——产生了对道德的体系化处理的更少压力，同样也导致了对道德体系比对自然世界中的体系更为严格的要求。体系知识的基本要求一致；无论它的对象是什么，它都必须将 80
其表现为一个一致的和有序的整体——如同一架机器一样：“体系在很多方面与机器类似……一个体系是一架想像中的机器，它被发明出来是为了把那些已经在现实中起作用了的、不同的动机和结果在幻想中连接在一起。”[103] 这种把越来越多的现象结合在越来越统一

① 指上文的好奇心和求知欲带来的压力。——译者注

104 的体系里的要求在自然科学上被满足了。它们的历史是不同体系之间在这方面的一种无止境的竞争。是“它赋予了天体的外观以更高程度的一致”，导致了哥白尼体系的成功，尽管它留下了一些未解释的经验物质，并且在当时是“所有哲学中最为强烈的悖谬”。[104] 对于开普勒、笛卡尔以及——当然在至高的程度上——牛顿来说，故事都是如此。[105] 而牛顿的原则有着如此的“坚定和坚固”，以至于：

> 最强烈的怀疑者也无法避免会感受到它……而当我们努力提出只是作为想像的产物的所有哲学的体系时，努力把脱节的和不一致的自然现象连接到一起时，我们甚至被不知不觉地拖入了使用连接自然现象的原则所使用的语言表达，好像它们是自然用以来把她的多种运作束扎在一起的真正的链条。那么，我们还能够认为，这些原则也许已经获得了人类普遍的和彻底的认同吗？……[106]

这一非常有休谟风格的揶揄和双刃的怀疑主义，非常好地强调了斯密的核心观点，即自然科学成为了一个如此有说服力的体系，是因为唯一严格的要求一直是，它们应该满足对一致和秩序的想像。与此相反，道德科学在接受了这一点上则经历了远比这更为艰难的时世。它们的主旨是普通的人类行为，而非任何的一致和机器般的有序性，能够弥补人们对他们自己以及彼此间的了解的任何一种匮乏。换言之，一个令人满意的道德体系必须不仅要满足一致性的要求，它还要能够解释人们关于自己和他人的语境性的知识。以往的所有道德哲学家正是在这方面都失败了，即他们都未能建立起一种道德体系。他们曾经发现了一些道德世界中总的秩序，不论是真实的还是想像的，并且进而根据这种体系来解释个人行为，好像这些行为是以产生秩序为目标一样。甚至在休谟的道德理论中，在涉及的关于“效用”的较低水平的秩序里，这一令人不满的理由也有所体现。斯密希望经由他通过交互同情而进行行为选择的理论所能够达到的，是一种对个人行为的解释，而这种解释是通过他们自己的即时性的语境性知识而达到的；**以及**对于这种解释何以对于一
81 个秩序来说是构成性的的解释。这种自然科学与道德科学之间的对

立，在《道德情操论》快要结尾处，很长的也是非常重要的一章中得到了清楚的说明：

> 一个自然哲学的体系可能看起来是非常言之凿凿的，并且在一个相当长的时间里在世界上得到了一般性的接受，但是实际上在自然中却没有任何的基础和任何与真实的类似之处……但是道德哲学的体系则正好与之相反，一个假装解释了我们道德情感的起源的作者，却无法如此粗劣地欺骗我们；也无法与真实的类似之处相去的如此之远。当一个旅行者解释一个遥远的国度时，他可能会使我们轻信那些最无根据的和最荒谬的编造，令我们强以为那是最确定的事实。但是当一个人假装告知我们，我们的邻近之域发生了什么变化，以及我们正在居住的教区发生的事情，尽管在这里，我们同样是如此大意、不用自己的眼睛来检视，以至于他能够在很多方面欺骗我们，但是他加之于我们的最大的欺骗也必须与真实有某些近似之处，甚至必须与真实有着相当的混合。一个处理自然科学的作者，假装确定了宇宙的伟大现象的发生原因，假装对遥远国度的事情给出了解释，考虑到他可能告诉我们的是他喜欢的事情，而只要他的叙述维持在表面的可能性的范围内，他就不必对于得到我们的相信感到绝望。但是，当他企图去解释我们的欲求和情感的起源，我们的赞许情感和不赞许情感的起源时，他假装给出一种解释，则这些事情不仅等于是我们正居住的教区发生的事情，而且等于是我们对自己的家庭事务的关注。(TMS，VII，ii，4，§14)[107]

当无法解释的道德情感的道德体系落入涉入实际事务中的人之手时，他们就创造出政治上非常危险的“体系精神”；因为浸润在这种体系中的人忘记了“在人类社会这个巨大的棋盘上，每一个单独棋子都有自己的行动原则，尽管这些原则与立法机关可能加之于它的并不相同”。[108] 幸运的是，这种行动的原则——如在《国富论》中花了大量篇幅来解释的——对于克服“人类法律的愚蠢非常常有的、阻碍其自身运行的、上百种鲁莽无礼的障碍”来说是可以足够有弹性的了。[109] 被考虑的原则是“任何个人为了改善他自己的处境而作出的自然的努力”，当然它是完全取决于其自身的独特情境的知识的。[110] 然而，更大的问题是，什么将会使得所有这些个人努力相互兼容了，而为了回答这一点，我们不得不研究斯密的正义理论。[111] 因为一旦很好地完成了这一点，道德哲学就是“到目前为止，哲学的
83 所有不同的分支中最为重要的”了。[112]

注　释：

[1] 关于斯密对“哲学家”与过“普通生活”的人之间的对照的例子，见 TMS，I，i，3，§8.

[2] 在这一章里，我的目标不是在整体上讨论斯密的道德哲学，而仅是想给出他的正义理论的背景。

[3] TMS，I，i，I，§§6—9.

[4] TMS，I，i，I，§10.

[5] 参见休谟：“如果人们在我们面前做出愚蠢的行为时，我们为那些行为感到羞耻；尽管他们既没有表示任何的羞耻感，也丝毫都意识不到自己的愚蠢。”(T. 371) 对于休谟来说，这是“一个非常值得注意的现象”(T. 307)。

[6] TMS，I，i，I，§§11—13.

[7] TMS，I，ii，2，§2.

[8] 在某种意义上，这是整章的要点，但是它迫使斯密去处理我们在这里所感兴趣的主题，例如，不同种类的激情的可及性。

[9] 见 J. R. Lindgren，*The Social Philosophy of Adam Smith* (The Hague，1973)，pp. 21ff.

[10] TMS，Ⅶ，ii，3，§21.

[11] 对这种辨别的需要的一个非常强的表达，参见 TMS，Ⅶ，I，§4，在这里，这种表达特别的强烈，这是因为斯密试图驳斥这一主张，即同情的行动最终是自我中心的。一个与之类似的但是更加独立的驳斥，见 TMS，I，i，2，§I，在那里斯密指向作为沉思的反面的、同情的快乐和憎恶的痛苦的自发性。

[12] 参见 TMS，VI，ii，I，§1，“任何人都对自己的快乐和痛苦的感受比对他人的快乐和痛苦的感受更为灵敏。前者是原始的感觉——后者是对那些感觉的反射或者是同情性的想像。前者可以说是实体，而后者可以说是影子。”

[13] 非常不幸的是，尽管在斯密的整个观点中并没有把任何的同情牵涉进来，Lindgren 仍选择把这称之为“美学上的同情”。这导致了他的处理中大量的古怪的错误。见 Lindgren，*Social Philosophy of Adam Smith*，pp. 23—25. 当我们试图理解人类时，对同情的需要是一个根本性的问题，如果我们把**它们**视为科学的对象（blow，pp. 80—82）。

[14] TMS, I, i, 4, §§5—6.

[15] TMS, I, i, 4, §7.

[16] Ibid.

[17] 当斯密在准备《道德情操论》第二版的时候，休谟在这一点上给了他一些批评。见 Hume, *letters*, vol, I, pp. 311—314.

[18] 从第二版到第五版，斯密一直用下面这个类比在继续着他的注释："我假设有两种声音，两者都被一丝不苟地唱出，而如果它们是完美的谐音，对它们的和谐和一致的感知则可能是令人愉快的。"

[19] 这些区分使对斯密在"同情与自我利益"中反复爱讲的话题的进一步探究变得不再有什么意义了。

[20] TMS, I, i, 2, §§1—6.

[21] 见我对于休谟的"一致"(agreement) 的概括 (pp. 7—9, above)。

[22] TMS, I, i, 4, §7.

[23] TMS, Ⅲ, I, §5.

[24] Ibis："我们开始……检视我们自己的激情和行为，并且开始考虑这些在（他人）看起来是怎样的，而这是通过对如果我们处于他们的情境，它们在我们看起来将会是怎样的考虑来达成的。"

[25] TMS, Ⅲ, I, §3. 带有情感的同情的交互性的观念产生了对情感的意识，这种意识与斯密在关于外在感觉的短文中对触感（tactile sense）的处理是极其类似的。在那里他指出，触感如此独特是因为它可以单独产生一种对于它自己的意识。如果我们身体的一部分接触了另一部分，那么可以说，这另一部分将会作出回应，而我们通过这种方式意识到我们的身体相对于世界上其他的东西来说，是作为一个大的触感的。*External Senses*, 5.

[26] 斯密对于合宜性给出的这个解释与我们根据**优点**对行动和它们的动机所作的判断而对其作出的解释正成对比。我们在后文将会处理优点，由于斯密的观点是，优点是一种取决于合宜性或者得自于合宜性的感觉。

[27] cf. LJ (A), iii, 5; LJ (B), 102.

[28] TMS, Ⅲ, 2.

[29] TMS, Ⅲ, 2, §§4; II. 分别对应赞扬和谴责。

[30] TMS, Ⅲ, 2, §§5; 9—10. 分别与之对应。这里存在一种在积极情况，称赞与消极情况，以及责备之间的强烈的不对称，而这在斯密的理论中是极其重要的，我们将在下文中 (pp. 83—87) 再次回过头来讨论这个问题。

[31] TMS, Ⅲ, iii, §4.

[32] TMS, Ⅳ, iii, §11.

[33] TMS, Ⅲ, 3, §2.

[34] TMS, Ⅲ, 2, §§6—7. 再次参见斯密在《道德情操论》较早的时候所作出的解释，即，对行动者和旁观者两者的情感都必须加以改变，以达到"对社会和谐充分的这种与他人之间的一致"(TMS, I, i, 4, §7)。

[35] 同见《道德情操论》中所有其他关于调整的例子，Ⅲ，3；LJ（A），iii，5；LJ（B），102.

[36] 参见TMS，Ⅲ，3，§38. “存在于我们心中的，那个抽象的和在理念中的我们的情感和行为的旁观者，通过真实的旁观者的出现，要求经常被被唤醒并使他记起他的责任：而通常是经由这样一个旁观者，我们可以期望最低限度的同情和放任，而我们可能会学会最完整的关于克己的课程。”

[37] TMS，v，2，§9. 整个v，2都是相关的。

[38] TMS，v，2，§13.

[39] 引文的末尾处休谟指的是孟德斯鸠。

[40] 见WN，I，II，4；v，i，f，5I.

[41] LJ（B），326—327. 我们会在不同的语境中返回情境决定行为选择的整个问题，尤其见对斯密关于历史的观点的讨论。（chap. 8 blow，pp. 186—188）

[42] TMS，Ⅳ；cf. TMS，V，i，§I.

[43] TMS，Ⅲ，4，§7.

[44] TMS，Ⅲ，5，§7.

[45] 关于休谟的理论。（above，pp. 31—35；blow，pp. 112—113）

[46] Blow，pp. 79—82.

[47] TMS，II，i，I.

[48] TMS，II，i，I，§§5—6.

[49] TMS，II，i，2，§§1—3.

[50] TMS，II，i，4，§§1 and 3.

[51] TMS，II，i，5，§§1—2 and 5.

[52] TMS，II，iii，I，§7.

[53] 参见LJ（A），ii，118—20；LJ（B），188—189.（blow，pp. 119—120）

[54] 有趣的是，我们在这一关联当中注意到，当斯密来展示社会或者旁观者对我们的反应是如何通过交互同情（TMS，Ⅲ，2）而被内在化的时候，他结合了当下的情况与他对人类道德中的积极者和消极者所作出的非常清楚的区分（Blow，pp. 83—87）：除非在我们行动背后的动机中有着值得同情的表扬的东西，否则表扬很难被内在化（TMS，Ⅲ，2，§4）；但是，**责备则通常被接受和内在化了，不论在我们行为背后的动机中是否有着值得责备的东西**（TMS，Ⅲ，2，§II；TMS，Ⅲ，2，§29）。

[55] Blow pp. 114—120.

[56] TMS，Ⅳ，I，§§1—2.

[57] See above pp. 40—41.

[58] TMS，Ⅳ，I，§§4—6.

[59] Lindgren，*Social Philosophy of Adam Smith*，esp. pp. 16 and 74—78.

[60] TMS, Ⅳ, I, §§8—10.

[61] 这里参考TMS, VI, ii, 2, §§15—18.

[62] TMS, Ⅳ, 2, §3.

[63] 这在斯密关于如何描述一个人的观念里有趣地有所反应:“人的这种性格既非特别地显而易见,亦不能使人留下任何深刻的印象:它是一种枯燥的和无生命的东西,仅仅被他自己所占有。因而,当它被唤至一个行动之中时,它仅仅出现在完美当中。因而,我们通常不会在开始时就对我们将要提升其名声的人的性格大加颂扬,但是会以对他的……行动的解释为开始。”(LRBL, 128)

[64] 同样参见E. 203, note. 在TMS, Ⅳ, 2, §3的一个注释中,编辑Raphael教授和Macfie教授指向了《研究》的这一注释,声称“对于诉诸于他的这一性格,休谟必定有着一种反对,因为他试图在《道德原则研究》的一个附加的脚注里对此作出回应。见《道德原则研究》, v, i, 第一段……”正如上文所展示的,休谟在《人性论》中已经非常清楚地处理了这一问题尤其清楚(pp. 471—472)。《研究》对此并没有添加任何新的东西。

[65] T. 472.

[66] 见TMS, Ⅶ, iii, 2, §§7—9.

[67] T. 472.

[68] 尽管在T. 617中,休谟对一个全面的解释表示了绝望,但是他当然确实地,辨别了道德赞同或者不赞同而产生的愉快或者痛苦与其他种类的愉快或者痛苦之间的区别。除了本文中在上文所提到的和引用的,对他的理论,休谟还援引了引起道德判断的、对自豪和仁慈的,以及对爱和憎的直接的激情(T. 473, 574—575, 614)。我并不认为斯密对于休谟的理论采取了非常明确的立场。

[69] TMS, Ⅳ, 2, §12.

[70] TMS, Ⅳ, 2, §5.

[71] TMS, Ⅳ, 2, §§7—11.

[72] TMS, Ⅳ, 2, §3.

[73] TMS, I, i, 4, §4.

[74] TMS, Ⅳ, 2, §11.

[75] Ibid; and cf. e. g. TMS, Ⅶ, iii, I, §2.

[76] See e. g. TMS, II, ii, 3, §8; Ⅳ, 2, §7.

[77] TMS, Ⅶ, iii, 3, §16.

[78] See e. g. TMS, Ⅲ, 5, §8; Ⅶ, ii, 2, §13; Ⅶ, iii, 3, §16.

[79] TMS, Ⅶ, ii, 2, §13.

[80] TMS, V, 2, §§12—16; and Ⅲ, 5, §8.

[81] TMS, Ⅲ, 2, §32; and II, iii, 3, §6.

[82] TMS, Ⅲ, 2, §33; and Ⅶ, ii, I, §45.

[83] TMS, Ⅲ, 5, §13. 这是《道德情操论》里反复出现的一个主题，例如，TMS, II, ii, 3, §§11—12；Ⅲ, 2, §12, §§33—35；Ⅲ, 5, §§7, 12—13.

[84] TMS, VI, ii, 3, §2.

[85] Blow, pp. 79—82.

[86] 这发生于与这些法律相关联的时候，包括与继承、合同、奴隶制、杀人、婚姻、父母的权威等相关的法律。斯密关于标志着承担义务的婚姻的必要仪式的叙述，是他在处理这些问题时所使用的典型语调："这在不同的国家各不相同，但是一般来说它是与宗教相关的，因为它**被认为是给人留下最为深刻的印象的。**"(LJ (B), 105) 然而，"科学的"超然的高度，是在斯密把宗教作为一种社会的和政治的现象而与休谟进行讨论时才达到的。他引用了休谟的《历史》(*History*) 中的一页半论辩这一问题的内容，其中论辩到，神职人员应该位列于公共薪酬体系之内，来"收买他们的好逸恶劳"，因而"使他们的冗余力量得到进一步的激活，而不是仅仅保护他们的群聚状态，以防止其分散而提出新的利益要求"。对此，斯密有效地回答道，这可能在理论上是正确的，但是在实践中，掌控薪酬体系的人可能会恰恰利用宗教而维持其掌控地位。作为替代，斯密更乐于把神职人员留下，像"一些军队中的轻骑兵和轻步兵一样，按劳取酬"。一旦让他们过于活跃，会使他们对同僚的特殊愿望更有责任感，因而把他们划分为了许多在道德上比个人更为重要的小团体——而这在政治上没有任何效果！引文来自第六段和第二段 (WN, v, i, g)。

[87] 这确实非常令人惊奇，宗教和迷信是如何如此经常地和轻易地被归结到一起的。

[88] TMS, Ⅶ, ii, I, §46.

[89] 参见Ⅶ, ii, I, §§45—7.

[90] TMS, Ⅲ, 2, §34.

[91] 见E. 270，以及休谟，"一个对话"，见E. 340—343。并参见WN, v, i, f. 30："当道德，以及自然哲学，开始仅被教导为是神学的附随时，人类生活的义务是作为来世生活幸福的一个主要附随而被对待的。在古代哲学中，德性的完美被表现为是德性拥有者此世最完美幸福的一种必要的产物。而在现代哲学中，它通常被表现为一般地、或者近乎于通常地与此世幸福的任何程度都没有关系；而天堂只有通过僧侣的苦行生活和贬抑的苦修和禁欲才能得到；而不是通过一个人的自由的、慷慨的和精神性的行动来得到。"参见同样重要的对 Massillon 的引用，TMS, Ⅲ, 2, §34.

[92] Cf. R. H. Popkin, "Hume and Kierkegaard", *Review of religion*, vol. 31, 1951, pp. 274—281.

[93] TMS, II, ii, 3, §5.

[94] TMS, II, i, 5, §10.

[95] See WN, v, i, f. 25; and LRBL, 51.

[96] Astronomy, II, 8. 在这里斯密主要关注的是物理现象，但是他的描述可以普遍地运用。天文学论文的第一篇和第二篇提供了关于人类知识中惊奇和好奇心的最长的和最细节化的讨论。但是这一主题在《道德情操论》中也经常出现，其中一些更重要的是用在：I，i，4，§3；I，i，5，§§6—8；I，ii，I，§12；I，iii，I，§13；II，ii，I，§6；Ⅳ，2，§§8和11；VI，ii，2，§2；VI，iii，esp.§§5，9，11. 同样参见 WN，v，i，f.24；LRBL，64—65，87，93—94，100，107，118，127，167，172；Ancient Physics，2. “钦羡”（admiration）非常通常地与惊奇和好奇心联系在一起，但是这个在这里并不重要。

[97] Astronomy，II，4.

[98] Astronomy，Ⅲ，3. 斯密在《法理学讲义》中确实说到过：“几何学，算术以及写作最初都是为辅助不同的技艺（arts）的运用而被发明的。”[LJ（A），vi，18；参见 LJ（B），210] 但是这里的整个观点是，对于某些“主要技艺”来说，这些只是“辅助性的技艺”，它们是为了满足“人的精致需求”而被发明的，而这些又激起了人对于食物、住宿、衣着以及知识的追求；所有这些都超出了他的“自然需要”。参见 WN，v，i，f.24，editorial note 14.

[99] See WN，V，i，f.25.

[100] TMS，Ⅶ，iii，2，§5.

[101] LRBL，87—88.

[102] 见斯密关于决疑论（casuistry）的责难，他对“伦理学”的评论，即伦理学作为一种规劝性的学科，与“批判主义”相类似，而他在《道德情操论》（Ⅶ，iv）中对于自然法理学体系的概括也是这样的。

[103] Astronomy，Ⅳ，19. 参见 Ancient Physics，9：“一旦宇宙被视为一个彻底的机器，视为一个一致的体系，被一般法则所统治，并指向一般目的，即它自己的、以及在其中的所有物种的保存与繁荣；那么它的不可避免地与人类技艺所发明的机器的类似之处，必然把那些（古老的）传说强化为一种信念，即在世界最初创制的时候，必定被使用了一种与人类技艺相类似的技艺，但是要高出很多，因为世界比人类技艺所产生的机器要高出很多。根据古代哲学，这种体系的统一性看来是最完美的，而这种体系的统一性主张了这种原则的统一性的观念，正是原则使得统一性的观念得以形成；而因此，正如无知引起迷信，科学产生的第一个有神论，出现于那些神圣启示没有光照到的民族中。”

[104] Astronomy，Ⅳ，35.

[105] Astronomy，Ⅳ，67—76. 同样见 Ancient Physics，一个非常相似的故事。

[106] Astronomy，Ⅳ，76.

[107] 参见 WN，v，i，f.26：“思辨的体系在世界上的任何时代，都是由于一些对于确定任何人出于常识的判断的、就极小的实际利益来说，都

无关紧要的理由而被采用的。公然的诡辩几乎没有对于人类的观点产生过任何影响，除了在哲学和思辨方面；而正是在哲学和思辨方面，它通常有着最重大的影响。"

[108] TMS，VI，II，2，§18.

[109] WN，Ⅳ，v，b，43；参见WN，II，iii，12；Ⅳ，ix，28.

[110] 参见TMS，Ⅶ，II，I，§44："那些自然地、即时性地影响我们只有很少的驾驭和方向感的微小部分的事件，那些引起我们最大的兴趣的、即时性地影响我们自己、我们的朋友和我们的国家的事件，是那些主要地激起了我们的欲求和厌恶、我们的希望与恐惧、以及我们的喜悦与哀愁的事件。"

[111] 关于个人的努力是如何——或者如何能够——形成一个体系的进一步的问题，将需要斯密的政治经济学中的一个附加的讨论，它与目前的想法没有关系。

[112] WN，V，i，f.30.

4

斯密的正义和政治理论

4.1　积极德性与消极德性

我们已经花了大量篇幅处理过了的（above，pp. 77—99），斯密对目的论解释进行了明确的批评的两页，是与他的正义理论相关联地出现的，当然，这并不是巧合。在斯密关于选择行为的“动力因”的理论中，没有哪里比他对正当行为是如何被选择解释的更为清楚并更为重要了。

不论是对于休谟还是斯密来说，正义都是一种谜一样的东西。尽管他们中没有谁是以确切地阐释一种正义理论为首要目标而开始他们的主要哲学工作，但他俩都给予了这个理论相当多的空间，他们都在其他的语境中持续关注着这一理论。打动了他们的东西是，正义与所有其他的德性是如此的不同——看起来更为精确，而因此可能被阐释为严格和一般性的规则。此外，人们通常倾向于践行那些规则。现在，我认为，关于正义为何如此的精确，以及与此紧密相关的，正义为何是有强制力的，斯密有着一个高度原创性的理论。

当斯密坚持，人类的大多数基本上都处于有待幸福的状态时，可能看起来像是一种他在斯多噶学说那里批评的、专横的犬儒主义关于世人命运的说法。[1] 我不会否认，可能有这样一个因素在其中，但是，这不应该像通常那样，使我们难于分辨这一点，即斯密对这一问题同样提出了一个有趣的理论。当然，他提出的观点是，对于在一般的意义上使人类幸福需要做些什么很难说得太多，原因是“健康人的幸福、脱离债务者的幸福和有着明晰的良知人的幸福”与“最高程度的人类繁荣的幸福”之间的区别“是微乎其微的”。这一微小的区别之所以被人们打通了，并不是出于任何基本的需要，而是由于非功利心的指引，这一原则有多少丰富多样的内容，就对人类有多么恒久的影响。与幸福的这种狭窄范围相反，不幸（misery）的深重程度却是“巨大的和惊人的”。[2] 同样，这种区别也反映在这样的事实上，即当我们被幸福的事件所惊喜时，它们立刻就抓住了我们，
83 并且对我们产生了强烈的影响；而当我们被不幸的事件所震惊时，那种影响、悲伤，“是逐渐到来的”，仿佛我们天生就对其有一种抵触一样。[3] 幸福和不幸之间的这种根本性的不对称是与这一事实联系在一起的，即“痛苦……不论是心灵的还是身体的，是一种比愉快更尖锐的情感”。[4]

尽管这只是作为人性的一个事实而被发现的，还是可以有趣地看到，在《修辞学和纯文学讲义》(*Lectures on Rhetoric and Belles Lettres*）中，对这一事实可能的解释，斯密还是冒险提出了一个不寻常的建议。他说道，我们有这种类型的反应可能是因为，这一事实对于我们有着生存（survival）的价值，而在现代术语之下，这一价值可能被会被称为是最高的。尽管如果没有那些由对我们有利的事物或者事件带来的特殊的愉快，我们也可能会很好地生存下来，但是，“这种愉快看起来是绝对必要的，因为一些相当程度的不安会伴随着伤害性的事物或事件而出现，而如果没有这种愉快，我们就极有可能会被彻底地击垮”。[5]

正是由于痛苦远比愉快给主体的这些情感留下了更为深刻的印象，所以关于这两者，存在着两种不同的同情性的交流。然而，这就更加复杂了。对愉快和欢乐的同情本身就是愉快的，而对痛苦和悲伤的同情则是不愉快的，因此我们有着一种自然的趋向去喜欢前者而不喜欢后者。[6] 而另一方面，对愉快的同情是一种“二选一”的现象：如果我们不是彻底地同情，那么我们就不是真正地同情。对愉快的同情是一种生动的但是变幻无常的同情。而与此相反，对痛苦和悲伤的同情，是更加有弹性的；尽管它经常与原始的情感不是那么生动地相似，但是它总会在某种程度上有所表现：“比起快乐，我们对悲伤的同情……更具普遍性。”[7]“我们对于可能称之为自然状态的幸福”与“最高程度的人类繁荣的幸福”之间的区别“是微

乎其微的”这一事实[8]，加之对于处于前种情况下的人来说，赞同处于后种情况的人是愉快的这一事实，就是为何这种同情更为彻底并且这种同情性的感受与原始的情感更为接近的原因。相反，在自然的幸福状态与“最低程度的不幸”之间的“距离是巨大的和惊人的”的事实，意味着对于处于后种情况的人来说，他更为强烈地渴望着对他的状况的同情[9]：“比之于愉悦的激情，我们更为急切地想要与我们的朋友交流我们不快的激情……比之于朋友们对前者的同情，我们能从他们对后者的同情里得到更多的满足。”[10] 所以，尽管对痛苦和悲伤的同情是不愉快的，但是它被普遍地渴望着，这意味着它成为了一种社会需要，即对一种通过交互同情建立起来的感情性的和解的需要。[11]

这一观念对于斯密来说极为重要，即较之于愉快和幸福，痛苦
和不幸会被更加尖锐地感受到，以及对后者的同情是更加明显的和 84
普遍的。[12] 正是带着这种我们也许可以称之为道德中积极的和消极的对比，斯密展开了他在《道德情操论》中关于正义的讨论。不仅是他的论证，还包括他对此的阐释，对于我们后面的讨论都具有这种根本性的重要性，并且我们必须大量引用。他的程序是比较善行和正义，而这种比较是通过对**缺乏**此两者中的任何一个的情形的比较、以及对这种缺乏的反应的比较来完成的：“仅仅是善行的短缺不倾向于会导致真正的恶行。它可能……激起了不喜欢和不赞同：然而，它不能激起与之共处的人们的任何憎恶。”不展现善行的人可能至多会被作为“厌恶（hatred）的对象，这种厌恶是一种被不合宜的情感和行为所自然地激起的激情；它并不是憎恶（resentment），憎恶是一种这样的激情，它从来就不是被适当地引起的，而是被那些倾向于真正地和积极地伤害某些特定的人的行动而引起的”。相应地，“善行通常是自由的，它不能被强行索取，单纯的对善行的缺乏不会招致任何惩罚”[13]。这是积极的一方。但是还有消极的一方与此相关：

> 另一种德性，对它的遵守不是留给我们自己的意志自由的，这种德性可以被强行索取，而对它的违反招致憎恶，并因此招致惩罚。这种德性就是正义，对正义的违反是伤害（injury）——它对某些特定的人产生真实的和积极的伤害，从它的动机开始就自

> 然地不被赞同。因此，它是憎恶的合宜对象，也是作为憎恶的自然结果——惩罚的合适的对象。(TMS，II，ii，I，§5)

这样，根据对它们的反应，这两种德性的全部区别就被描述出来了，首先是受害者、继而是旁观者对于这两种的德性缺乏的反应，重点是，对正义的缺乏会“产生真实的和积极的伤害”而对善行的缺乏则不会如此。因此，前者比后者面临着更为清楚和强烈的反应，对前者的反应是憎恶而不是厌恶。[14] 更大的力量体现在这样的事实里，即憎恶通常跟随着行动，例如惩罚。

这是反应的一种自然范型（pattern），任何不偏私的旁观者都会赞同其为合适的。它不仅仅被赞同，同情的感受经常是如此的强烈，以至于这种感受同样也导致了行动，行动的方式是对受害者的救济寻求提供帮助。而这种“主动的”同情如果发生在对缺乏善行的厌恶中，则绝不可能得到任何的赞同和支持。[15] 这种旁观者的反应通过交互同情被进一步传递至了社会团体的所有成员，而企图做出不正义行动的人将会因而对此了解并有所畏惧。

通过这种方式，斯密用他的消极道德的优先性观念，在消极道德与所有的积极德性之间画出了一条清晰的分界，它们分别表现为善行和正义。这种“正义与其他所有社会德性之间显著的区别”存
85 在于此：

> 我们感到自己处于一种更严格的义务之下，去按照正义行动，比之于对友谊、慈善或者慷慨的乐行。对这些我们后来提到的德性的践行似乎取决于我们自己的选择，但是，不知出于何种原因，我们感到自己以某种奇特的方式，与对正义的遵守相联系着、被束缚着并被约束着。(TMS，II，ii，I，§5)

如果我们把注意力从对这些德性的缺乏转向对这些德性的反应本身，这种区别同样是清晰可见的，因为那样我们就会发现，善行自然地会被感激所回报，而正义则仅仅被判断为是合宜的：

> 毫无疑问，正义的践行中有着合宜性，并且基于这种解

> 释，它配得上所有归之于合宜性的赞同。但是，由于践行正义本身并没有做出任何真正积极的善，它只配得到非常少的感激。在绝大多数情况下，单纯的正义仅仅是一种消极德性，它只是阻止了我们伤害邻人……我们可能经常通过坐在原地和毫无行动就可以满足正义的所有规则。(TMS，II，ii，I，§9)

这种对正义的消极德性和所有积极德性之间的对比被斯密进一步推进了。他经常坚持，正义的基础性规则是绝对精确的，而积极德性的规则则是非常不清晰和不确定的。“正义的规则是最大程度的准确无误，它们不容许任何的例外和调整，除非那种例外和调整能够与那些规则本身同样精确地被确定，而实际上，通常这些例外和调整是来自于与规则完全一样的原则。”[16] 在涉及所有其他的德性的情况下，我们按照它们的“精神”而行动，而对于正义，我们按照“字面”来遵守那些规则。正义的这些规则就像是“语法的规则”，而其他德性的规则像是“那些对放弃作品中的庄重和优雅的实现的批评的规则。前者是精确的，准确无误的和不可或缺的，而后者是松散的，模糊的和非决定性的”[17]。

正义规则中的这种高度的精确性来源于何处？斯密从来没有明确地解释过，但是从我们已经见到的，正义的基础的角度来看，解释又似乎是相当明显的。正义的规则是精确的乃是因为，它们是来自于旁观者的反应，而这些反应是罕见的“普遍的”和“清楚的”，即，它们是产生于对“真实的和积极的伤害”的“尖锐的”感受。斯密的观点似乎是，清晰性和精确性在如下链条中被传递：行动（消极的伤害）、反应（憎恶和惩罚），通过同情的旁观者的反应（同情性的憎恶和对惩罚的协助），以及产生于旁观者的反应的一般性规则。

正义的消极特性同样意味着，这种德性的一般规则与其他德性的一般规则的产生是不同的。后者产生于旁观者对于德性的实践的赞同，但是正义的规则产生于旁观者对非正义的不赞同，产生于对 86
这种德性的不履行。如果从来没有人不正义地行为过，那么正义的规则绝对不会被想到，因为它们只不过是单纯的对合宜性的思辨罢了。

4.2 正义与效用

斯密对于在人们自然的道德判断中的正义之基础的解释，提供了一个他与休谟之间最重要的、也是最有趣的分歧。而荒谬的是，这也可能是通向他们的一致观点的最好途经。他们都同意，尽管所有的积极德性都是一种使社会更加繁荣和幸福的“额外的东西”，没有它们社会生活也是完全有可能的[18]，但如果没有正义，就没有社会：

> 善行……与正义相比，对于一个社会来说并非那么必不可少。尽管不是以一种最舒适的状态，社会在没有善行的情况下还是可以持续下去的；但是非正义的流行则必定会彻底地毁灭它……（善行）是装点建筑的装饰品，而不是支撑建筑的基础……与之相反，正义是支撑整栋大厦的栋梁。如果它被移除了，那么整个人类社会的宏伟和巨大的建筑……必定会在顷刻间化为齑粉。(TMS，II，ii，3，§§3—4)

这一类比不可避免地使人想起了休谟在《研究》[19]中所做的，仁爱与墙、正义与穹顶的类比。而它使我们想起了不论是在《研究》里还是在《人性论》里，休谟是如何着力地强调，在服务于公共利益或效用的正义，在上文（pp. 39—41）已经解释了的极其特殊的意义上，是当下这个世界里任何一种社会生活的最低限度的条件。[20]

同样，对于斯密来说，正义是最低限度的社会框架，没有它，“人们之间就不会发生任何的社会交流”。而正义这种非凡的效用被一些哲学家们当作这一德性的基础，作为了“我们赞同正义的法律的执行的依据”。对于这些人来说，社会生活的基础是对正义效用的正确评价，而这会导致“对任何有可能倾向于破坏它的东西的痛恨”。而既然“非正义必然倾向于破坏它”，“非正义的任何表现形式……使（个人）警觉并使他奔忙——如果我能够这样说——去阻止这一进程，而如若让这一进程继续，将会迅速毁灭对他来说珍贵的一切”[21]。

根据斯密，这种对于正义的道德性质的解释，依据的是它的效

用具有某种德性，因为它解释了对正义来说最重要的强力性因素。 119
当人们会因他们的犯罪而受惩罚的时候，这一点非常重要的。更为
常见的是，人们对将要承受惩罚的罪犯感到同情，而“因此，这
里，他们得到了一个机会，用对社会一般利益的考虑来帮助他们”。 87
这对于斯密的整个惩罚理论来说是很重要的，而我们下面对此的讨论将会进一步澄清正义与效用间的关系。[22] 然而，斯密同样以更一般的方式提出了他的观点——而且带着一种非常有趣的论证。他指出，当我们基础性的正义规则遭遇到破坏性的批评和反对时，我们经常会通过求助于“它们对于支撑社会的必要性”这一点来保卫它们，尽管实际上对这样的批评的“内在的厌恶”使我们不安。为什么在这样的情况下我们不根据我们事实的原因呢？这仅仅是因为这样一个事实，即人们能够提出这样的批评，这体现了在我们与他们之间的自然价值的共同体（value-community）已经崩溃了：正如我们所见到的，他们失去了对合宜性的感觉。因此我们相应地试图求助于一些其他的东西，而那通常将是正义和道德的社会必要性。[23]

但是，尽管效用考虑有着这样一种角色，然而它们并不形成正义的基础。因为，不论怎样的显而易见，这样的社会效用还是很少被人类的大多数想到的。但是人们在大体上还是遵守正义的法则的：

> 所有的人，甚至包括那些最愚蠢的和最没有思想能力的，都痛恨欺骗、背信以及非正义，乐于见到这些行为受到惩罚。但是，极少有人反思正义对于社会存在的必要性，不论这种必要性表现得多么明显。(TMS，II，ii，3，§9)

换言之，正义是哲学家如何过度地使用理性主义的一个最佳例子，其形式是，他们通过对效用的考虑来解释人类社会。相应地，斯密援引了他对此的批评，即，这样考虑对于人类中的大多数来说都是陌生的。实际上，他将这种对正义的效用的讨论当作了一个形成他自己的、关于在道德科学中的动力因与终极因对抗的一般理论的机会，而对于这一点，我们在前文已经涉及了。

而涉及正义与社会效用，斯密同样引入了一种新的、对我来说非常有价值的论证。他指出，如果对正义的运用是建立在对公共性（public）

的考虑之上的，那将是非常奇怪的，因为对后者的考虑只能够由个人对特定的个案而构成，既然所有的道德判断都是通过同情而发生的，当然，同情只能针对是具体的个人的。[24] 因此，在人类道德里，存在着一种明确的个人优先性，这种优先性超越了任何一种社会整体：

> 我们因为这个人是社会的一个成员或者一部分，并且因为我们应该关心社会的毁灭，而对一个单独的个人的毁灭或消失的关心，并不比我们对于一几尼（guine）①的消失的关心更多，因为一几尼是一千几尼的一部分，我们应该关心这整比数目的消失。在以上任何一个例子中，我们对于个体的关心都不是出
> 88 于对多数的关心；但是在这两个例子中，我们对多数的关心都是复合的，并且是由我们对不同的个人感到的关心所构成的，而正是这些个人组成了那个多数。（TMS，II，ii，3，§10）

斯密在这里为之辩论的个人得到的优先性是他的道德哲学的一个基本特色，这在他的语言中经常得以反映。[25] 但是，注意到这一点是重要的，即包含在带有憎恶的同情中的“特定的关心”并未假定任何特殊的或个人性的关联。带有憎恶的同情是如此的“尖锐”、“清晰”，并且是一般性的，以至于没有什么是“比我们对于任何人都具有的一般的同胞感，这仅仅是因为他是我们的同胞同类”更为必要的了。[26]

4.3 政治理论

到目前，我们已经看到正义是如何得到其非常特殊的道德和社会地位，因为作为一个消极德性的特性，它是建立在对缺乏的憎恶之上的。正是这一理论形成了斯密法理学分析的、批判性的和历史性方面的基础，但是为了理解正义理论这一运用的重要性，了解道德中积极的和消极间的区分在政治学上的含义是非常必要的。

我们已经看到了，正义的消极德性是如何从与之紧密联系的即

---

① 几尼（guine），英国的旧金币，值一镑一先令。——译者注

时性语境中得到其独特的清晰特性和道德优先性的。并且我们也已经看到了，斯密对任何正义的效用基础（utility-foundation）的批评的根据是，它是一种忽视了特殊语境的思辨的建构，而这危及到正义与其他的积极道德之间的区分。这给了我们一个导向：我主张，道德中积极的和消极的区分应与两种知识的区分的结合，即我们上文已经处理过的——语境性知识和体系知识[27]的区分——这种结合决定了斯密政治**理论**（与他的政治建议相反）的轮廓。

人类道德中的积极与消极间的对照的重要性在《道德情操论》中被极其清楚地说出了，这看起来是在继续斯密对类似于法国大革命的政治冒险的评论。[28] 在那里他攻击了那些“体系的人”，他们试图在社会中创造出一个彻底的幸福，而不是努力缓和具体的不幸。他们“对于提出一些似是而非的重构计划从未失手，他们假扮为，不仅将除去正在被即时性的抱怨的困苦，还能够在所有未来的时间里防止这些类似的不便与困苦的重新来临”[29]。这种类型的人的政治方法与有着真正的政治精神的人是完全相反的，后者：

> 他将会调和，同样他也能够调和，他的政治设置与人们惯
> 常的习惯和偏见；并且他将会矫治、同时他也能够矫治，由于 89
> 这些规则（regulations）的缺乏而产生的不便，而这些规则恰是人们不愿意去遵守的。当他不能够建立正确的东西的时候，他不会蔑视对错误的改良。（TMS，VI，ii，2，§16）

这种对政治的道德乌托邦方法的批评，以及用一种减轻具体的恶行的渐进式方法取而代之的建议，最好将其理解为是斯密对于功利主义对人类道德理解的批评的延伸。前者的乌托邦主义似乎不过是后者的一种政治运用。

在同样的语境中，斯密清楚地表达了他想要将这两者结合起来的想法，即结合积极的和消极的道德区分与他的两种知识。“体系的精神”是一种极端的智力上的狂妄自大[30]，这种狂妄自大导致受其所害的人将人类社会视为一个棋盘，他可以随心所欲地在这个棋盘上安排个人。但是，正如我们在前一章的末尾所见，这样的人忘记了“在人类社会的伟大棋盘上，每一个棋子都有着它自己的行动原则，这种

原则与立法机构可能会选择加之于其上的原则是完全不同的”[31]。

这种对统治者来说有效的一般的体系知识与对公民个人来说有效的特殊的情境知识间的对立，经常在斯密的《国富论》中、在他批评真正的体系的人所做的特定行动时得到运用。而斯密在阐释这些要小心对待的东西时，非常清楚地表明了其与他对人类知识的一般思辨之间的关联。因此，当他讨论各种不同的土地税的利弊时，他考虑了它们对土地改良的可能影响，而与此相关联，他不仅对比了政府和个人地主各自的“利益”，他还对比了他们不同种类的知识：

> 统治者所关注的可能的最好情况也只能是，对于什么可能对于他治下的更大的部分、更好的种植有所贡献，有一个非常**一般**的和**模糊**的考虑。地主的关注是一种**特殊的**和**详细的**考虑，其内容是，考虑什么东西有可能对他领地上的每一寸土地的运用是最为有利的。(WN，v，ii，c，18)

在另一个语境里，当评论各种对个人经济活动的限制时，斯密同样指出了，个人对于他们的“本土情境”以及这种情境对于政治手段的含义，有着更高的知识。[32]

到目前为止，从这些得自于斯密对一般知识的考虑论证来看，我们可以期待他做出更进一步和更强的观点来支持这一点，即，统治者是不可能获得公民个人所有的那种知识的。[33] 而他似乎也确实提出了
90 这一点。在一个统治者不追求这样的知识的社会里，他：

> 彻底卸下了他的义务，在试图践行这种义务时他必定总是为无数错觉所笼罩，而对于恰当地履行这种义务而言，人类的智慧或者知识永远不可能是充分的；这种义务就是，督导私人的工作，并且指导其实现对社会利益的最适合的应用。(WN，IV，ix，51)[34]

到目前为止斯密的论证等于是，对关于政治应该并能够如何实施的乌托邦理论，在道德上和在认识论上的一个彻底的拒绝。它们是过于思辨性的哲学家构建的，而对个人实际上在其中进行评价和行动的具体情境没有任何考虑。与此相反，一种政治上的渐进方法

并不设定比矫治既有恶行更高的目标，这种方法会在可能的最高程度上尊重个人的情境，因为它将会只受到那些情境中因素的指引，而这些因素是被最"尖锐地"感受到的，并且也是被最"一般地"和"清晰地"同情的，这些因素即为痛苦和不幸。而对于其他的东西，个人自己的知识提供了更为安全的指引。

然而，这只是斯密理论的一部分。从我们较早进行的，对他的效用对于评价的影响的讨论中，我们了解到，他认为构建思辨的体系是人类的一种自然趋向，而作为这一体系的一部分，"审美地"评价个人事务和事件——一种与政治相联系之时非常明显的趋向是：

> 警务的完美，贸易和制造业的扩张，是高贵而庄严的目标。对它们的企望使我们愉悦，而我们对于任何可能倾向于促进它们的东西都有兴趣。它们成为了政府伟大体系的一部分，而政治机器之轮似乎由于对它们的使用而更为和谐和轻便了。我们乐于看到如此美丽和伟大体系的完美，而我们会感到不适，除非我们移除了最少地干扰或阻碍这一体系运作的规律的任何障碍。(TMS，IV，I，§11)[35]

在这一页，斯密使用了在他那里非常典型的反讽与赞扬的均衡。一方面，存在着一种对体系人的讽刺的暗示，他们"倾向于在自我欺骗中显示聪明"，对此我们现在已经了解其严肃的背景。而另一方面，有着一种真正的赞扬。因为虽然这种思辨的审美主义在政治中会把一些人引向不幸的体系精神，但是它同样可以导致一种真正的公共精神。"没有什么像对政治的研究一样如此地促进公共精神。"事实上，甚至"最弱的和最坏的（政治研究）也不是彻底没有它们的效用的。它们至少可以激起人们的公共激情，并唤起人们去寻求促进社会幸福的方法"[36]。因此，一般政治理论对大多数人来说，可以有一种道德的和评价的功能。而重要的是，这种功能是被 91
寻求的——尤其在有着广泛的社会分工、因此有着广泛的和累进的等级阶梯的商业社会中。因为在这样的社会里，三个大的等级（地主、劳动者以及商人）的局部利益，通常可能会被它们的成员视为是与公共利益不同的。[37]而尽管在直接的教育（direct education）中没有任何对传播政治智慧的考虑，但是斯密确信，在处于现代社会中最差生活境遇的人那里，最基本的教育的提供将会**导致**他们具有一些政治眼光。首先，这种基本教育倾向于使他们脱离“狂热和迷信的幻想”，否则这些狂热和幻想似乎就满足他们对于整个体系和秩序的需要。其次，这种教育使他们能够看到，政治体系中的连接对于抵御“出于对利益的抱怨的派别和骚乱”来说是非常充分的，而这些可能会干扰已经建立起来的政府。这种教育的政治重要性应该是不言而喻的：“在自由国家，政府的安全极大地取决于人们赞许性的判断，人们可能从依这种判断来形成他们的行动，因而这一点当然应该具有最高的重要性，即人们不应被抛入到这样一个境地：他们关于政府的判断是轻率地和反复无常的。”[38] 因此，对那些在任何时候都处于现代社会最差的生活境遇中的人们提供基础的教育，是公共机关的一项基本任务。[39]

当政治的思辨——“是正当的、理性的并且具有可操作性的”[40] 之时——可能会有助于激发公共精神，而当政治的思辨甚至在“最低阶层”中都有所影响时，它的重要性就绝不仅仅被限制在平民界当中了。“一些一般性的或者甚至是体系性的，关于完美的政治和法律的观念，无疑可能会指引政治家的观点。”[41] 正是对这种观念的学习，构建了“立法者的科学”——一个有些模糊的角色①，我们在下文还会继续遇见这位立法者——因为他的“深思熟虑应当被恒常不变的一般原则所支配”。[42]

我们现在可以看到，斯密对政治中过度的理性主义或者乌托邦主义的批评，绝不是对理性的放弃。这种批评反而是对其局限的理性认识。不论是对于治理者还是对于市民来说，对一般原则的研究有着绝对必要的、道德的、教育的和智力的作用，而乌托邦的错误是简单地认为这样的原则在行动中是神圣不可侵犯的。对于政治家或任何人来说，“坚持建立，并且坚持一次性地全部建立起（他理想中）所可能需要的一切，而不顾所有的反对，那么这必定通常是极度的傲慢自大。这是在把他自己的判断树立在关于对与错的最高标准之上”[43]。如果一般的政治思辨成为了实际政治程序的一部分，那

① 指立法者。——译者注

么其结果将是灾难——不论这一程序是被平民“派别”还是被“至高无上的君主”所掌控。[44] 92

这对一般政治思辨的角色小心平衡的观点，与休谟在他的“完美共同体的理念”开始处提出的观点有着高度的类似[45]，并且与休谟类似，斯密也把它作为自己著作的一个合适的视角。[46] 因此，当他支持美洲殖民地联盟——同样也有盎格鲁-苏格兰（Anglo-Scottish）联盟的观念——为了防止他们反抗时，他一方面强调了它的乌托邦特点——“几乎是完全不可能的”；但是在另一方面，这样一种观念“也许，在这种类型的思辨成果里，并不是不适合的”，例如《国富论》。“这样一种思辨在最差的意义上也可以被视为不过是一种新的乌托邦罢了，当然不是那么的有趣，但却不比先前的乌托邦更加的无用和异想天开。”[47] 而当斯密在其他地方更详细地考虑同样的观念时，他指出，这种方式中真正的困难并不来自于“事物的本质，而是来自于大西洋此岸和彼岸的人们对此的偏见和意见”[48]。意见在政治上应该得到尊重，但并不必定在理智上也应得到尊重——须记得尽管这两者是不同的，但它们并不是毫无关联的。对这种态度的最引人注目的解释可能是斯密关于“自然的自由的体系”的即时性评论，他在《国富论》中花了近五十万字为此进行了辩护：“确实，期待贸易自由在大不列颠会被永远完全重建，就像期待会永远建立一个大洋国或者乌托邦一样荒谬。”[49]

4.4 政治与正义

斯密对于乌托邦的完美主义态度，清楚地反映在他关于对最高统治者来说，什么应该具有优先性的观点当中：第一，抵御外敌；第二，“对正义的精确施行”；第三，“建立并维护某些公共事业和某些公共机构的义务，这些公共事业和机构永远不会为了任何个人的、或者一小部分人的利益而建立和维护”。[50] 第一个政府义务背后的原则显然是简单地维护一个有内聚力的社会。第二个义务背后的原则是对正义的消极德性的实施，它是一个社会中“支撑整栋大厦的栋梁”。而第三个义务领域背后的最基本的原则是，去补充那些市场可能无法完全地或令人满意地照顾到的功能，而这些功能被认为是重要的。但是，那些决定这些功能的原则可能是显而易见地各不相同的。首先，这里有着对便利和繁荣的直接功利主义的考虑的空间，并且有着对公共秩序和庄重体面的关注：

> 93 平民治安法官被委以的权力，不仅仅是通过遏制非正义来保护公共和平的权力，还包括通过建立好的纪律、以及通过阻止任何一种恶行和不适宜，来促进共同体的繁荣的权力。因此，他可能会制定规则，不仅禁止同胞公民之间的互相伤害，并且在某种程度上命令相互为善。(TMS, II, ii, §8)

发现这样一种程度，要求有着比任何它种政府义务都更多的“敏锐和克制”。但是，“彻底忽略它会使共同体罹于大量公然的无序和骇人听闻的恶行，并将共同体推到远至破坏所有的自由、安全和正义的地步”[51]。斯密对此的说明是父母与孩子之间的交互责任，而当我们在下文讨论斯密对于家庭法的一般处理时，我们将会发现政府活动在这一领域进一步的空间，尤其是与婚姻法相联系的时候。[52]

除此之外，政府义务的第三个领域导致了对基本的人类尊严的关注，尤其是对于最穷困者教育的提供。[53] 因此在某种意义上，我们在这里处理的是构成了社会的“装点建筑的装饰品，而不是支撑建筑的基础”的“慈善的行动”。但是同时我们也应当注意到，防御和实施正义的义务给予了各种不同的公共机构以大量的急迫性。因此那些既成的建制（establishment），例如那些用以保护在某种环境中的贸易的习俗与国内税，有着作为其根本原因的对国家防御的考虑。[54] 这里也同样清楚地展示了，斯密在何种程度上把防御问题视为一个教育问题。[55] 而我们刚刚已经指出了，教育与政治稳定的密切关联——并因此与可能性的一个适当的司法体系的密切相关。斯密关于政治的整个观念的程度都是围绕着防御和正义的“底线”，而不是任何超出了这一点的“最大化”的程度，因此甚至可能会比其初看起来时的更高。这一斯密事业中最基本的视角不应被以下一种误读所干扰，即对他的“所有政府的宪法……只有当他们试图促进生活于他们治下的人们的幸福之时才被恰当地评价了”[56] 之一般陈述的误读。在这里斯密关注的并不是任何功利主义的最优（optimum)，而是“公共效用”的条件，在那里每个个人都拥有创造他自己幸福的可能的最好机会。因为像这样的陈述力量而把斯密纳入功利主义者之列就如同试图给伊曼纽尔·康德贴上功利主义的标签一样似是而非，因为“政府的构建”最重要的部分即“促进人们的幸福”乃是正义的一个体系，这一体系包含着一个关于惩罚的严格的报应论，正如我们将会看到的。

政府义务的三个方面之间的关系与斯密的优先性秩序同时被给出的。防御是压倒一切的。著名的格言“防御……远比富裕更重
要”不仅仅是为了正当化海军条例在自由贸易中的介入而被引入 94
的。[57] 这是对斯密来说一个非常基本的观念，即如果没有一些防御的力量则没有社会。如我们在对他的法理学历史方面的处理中看到的，正是指挥军事战争的能力构成了政府的首要、根本的功能。没有这一点，就不会有最低限度的社会聚合，而这是在人们的自然正义观的实施中发展出一些秩序的前提条件，——更晚一些才有实际的立法对其作出补充。[58] 而这不仅仅是一个历史问题：斯密采用了与休谟完全一致的立场，即，如果没有足够维持自身团结一致的力量，正义对于一个社会来说毫无意义：

> 尽管国内的和平从来没有被如此牢固地建立起来过，但是如果没有阻却伤害的安全，没有阻却个人财产受侵害的安全，那么就根本没有什么安全可言了。对他们来说这方面的危险并不比来自于他们自己社会危险被更少的恐惧，并且不仅仅是作为私人的个人安全处于危险之中，整个国家的存在也岌岌可危。因此武装力量的存续乃是必不可少的。[59]

然而，如果我们假定一个社会具有将其自身维持为一个统一体的力量，**那么**这样说就是确实的——相同背景中的学生笔记也是这样的——即“每一个政府的体系的最初和首要的设计都是保持正义”，而“正义……是市民政府的基础”[60]。正义与其他政策的关系中的压倒性角色仅会被这样一些情况所复杂化，在那种情况下，这些政策对于体系正义的长期持续或者防御来说是不可或缺的。但是，最好在对法律体系的讨论之内来处理那些政策。

斯密对实施正义与维持各种公共机构的政府义务的区分，是与他对“正义的法律”与“警务的法律”的区分相联系的。[61] 尽管他从没有清楚地说明后一个区分的精确意义，但是通过合理的澄清还是可能将其得出的。引人注目的是，在法理学讲义的笔记中，四处中有三处，“正义”与“警务”是不同的，斯密使用了“规定”（regulations）这一术语来表示后一种规则；而短语“警务的规定”在《国富论》中出现了多次。[62] 既然我们知道，与这一术语形成对照的正义法律的一般规则是体现不偏私的旁观者立场，因此是抽象的或者是“匿名的”，那么，警务的法律这一术语的暗示看起来就是相当显而易见的，即它是带有特殊的或者特定的目标或任务的规定。当我们被告知，这种法律的对象是“政府中下级部分的规定”时，这一结论得到了确认。[63] 警务的法律是处理“商业中的公道价格、公共安全和清洁”的行政规定。后两者没有理论意义，而包含了“关于一个国家的
95 贸易、商业、农业和制造业的任何规定”的前者，则成为了《国富论》中的大部分主题。[64]

对法律的这一简单划分被这一事实复杂化了，即斯密将“税收与军队”列为了法律的不同对象[65]，尽管对我们来说，这两者似乎与先前的那些一样，属于相同的行政类型。对于这一划分，斯密没有给出详细原因，也许他是为了教育的目的而简单地接受了传统的划分。然而，斯密完全不是出于传统学问本身的原因而尊重它的，并且不难看出，他有着把税收和军队作为法律不同的分支来对待的很好的理由。尽管税收体系的安排是一个行政性的事务，但在斯密眼中，它引起了非常严重的正义问题，因为它涉及对个人自由、隐私和所有权的粗暴侵犯。[66] 而涉及军事上的安排，斯密对防御的重要性的强调似乎可以保证有必要将其作为法律的单独对象来处理：如果这防御事务没有被充分地注意，那么所有对法律其他对象的注意都将会是徒然的。而涉及对法院、为穷人开设的教区学校、宗教设施、地方当局等这样的公共机构的行政规定，斯密在《国富论》中从一个税收的视角来处理公共机构[67]，并没有在法律体系中给予特别的定位。但是似乎这样是安全的，即把它们部分地作为、或者近似于是与“警务”的规定相关的，而这也同样适用于我们上文提到的，家庭法里面的规定。

除了正义、警务、税收以及军队，与自然法理论家相类似，斯密确实认为国际法是法律体系的一个单独的分支，认为其应该通过与涉及私人正义的法律的类比而被对待。[68] 以上五个部分构成了整个的法律体系，而这一体系背后是作为法理学主题的一般规则："法理学是关于法律和政府的一般规则的理论。法律的四个主要的对象是正义、警务、税收和军队"——后来加上了国际法。[69] 注意到这一点很重要，即法理学处理的是"**一般原则**（general principles）的理论"，而不是法律的五个分支。如果后者是斯密的意图，那么他的整个法理学工程将由于以下原因而严重不充分。他强调他提出的法理学规定（discipline）在性质上是规范性的："法理学是研究一般原则的科学，这些一般原则应该是所有民族法律的基础。"[70] 涉及关于正义的法律，可以被表明的是，斯密为它们提供了一个体系性的规范基础，而展示这一点正是今天研究的一个目标。涉及关于军队的规定，对防御的不证自明的需要看起来对它来说已经充分了。但是关于"警务"和"税收"，并没有**独立于**其与正义的联系而被给出 96
任何体系性和一般规范性的基础。[71] 即使当斯密偶然使用在某种程度上有些功利主义的术语谈到特殊的方法时，他也从未提出过一个功利主义的**理论**来支撑它，以同样的方式，他也没有提供一个完整的正义理论来支撑他的法律正义理论。所以，"一般原则"部分的意义在于，去展示正义法律的核心性以及法律的其他部分对它的依赖性——以上文概括的方式。如果我们以这种方式理解斯密，那么他自认的他的法理学规范性的基础就成为了可能。这一点是否被承认，以及在何种程度上被承认，则取决于他对正义理论的使用。

这种对斯密法理学的理解可以在我们考虑他对传奇性的角色，即立法者的使用时，找到进一步的支持。[72] 在《国富论》中一个著名的段落里，斯密对比了真正的立法者与普通的政治家的品质——一方面，"立法者的科学，其深思熟虑应该被恒常不变的一般规则所统治"，而另一方面，"那种狡诈和诡计多端的动物，通俗地被称为政治家或者政客"。[73] 主张立法者的一般原则就是斯密法理学的对象并不太耽于幻想，而在我们考虑立法者在斯密对"体系的人"的批判中的角色时，这一点得到了确认。在这里，立法者显然是具有公共精神的人，他将会冲击斯密式的完美平衡，这一平衡是在"关于政治和法律的完美的一般性的，甚至是体系性的观念”的启蒙，与缓解具体恶行的渐进的行动之间达到的。“当他不能够建立正确的东西的时候，他不会蔑视对错误的改良；但是与梭伦（Solon）类似，当他无法建立最好的法律体系时，他会努力建立人们所能忍受的最好的法律。”[74] 由于理解法律和政府的一般原则，立法者会依照最一般的原则来**行动**——这就是消极正义的优先性。能够冲击这种平衡的人将是少数，而他的成功机会则更小，尤其是在最需要这种冲击的内乱的情况下。但是斯密并不是一个信奉完美的人，正如我们已经见到的，他也不相信人类的幸福和繁荣可以通过除了其法律和体制的完美之外的任何东西达到。正如他在一个特定的关联中所提到的，“如果一个国家在享受完美的自由和完美的正义的情况下还不能够繁荣，那么这世界上就没有国家能够繁荣了”[75]。他确实相信的是，我们总是可以做得更好，因此哲学家应该记住，立法者将会据之行动的一般原则“是一个特定科学的主题，这一科学是到目前为止所有科学中之最为重要的，但是可能是，迄今为止最少受到培植（cultivated）的，这就是自然的法理学”[76]。

亚当·斯密的政治理论可能会被认为是以使这一主题被耗空（im-
97 poverishment）之举而倾向于法律理论和实证经济学，当然，如果一个人的标准是乌托邦幻想的无节制的飞翔，那么他可能会更愿意服罪于这一指控。但是，如果不乐于这样，斯密的观点比它们通常获得的名声要更加有趣。在正义的领域之外，斯密政治学的丰饶已经被充分地证实了。[77] 他的法理学就其自身来说，可能是政治丰富性的一个源泉，一旦我们对其一般原则有所理解之后，这种可能性将会是
98 在这里得到讨论的。

注　释：

[1] 参见，例如 TMS，I，iii，I，§7；Ⅳ，I，§10.“在身体和心灵都平和的情况下，所有不同的生活阶层都几乎处在同一水平上，即在大路旁晒太阳的乞丐，享受着国王为之浴血奋战的安全。”

[2] TMS，I，iii，I，§§7—8；I，iii，2，§§1 and 8；Ⅳ，I，§§8 and 10.

[3] 对这一观念的详尽的说明，见 Astronomy，I，6.

[4] TMS，I，iii，I，§3.参见 TMS，Ⅲ，2，§15.“痛苦……在几乎所有的情况下，是比与之相对的及与之相应的愉快，要尖锐得多的情感。痛苦的情感几乎经常使我们沮丧到远比通常的幸福状态、或者可以称之为幸福的自然

状态低很多的程度，比起其他那些引起我们沮丧的情感。”这一主题同样出现在 LRBL，esp. p. 80. 而这似乎清楚地反映在 John Anderson 在进入他的 *Commonplace Book* 的第一件事中：“剥夺一个人的生命或肢体，或者令他痛苦，这会震惊我们人类中的最野蛮者，如果对此没有例如，敌意或者制止，在没有对此规定惩罚或者没有被逮捕的危险的情况下。”（Anderson，note，1）很有趣，当 Anderson 开始他的注释时，他显然意在按照数字原则来排列它们，此处的是第一个，而旁观者连同劳动者（spectator-cum-labor）的注释（blow，pp. 106—107）是第二个，但是，在余下的注释里他并没有继续这一体系。这就使得这一点很清楚了，即数字原则可能是斯密的而并非是 Anderson 的：由于他没有从整个的课程里提取注释，他无法使用这一体系。因此这似乎像，在一个阶段，斯密通过一系列的数字原则来构造他的法理学讲义，在那里，首先被处理的似乎是消极德性的优先性。

[5] LRBL，80—81.

[6] TMS，I，iii，I，§§1，3，5，9. 对这一点有一个一般性的叙述参见 LRBL，81. 应该注意到，在这一联系里，在对休谟的批评的回答里，斯密清晰化了同情过程的不同层次，并指出了什么是愉快本身，什么跟随在原始感受的性质之后。(TMS，I，iii，I，§9，note）参见上文对此的讨论（pp. 50—51)。

[7] TMS，I，iii，I，§2.

[8] TMS，Ⅲ，2，§15 and I，iii，I，§8.

[9] TMS，I，iii，I，§8.

[10] TMS，I，i，2，§3.

[11] TMS，I，i，2，§§12—15.

[12] 在某种意义上，“消极”的观念（例如关于痛苦、不幸、不幸福）作为道德中的首要重要性，在我们的世纪以所谓的消极功利主义的形式被重新发现了。见，K. R. Popper，*The Open Society and Its Enemies*，Vol. I，chapter 5，note 6，and Chapter 9，note 2. K. E. Tranöy，“asymmetries in ethics”，inquiry，vil. 10，1967，pp. 351—372. F. A. Hayek，*Law*，*Legislation*，*and Liberty*，vol，Ⅱ，pp. 35—42，162—164. 对道德中的“消极主义”的一个有趣的批评，见 J. Griffin，“Is unhappiness more important than happiness?”，*Philosophical Quarterly*，vol. xxix，1979，pp. 47—55.

[13] TMS，Ⅱ，ii，I，§3.

[14] 参见斯密在 LRBL，80—81 对此的思考。

[15] TMS，Ⅱ，ii，I，§7.

[16] TMS，Ⅲ，6，§10.

[17] TMS，Ⅲ，6，§10.

[18] TMS，Ⅱ，ii，3，§§1—2.

[19] E. 305.

[20] 正是这个关于绝对效用和正义的公共效用（例如，手段）的非常

 基本的一致意见，加上休谟的著名的阐释，即，责任的力量跟随在效用的程度（在上面的意义上）之后，这些一起在我的脑海中留有一种长期萦绕的隐约怀疑，这个怀疑关于的是在《道德情操论》（Ⅱ，ii，I，§5）中所涉及的、"非常伟大和原创性的天才之作的作者"的身份。Raphael 教授和 Macfie 教授坚持（p.80，他们编辑的《道德情操论》的注释1），这个作者指的一定是卡梅斯勋爵，而他们最有分量的论辩似乎是：卡梅斯强调了比之于仁爱，正义的责任更为严格。但是，对于休谟来说似乎也是这样的。

[21] TMS，Ⅱ，ii，3，§6.

[22] See，pp.117—118，below.

[23] See TMS，Ⅱ，ii，3，§8.

[24] 参见上文，pp.35—36.

[25] 因此，他谈论了由非正义产生的、作为"对特定的人的真实的和积极的伤害"的痛苦。（TMS，Ⅱ，Ⅱ，I，§3，5）而在 LRBL 中，斯密提到，"一个涉及战争与和平的讨论……尽管非常重要，但是它绝不会像一个单独的人的悲痛、或者针对个人的犯罪的愤慨，那样高度地影响人们的激情"（LRBL，181）。

[26] 在第7小段，"论外在情感"中，斯密坚持，基本的同胞感的延伸"不仅仅指向所有其他的人，并且（尽管毫无疑问在一个弱得多的意义上）指向所有的动物"。

[27] See，pp.79—82，above.

[28] TMS，VI，ii，2，§§12—18. 整个第6篇是在1790年第六版和最后一版中加上去的。

[29] TMS，VI，ii，2，§15.

[30] "体系的人……倾向于在自己的构想里非常的智慧，并且经常深深地迷恋于自己对政府的理想计划的假设的美，以至于他不能忍受对这种构想的任何哪怕是最小的偏离。"（TMS，VI，ii，2，§17）

[31] TMS，VI，ii，2，§17.

[32] 例如见 WN，Ⅳ，ii，10. "什么是他的资本能够驾驭的国内奢侈品的种类，以及其中什么生产有可能有着最大的价值，显然，可能在其局部的情境中，他能有比任何政治家或者立法者所能够提供给他的判断好得多的判断。" Ibid，"法律应该始终相信人们对于自己利益的照料，因为在他们局部的情境里，他们必定通常对之有着比立法者能够做的更好的判断。"并且类似的，关于雇用自由（学徒法），参见 WN，I，x，c，12.

[33] 这样一种观点似乎暗示了，最高统治者的知识可能，可以这样说，会与平民的知识数量同样多。

[34] Cf. also，WN，Ⅳ，ii，10.

[35] 参见上文 pp.67—68. 关于机器的类比，同样见，TMS，Ⅶ，iii，I，§2.

[36] TMS, Ⅳ, 2, §11.

[37] 见 WN, I, xi, pp. 7—10.

[38] WN, v, i, f. 61.

[39] 整个 WN, v, i, f 都是与斯密的论证相关的。

[40] TMS, Ⅳ, 1, §11.

[41] TMS, VI, ii, 2, §18.

[42] WN, Ⅳ, ii, 39.

[43] TMS, VI, ii, 2, §18.

[44] See TMS, VI, ii, 2, §§15 and 18.

[45] Hume, *Essays*, vol. I, pp. 480—481.

[46] 休谟和斯密的这种视角的成果已经被展示于 Duncan Forbes 和 Donald Winch 的著作中了。

[47] WN, v, Ⅲ, 68. 斯密关于美洲联盟的观念最主要的来源是 WN, Ⅳ, vii, c. 77—79, 以及他的 "Thoughts on America" (Corr., pp. 380—385).

[48] WN, Ⅳ, vii, c. 77.

[49] WN, Ⅳ, ii, 43.

[50] WN, Ⅳ, ix, 51. 关于其中每一个, 见 WN, v, i, 1, 2, 3.

[51] TMS, Ⅱ, ii, I, §8.

[52] See, pp. 123—127, 144—145, below.

[53] 见 WN, v, i, f. 61. "尽管国家不从对较低阶层的人们的教导里取得任何好处, 但是这仍值得国家的注意, 即, 他们不应整体地不被加以教导。" 前文的讨论表明了斯密多么强烈地感受到了这一问题。

[54] 见 WN, v, i, e. 4. 出于对防御的考虑而对自由贸易的介入的正当化的另一例子, 见 WN, Ⅳ, Ⅱ, 23ff (海军条例); WN, Ⅳ, v, a. 27 (渔业补助); WN, Ⅳ, v, a. 36 (对战略物资出口的规定).

[55] See Donald Winch, *Adam Smith's Politics*, chapter 5. 斯密政治学中不同部分的整合很好地在显示在 Winch 的研究中了。

[56] TMS, Ⅳ, 1, §11.

[57] WN, Ⅳ, ii, 30. 同样参见注释 [54] 中相关的类似的情况。

[58] See pp. 155—159, below.

[59] LJ (A), i, 7; 参见 LJ (B), 6. 关于休谟见上文, pp. 39—40.

[60] LJ (A), i, I. (参见注释 [9]), 以及 LJ (B), 5. 因此, 斯密在《国富论》中对他的优先性的规定更为精确了, 如上文引用的。

[61] TMS, Ⅶ, iv, §37.

[62] 见 LJ (A), i, 1—2; vi, I; LJ (B), 203; 并参见 LJ (B), 5. 在《国富论》中, 见如 I, Ⅶ, 20; I, Ⅶ, 29; I, xi, p. 8.

[63] LJ (B), 203; See LJ (A), vi, I.

[64] LJ (A), i, 1—4; vi, 1—7; LJ (B), 5—6; 203—205.

[65] LJ (A), i, 6—8; vi, I; LJ (B), 5.

[66] 见 LJ (A), i, 5—6; LJ (B), 313; WN, v, ii, b.4—6. 存在于王室领地地租中的税收倾向于从市场中取走并保有土地: LJ (A), i, 5.

[67] WN, v, i.

[68] 见 LJ (A), i, 8—9; LJ (B), 6, 339—358. 在 LJ (A), i 中，斯密被叙述为意图通过“军队”来合并国际法，但是既然这些笔记没有延伸至讲座课程中的“军队”部分，我们不知道如何正式地得到它。斯密显然认为防御问题与执行外交政策问题之间有着密切的关联，并且也许这是他在这个短暂的提示里所暗示的全部内容。

[69] LJ (B), 5.

[70] LJ (B), I. 参见 LJ (A), i, I: “法理学是关于规则的理论，市民政府通过这些规则而被指引。” 而在《道德情操论》中，这一学科被提及为“一个关于可以被适当地称之为自然法理学的体系，或者一个关于一般原则的理论的学科，这些一般原则应该贯穿所有的国家，并作为所有国家的法律的基础”(TMS, Ⅶ, iv, §37)。在本篇结尾处又重复了这一点。

[71] 国际法构成了正义的法律的一般规则的一个类比性的延伸。

[72] 参见 J. Viner, “Guide to John Rae's *Life of Adam Smith*”, in John Rae, *Life of Adam Smith* (New York, 1965), pp. 30—31. 而对于立法者的最好的一般性讨论，见 Winch, *AdamSmith's Politics*, pp. 159—160, 170—173.

[73] WN, Ⅳ, ii, 39.

[74] TMS, VI, ii, 2, §16. 第 14—18 节应当被同时阅读。

[75] WN, Ⅳ, ix, 28.

[76] TMS, VI, ii, §1, intro.§ I.

[77] Winch, *Adam Smith's Politics*. 它取代了先前在这一领域的大量学术成就。

5

斯密的分析的法理学

5.1 法律体系

我们通过《道德情操论》追溯过的、把正义视为是一种消极德性的观点，显而易见是传统上称之为交换正义（commutative Justice）的观点。斯密非常清楚，在哲学传统里这不是该词仅有的意义，而他通常小心地将之与分配正义（distributive Justice）清楚地区分开来。[1] 在后一种意义上，“正义存在于所有社会的和善行的德性的适当运用中”，因此，它仅仅是所有积极德性的一个集体标签。然而，消极德性才“可以唯一地被适当地称之为正义”[2]，而它是所有法律的基础。它的消极性质赋予了它精确性，因此它在清楚和普遍性的规则中被自发地阐释出来了，而消极性质的首要地位则赋予了它一种急迫性，这种带有同样自发性的急迫性导致人们去努力实施这些规则。然而，由于人们在涉及自身利益的情况下，几乎难以有一个清晰的正义的观点，因此“市民社会将会成为一个血腥和无序的舞台，不论何时一个人认为自己受到了损害，他都会亲手为自己报仇”[3]，除非有社会群体中的实际旁观者介入进来。正如我们将会看到的，旁观者的介入是政府最原初和最重要的功能之一，它是所有法律的起源：

> 每一个国家或者共同体的智慧都努力并且也能够，驾驭社会的力量以限制那些服从其权威的人，来限制他们损害或者干扰彼此的幸福。它为了这一目的而建立起来的规则，包含了每一个特定的国家或国度的民事和刑事法律。(TMS, VI, ii, intro., §2)

道德情感的一般理论与法理学之间特有的连接是**权利**（right）的概念。这个概念在《道德情操论》中几乎完全没有被用到[4]，但是它在《法理学讲义》（*Lectures on Jurisprudence*）中被引入了。权利概念当然是法理学传统的核心概念，而斯密在对其的定义中确实在某种程度上追随了像普芬道夫和哈奇森这样的作者。因此，他在完全的权利与不完全的权利之间作出了区分，前者是交换正义的对象，而后者是分配正义的对象。[5] 但是，这很快就使得这样一点清楚了，即
99 这种区分乃是得自于消极德性与积极德性的区分，而“权利”与“正义”一样，是取决于“损害”（injury）概念的：“当一个人被剥夺了他有权利并且可以正当地从他人那里要求的东西时，或者更确切地说，当我们没有理由地损害他或伤害他时，正义就被违反了。”[6] 这些概念在讲义的通篇被反复地联系在一起。自然法理学的对象是正义；而正义的规则通过弃绝那些构成针对我们的损害行动，就确定了我们的权利。“损害”的概念是按照纯粹旁观者的方式（pure spectator-terms）被理解的：相关的、实际的旁观者——比如法官或者陪审员——在一个给定的社会里所承认的损害，是该社会当时的法律术语所认定的损害，并且因这种损害而得到救济的权利和法律是确定的。而不偏私的旁观者所承认的损害的绝对权利和正义则是确定的。这一点从来没有被斯密用如此多的语言清楚地表达过，而只是始终被认为是理所当然的，而一旦我们来分析他对这一核心概念的使用时，这一点确实是非常清晰的。

斯密在他自己的理论中对已经确立的法理学分类的修改远远超出了一个基本水平。因此他能够使用对法律对象的传统划分，而这一划分所遵循的是权利的划分。但是这种划分又再次被一个人所可能遭受的各种不同类型的损害所确定，而这些损害分成三个大的类别：“首先，他可能作为一个个人而被损害；其次，作为一个家庭成员而被损害；再次，作为公民或者国家的一分子而被损害。”[7] 这三个类别是详尽无遗的和排他性的[8]，而当它们被细分时，它们恰当地涵盖了法律的所有领域。第一大类被分成三类，因为作为个人，我们可能受到人身损害（身体性的伤害或限制），或者名誉损害，或者对财产权的损害。家庭法关注的是配偶关系之间、父母与子女关系之间以及主人与仆人的关系之间有可能发生的损害。最后，公法（public law）关注的是公民对统治者的权利以及统治者对公民的权利。[9] 然而，在我们分析这些不同的法律领域背后的原则之前，我们应该注意到斯密从传统法理学中接受的另一个显著区分，这一区分贯穿于私法、家庭法和公法这三个法律类别之间。这就是自然权利与获得的权利（acquired right）［或外来权利（adventitious right）①］之间的区分。前者只包括私法（private law）的前两个领域，即属于我们身体的完整和名誉完整的权利之领域，而财产法、家庭法和公法全都关注的是获得权利的保护。[10] 斯密从未绝对清楚地指出这种区分的基础是什么，但是，他确实说过的一小部分内容使得发现一个对此的解释成为了可能——并且这也是与休谟的一个有趣对照。

斯密所强调的东西是，自然权利的内容是很显然的，不需要过多的分析：什么构成了对一个人的人身或者名誉的损害是直接“对理性来说显然的”。[11] 但是获得的权利则需要更多的解释。这不过是 100
因为它们是取得的。它们的存在本身，或者对它们的有效承认，都取决于一个社会中的统治权威的某些因素，并且，由于后者在不同的时代和不同的国家有着巨大的不同，所以这些权利也必定各不相同，因此，获得的权利只能在这些条件因素的背景下得到理解。我们必须在这种意义上来理解斯密在 LJ（B）的引言中的叙述，即“所有权与市民政府在很大程度上是相互依赖的。所有权的保有和财产的不平等首先形成政府，而所有权的状态必定通常会随着政府形式的不同而不同”[12]。一个人可以说，获得的权利必定有一个历史，它们只能在自己的历史语境之下得到解释。如后文将会清晰地表明的，斯密讲座的基本目标**之一**——并且无疑也是他计划中的书的目标之一——将会提供这种解释。

然而，应该注意到的是，自然权利并不是完全处于历史的兴衰变迁之外的。因此，斯密花了一些篇幅来解释是什么造成了遗弃孩子为古代法律实践的一部分的。[13] 与之相类似，奴隶制在历史上的重要意义既在法理学讲义中使斯密着迷，而且在《国富论》中也在

---

① “adventitious right”在法律术语上通常译作“非直接继承所得的权利”，是与由继承所得的权利相对照的；而在这里作为与获得的权利同样的、与自然权利相对照的权利，显然不仅仅是在其得来方式是否继承的意义上讲，而是在更宽泛的获致方式的意义上，因而援引“adventitious”的原意，将其译为“外来权利”，用来与“自然权利”相对照。——译者注

某种程度上吸引了他，我们在下文将会有机会对此进行讨论；而尽管奴隶制在家庭法方面和这一制度的政治重要性使斯密感兴趣，但是，从他提及这一点，把它称为是“所有状态中最为可鄙的”来看，这种制度侵犯了最基本的自然权利的观念对他而言从来就不是深藏不露的。[14]

正是像这样的特点，能够防止一个人把斯密对自然权利与获得权利的区分视为是一种绝对的对“历史的”与“非历史”的权利的区分——并且相应地，能够防止人们把原始区分本身视为是绝对的。显而易见，这两种权利具有相同的基础，即不偏私的旁观者对受保护权利的损害的同情性的憎恶。然而，这种憎恶的程度是与造成损害的严重程度成比例的，而相应地，我们按照重要性的比例得到权利和与之相对应的正义规则。不偏私的旁观者的憎恶越强烈，由之产生的正义规则就越重要：

> 最神圣的正义法律……是那些保护我们邻人的生命和人身的法律，次之的是那些保护他的所有权和财产的法律，而最后是那些保护被称之为他的个人权利或者依据他人的承诺他应得的东西的法律。(TMS，VI，ii，2，§2) [15]

尽管我们并没有被告知家庭法所保护的权利的比例是从何而来
101 的，但是可以假定它们或与所有权、或与契约具有可比性。而在涉及公法的情况下，由于对这种法律的重要性的考量方式是如此的不同——是“政治的”——以至于这种比较不会起作用。而正如我们将会看到的，正是这种因素影响了公法的发展，使其未能与其他的法律分支一样，发展成为一种体系。

现在这一点应该相当明显了，即当斯密将自然权利谈论为是直接“对理性来说是显然的”的时候，在他头脑中已经认为，对它们构成侵害的损害是如此的严重，以至于几乎所有的旁观者都能够达到不偏私的旁观者的立场，并且对此作出最强烈的同情性的憎恶反应，而因此来维护这些权利。但是，在获得的权利受到侵害的情况下，损害可能不是这样即刻就是明显的，而对其细节的进一步解释可能是必要的。[16] 或者，使用我们先前的术语，斯密不仅仅是比之于积极性，对消极性赋予了更多的道德优先性；并且比之于较弱的消极性，他赋予了较强的消极性以更多的道德优先，以及因此而来的法律优先性。

我们可以得出这样的结论，斯密接受了传统的自然权利与获得权利之间的区分，但他只是将这种区分作为一个启发式的手段，来引起对存在于道德急迫性与——更多地是为了讲座课程的计划的要点——受到法律保护的各种不同权利的历史性程度间的显著不同的注意。当然，同时他也已经满足了这种教育学上的必要性，即让他的学生获得在当时既有的学问。总而言之，整个这个片段非常典型地体现了斯密对传统学习的实用主义态度。

在当前这篇论文的语境里，斯密对于自然权利与获得权利之间的区分的模糊态度有着更进一步的重要性：它不可避免地让人想起休谟关于自然德性与人为德性之间的区分，以及他把正义作为一种人为德性的处理；而首先它使我们想起，休谟对正义的解释主要依据的是财产权（与“获得的”权利相关联），[17] 而斯密的正义概念，如我们现在看到的，涵盖了自然权利和获得权利。我们在上文已经在极其特殊的意义上讨论了[18]，正是休谟对正义作为“人为之物”的分析，为他的新颖的法律进化理论提供了一些哲学基础，而我们现在已经看到，这一观念在斯密对于历史在获得权利中的角色的强调中有所反映。但是，正是自然的与人为的之区分的基础，使休谟难以将自然权利整合为他的正义概念的一部分。因为与之相反，诸如所有权等获得权利，是建立在通过对“公共效用”的同情的迂回之上的，因此，尊重它们的德性乃是“人为的”，而诸如人身安全等自然权利，则是建立在直接的同情的基础之上的，而因此，尊重它们的德性乃是“自然的”。斯密拒绝“功利主义”或者结果主义者对权利以及与之相伴随的德性的解释，以及他对单一的旁观者的解释的接受，为他提供了这两个领域最好的东西：一方面，他能够在他 102
的正义概念里很好地保有自然权利，因此拥有了一种用来分析法律的更彻底的工具；而另一方面，在任何旁观者眼中都会有的、较强的消极性比之于较弱的消极性的自然优先性，使他有可能在这两类权利之间保持一些适度的清晰和有用的区分。

既然他认为自然权利是如此的不证自明，如果斯密对每一种自然权利都只给出一个简短的概括将丝毫不会令人感到意外。而也许更令人意外的是——至少它使一个读者感到意外——斯密在他的惩罚理论中花了大量的篇幅**间接地**处理了自然权利。然而，既然我与斯密类似，都认为自然权利在该理论的语境中才会得到最好的讨论[19]，那么我在这，就应该把自己限定在对斯密对自然权利的**直接**处理的少许评论之内。依据可能对一个人造成的人身损害和名誉损害，这些自然权利被分为两类。前者被进一步划分为对生命和身体造成的损害，以及对一个人的迁徙、与他人缔结婚约、从事商业等自由的损害。[20] 这些无疑是最显而易见的权利。对一个人的名誉不应受到损害的权利的解释在两个方面是很有趣的。第一点，它是斯密道德中的消极优先性观念的具体运用的一个极好的例子。斯密论辩到，对名誉的损害发生于两种不同的条件下，即当一个人在通常的道德名誉中，“被贬损至普通的人类之下”；或者当一个人在他生活的特定阶层里，被贬损至一种普通的一般标准之下。没有必要去争辩，这些通常的标准或水平是在一个特定的社会以及特定的时期当中，由旁观者所决定的（spectator-determined）。但是，如果在通常水平的“积极”方面，赞扬和评论没有达到被期待的程度，将不会被认为是损害。[21] 与这种权利相关的有意思的第二点是，它甚至提供了另一种解释，来解释为何斯密对于自然权利与获得的权利之间的划分是松散的。因为尽管斯密将保护个人名誉的权利归之于一种自然权利，但是相当明显的是，这种权利几乎与很多获得权利同样易变，因为它取决于那些与“通常的人类”标准和专业标准同样易变的东西。

然而，斯密主要关注涉及的是所有的获得权利，而这里应该注意到的是，在我们现在拥有其报告的讲座课程中，他在两个不同的学术阶段里依照的是不同的体系。在《法理学讲义：至1766年的报告》[LJ (B)]中，他依照的是他称之为民法的方法而以公法开篇，继之是家庭法，然后以私法结束了他讲座课程的正义篇[22]——在整个课程的结尾他加上了关于国际法的简短一篇。但是在《法理学讲义：1762—1763的报告》[LJ (A)] 中，斯密依照了与弗兰西斯·哈奇森同样的体系，以
103 私法开篇，继之以家庭法，而以公法结束。那一系列笔记对于涵盖整个课程来说是不完整的，其中也没有关于国际法篇的记录。安德森

笔记（Anderson Notes）中依照的顺序与LJ（A）中的顺序是相同的。因为LJ（B）很有可能涵盖了斯密作为格拉斯哥教授的最后一年（1763—1764年学术阶段）的课程，对他的体系的变更最明显的解释是他的离职的迫近①。然而，对于这些我们没有任何证据，而在讲座笔记中找到清晰的解释似乎是不可能的。在LJ（B）中，斯密声言，在这两种体系中，"关于民法的体系几乎臻于完美"，但他对此并没有给出理由，他也清楚地表达了他并没有给予这两种方法选择上的重要性："这两种方法各有一些它们独特的优点。"[23] 由于当前的论辩并非取决于讲座课程的顺序，因此我自由地追随了LJ（A）的顺序安排——仅仅是由于关于LJ（A）的笔记更为完整。

5.2 物权

维护一个人的财产（estate）的权利被分为了两个基本的类别，物权（real right）和个人权利（personal right）②。物权是对特定物的权利，能够被保有而对抗任何第三人。"如所有的财产、房屋、家具"，等等。个人权利是对抗特定第三人的权利。"例如所有的债务与契约，只能从一个人那里要求的支付或者履行。"[24] 在图5.1中，物权是有四类，而个人权利是三类，这个图给出了对斯密的法律构造的一个彻底的纵览。[25]

5.2.1 所有权

物权中最为重要的是所有权，斯密通过对它可能被取得的五种方式的旁观者的分析解释了它的原则，这五种方式是：通过占有取得、通过添附取得、通过时效取得、通过继承取得和通过自愿移转

① 斯密在1793年11月辞去格拉斯哥大学教授职务，出任英国财政大臣查尔斯·汤申德的养子巴克勒公爵的旅行家庭教师，开始了他为期三年的欧洲大陆学术之旅。——译者注

② "personal right"在今天的法律术语中被普遍地译为"人身权"或"人格权"，而这种与人格性直接相关的人身权利显然与斯密这里所指的意思完全不同。图5.1中的权利分类原则也证明了这一点。因此为了区分，在本译文中，将之处理为"个人权利"。——译者注

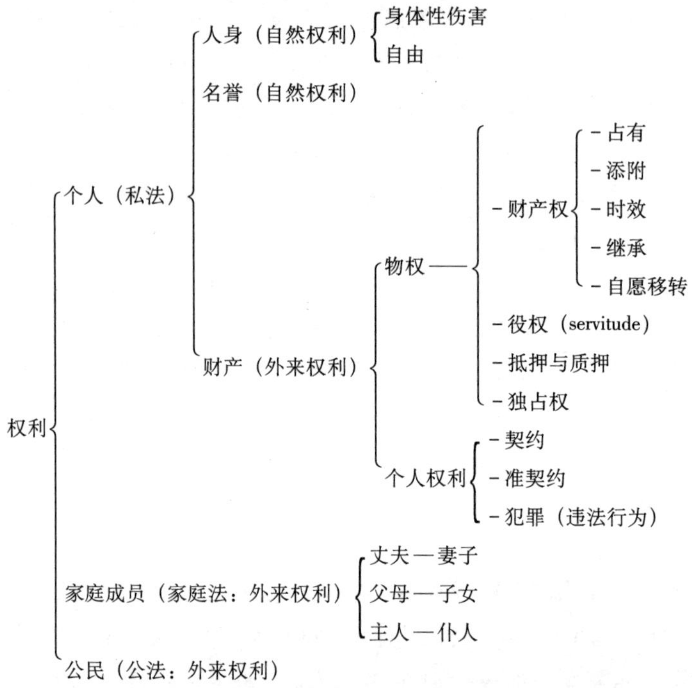

图 5.1　亚当·斯密的自然的法理学体系

取得。[26] 在他对占有的讨论的开端，斯密依据《道德情操论》中的旁观者理论来分析这些问题的意图就已经被预示了，在那里，他特地向他的学生提到了在这门课程的早些时候他对这一“体系”的概括。[27] 而他以极大的清晰性遵循着这一意图。

斯密问道，为什么单纯的对某物的占有或者拥有通常被视作——当然，任何其他东西也一样——给予了所有者对该物的一种相对于其他任何人的排他性权利？为什么如果任何其他人以任何方式干扰了他对该物的拥有，都被视为是对他的一种损害——并且这种损害到了这样的程度，以至于，不仅仅是他为了保护他的财产而对抗这种损害，甚至寻求对这种损害的报复或者赔偿都被认为是正当的和合适的？原因是，任何不偏私的旁观者都将会同情性地参与
104 这些反应，而他不可能赞同这种对财产的侵犯。这种旁观者的同情的背景是，任何所有者都拥有的、对他的财产的使用和自由处分的“合理的期待”。这种观点明显地暗示了，如果人们不能一般性地形成这样的期待，那将是不合理的。[28] 这种不合理的常识性意义，

我认为，有着一个存在于斯密对人类知识的思辨的哲学背景：[29] 我们可以恰当地认为，这意味着非**一贯性**（incoherence），因为如果这样的期待经常性地被阻挠，那么它们可能会使人们彻底地失去关于对与错观念的一贯性。然而，当我们看到了对于合理性思辨和同类观念的反复出现时，这一主张只能得到似是而非的置信度，而只有其在与斯密法理学的批判部分联系起来时，这种思辨的全部重要性才会变得清楚。

哪一种预期会被认为是合理的，必定取决于不偏私的旁观者是谁——或者甚至，取决于他们试图不偏私地进行判断时所处的条件。这是一个历史性的问题，对它的回答必定会因不同的时代和不同的国家而有所不同。在一些社会里，除了对某物实际的物理性的占有，没有任何其他方式会被认为对于支持某人对该物的主张来说 105
是充分的；而在其他的社会，更为“松散的”形式的占有就会得到承认。因此相应地，从占有而取得的所有权起止于何时的问题，只能通过把旁观者置于相关的历史语境中才能够得到回答。这再一次意味着，对于所有权的**范围**的问题，或者对于什么样的东西能够成为所有权的对象的问题，不存在一个普遍有效的答案。[30] 然而，斯密确实认为这样说是安全的，即，对于比如空气、水和公海等这样的东西能够认为是所有权的对象，只存在着极少普遍的、或者接近于普遍的限制。[31] 而尽管处于晚些年代的我们，甚至对于这些也抱有怀疑，但是应该指出的是，如我们在下文将会看到的，斯密对其他种类的、更具竞争性的“公用物”（Commons）[32] 所使用的正义的批判性工具，可以同样方便地用于为刚刚提到的东西提供辩护。尽管斯密对于一个更为清晰的，整合了体系性的、批判性的和历史性分析的讲座课程深感兴趣，但我们应该对一个独立于以上三种的、更为清晰的评论感兴趣，而目前则集中于第一种视角。但应该记住，这只是整个故事的一部分。

在离开通过占有取得所有权的话题之前，谈一谈斯密的所有权理论与洛克（Locke）的劳动所有权理论之间的关系可能是必要的。或许有人会认为，斯密认同洛克的理论，而理由是在《国富论》中有如下段落：“每个人以其自己的劳动而有的所有权，由于它是其他所有的所有权的原始基础，所以它是最神圣而不可侵犯的。”[33] 这确实听起来与洛克非常相像——而与在《法理学讲义》中所给出的、对所有权的旁观者的解释非常的不同。但问题是，它仅仅是斯密著作中**唯一**的一个这样的段落。[34] 此外，它只是斯密对现存学徒关系法的批判性讨论中的一个偶然评论。[35] 因此，简单地把这一段忽略掉也是有诱惑力的。不过，如果这里存在着一个冲突，它是斯密自己的已发表的文字与关于他的文字的、其他人的未发表报告之间的冲突——虽然**两个**报告①是相互一致的，并且这两个报告不仅与斯密在其他地方已发表的言论相一致，并且在《道德情操论》这种一致也已经得到了暗示。但是，存在着冲突吗？我并不认为是这样。首先，应该指出的是，斯密并不是在谈论所有权的**权利**——既没有在引用的段落中谈论，也没有在这一语境下的任何其他地方谈论我们可能将其视为是这种方向的暗示的唯一东西——“原始基础”（original foundation）这个短语。但是，在所有其他同类的东西都缺位的情况下，这恰好应该仅仅被理解为“起源”（origin），在该种情况下，这个句子仅仅是在说，所有权的起源是个人的劳动。此外，这两个从句分别以“由于”（as）和“因此”（so）开始，似乎是相互平行的，而并非构建了一个后者是得自于前者的结论的论证。[36] 而如果我们把这一段看作一个整体，
106 我们将会看到，它是关于活动自由的，对于工人来说与对于雇主来说是同样的——一个类比，它被对前者身体的工作能力的多意词“世承之物”（patrimony）的使用而很好地强调了。采用这种广泛的意义，斯密显然能够说，所有权有着其在劳动中的来源：如果从来没有人从事一种新的活动——例如饲养而不是杀死动物——新的所有权形式则绝对不会出现。但是，与这种说法是完美地相容的，即新的活动只有在被相关的旁观者承认是为了建立了一种合理的期待时，才能对一种**权利**有所贡献。确实，去论辩这一点似乎完全似是而非的，即，在某物上赋予了劳动，将会是通常倾向于导致旁观者同情一个人对该物的使用的期待、并认为这种期待是合理的（reasonable）的一个条件。而有两个段落确认了，这就是斯密为何使用洛克的劳动观念的原因。第一个段落是在安德森笔记中，斯密据说说到过，“剥夺一个人猎取的野兽或鱼，或者他采集的果实，是在剥夺那些他花

① 指《法理学讲义：1762—1763 年的报告》和《法理学讲义：至 1766 年的报告》，即 LJ（A）和 LJ（B）。——译者注

费了**劳动的东西，并因此让他痛苦**，而这与哪怕最野蛮的社会的法律相悖的。”[37] 核心的东西不是劳动，而是它增加的痛苦，而这种痛苦是——如我们所知的——旁观者的同情所最明显地反对的东西。另一段是 LJ（A）中的一小段嘲讽性的对话，它紧接在斯密对他的通过占有而获得所有权的旁观者理论的解释之后，并且通过摘取一个苹果的例子来对它进行了解释：

> 你确实可能会要求，既然这个苹果既适合你的使用也适合我的，那么我有什么权利阻止你得到它。你可以走进森林（有一个人对我说），去摘另一个。你也可以去，像我一样，我回答道。而另外，你应该去是更加合理的，因为我已经在获取这个果实上投入了我的时间和痛苦。(LJ（A），i，37)

最后一句话可能会使读者想起劳动理论[38]，但是它出现于对所有权的旁观者理论的一个非常浅显易懂的揭示之后，并且由于在手稿中对“合理的”这一术语的在同一页的三次使用，这似乎是显而易见的了，即应该以上文建议的方式来阅读它：“时间和痛苦”是众多的重要条件之二，而这些条件会使一个人的期待对于一个不偏私的旁观者来说是合理的。

5.2.2　添附

所有权同样可以通过对某物的添附而取得，这是说，以某种方式从一个人已经拥有的东西那里、伴随着其已经拥有的东西而取得的财产，例如从家养动物那里取得的奶和幼崽，在个人的土地上的庄稼或者其地下的矿藏等。[39] 对此的解释仍旧依据的是旁观者：在任何旁观者看起来，这都将是一种“不适宜”和“非正义”[40]，如果 107
不允许添附物依随生产它的东西或它所依附的东西而确定其权属的话。[41] 这一旁观者判断的依据是休谟式的心理联想原则标准、和斯密的人类知识一致性的重要性的观念的非常好的结合：我们自然地倾向于让较小的和/或派生性的东西依随较大的和/或本源性的东西，[42] 而同时，我们有着一种自然的期待，即去使诸多事物“完整”从而聚合为某种体系的期待：“我们自然地倾向于使他人的所有权或其他任何权利完整或者一致，就像我们喜欢使他的地产成为方形的一样；我们不喜欢地产上附随很多边角。”[43] 这种旁观者接受了我们的自然期待是适合的（或“合理的”）的法律“审美的”完整，是一种与现代法理学所称的类推推理（analogical reasoning）非常类似的秩序来源。这种论证形式是斯密在很多语境中都使用了的。因此，这似乎包含在了他关于海洋的那一部分，即海湾、河口、沿海水域等，应该被承认为是属于一个国家的讨论当中[44]；这种原则在这些情况中必须被理解，即，在决定何时冲积的沉淀物应属于毗岸而居的私人所有者所有，而何时应属于作为整体的国家所有的时候[45]；而在与继承法相联系的时候，我们发现它不仅适用，并且是作为一种一般规则而存在的，而这“得自于我们天然具有的使任何东西都完整而一致的倾向，甚至当我们通过这种方法延伸原始的宪法时；因此，所有建立某种新权利的法律，都立即成为了一种扩张性的解释”[46]。在这个一般性陈述当中，斯密清楚地暗示了法律的审美性完整不仅仅是普通法的推理原则，并且也是成文法的解释原则。在后文中，当与排他性的特权相联系的时候，我们会有机会发现另一种形式的类推推理。

5.2.3 时效

与添附类似，通过时效的所有权获得原则以通过占有的所有权的存在为前提。这一原则是，对某物的长期的**事实**占有可能会导致对它的所有权的认可，尽管存在着一个从未放弃过其对该物的所有权的主张的先前的所有者。[47] 所有权形式的发展一旦超越了最初级的阶段（直接的个人所有物），这一原则就成为必要的，这是为了在所有权体系里保有一些弹性而又不至于失之无序：如果一个长期使用某物的人不能对他的财产感到安全，那么“所有权将总是处于不确定状态当中”。[48]

对这种所有权权利的解释自然地根据的是：

> 与占有同样的原则。由于旁观者以与之同样的方式体谅首次占有者的预期，即他将会对占有的物品进行使用，并认为他受到了那些要从他那把该物那夺走的人的损害；以同样的方

> 式，时效的权利是由旁观者的这种观点而得出的，即一个长期
> 有效的占有者有这样一种正当的预期，他可以使用这样拥有的 108
> 东西，而先前的所有者……已经失去了他的权利这么久，而不
> 再对使用该物具有任何的预期，由于从现在的拥有者那里夺走
> 该物，看起来对他是不公平的。(LJ (A), i, 77)

把这个清晰的解释与 LJ（B）中一个相应的简短叙述相比是非常有趣的，在那里，斯密的观点仅仅被概括为："时效建立在拥有者对他长期拥有的东西的假定的附着关系之上，以及建立在先前的拥有者对于他长期不再拥有的东西的假定的脱离上。"[49] 在我们只能得到在 LJ（B）中斯密的法理学讲义版本的情形下，这非常好地解释了他的道德情感理论和法律哲学之整合的全部细节的理解难题。在上面引用的段落中，关于旁观者理论的唯一暗示是"假定的"（supposed）这个词。然而，一旦我们注意在 LJ（A）中对旁观者原则更为完整和更为清晰的运用时，我们应该看到，正如两组笔记中所报告的那样，他的语言被大量的标准表达彻底充斥了，而这些表达暗示了旁观者的观点。[50] 这些表达包括（除了常用的旁观者的动词"体谅"，"赞同"等）"被想到"、"看起来"（以及"显然"）、"被认为"、"被视为"、"被假定为"以及"想像"。[51] 另外，在笔记中还存在着很多更加不严格甚至更口语化的措辞，在它们当中旁观者的含义只能在其语境中被看待。

毫无疑问，这种模式的运用在斯密那里是精心设计的，不仅因为这可以达成他欲将法理学整合为整全的道德理论的一部分的愿望，还因为他认为最好的表达，尤其是在人类事务中，是"直接的描述"，这意味着通过旁观者对它们的反应来描述事件。这在《修辞学和纯文学讲义》（*Lectures on Rhetoric and Belles Lettres*）中可以清楚地被看到，在其中斯密花了大量的时间来讨论在历史和诗学中直接描述的优点[52]，并直接提出了一般规则：

> 没有行动……可以用这样一种方式表现，令其对于那些没有在场的人也感到一样有趣，除了通过单纯的叙述，即直接地描述它，而不去注意它对整个事件的行动者或者旁观者产生的影响。[53]

这一原则构成了斯密的一般情境方法的一部分，而我们对这一方法的讨论应该与他的历史观相联系，并与上文所概括的，与那些使他产生了对知识的一般看法的东西相联系。[54]

5.2.4 继承

或者通过法律，或者通过遗嘱获得继承的所有权。[55] 这其中，
109 遗嘱继承是“人类的一个深思熟虑的精巧设计”，它只有在非常晚近的时代才获得了接受。因此，不可能以通常援引“假定的死者的意愿”的方式来解释法律继承，这是遗嘱继承背后的原则，而法律继承在历史上早得多的时期就已经被了解了。[56] 作为替代，斯密为法律继承背后的基本原则提供了自己组合的关于所有权的“旁观者与劳动者理论”(spectator-and-labour) 的一个极为有趣的运用，这个原则与我上文对这个理论的解释是一样的。[57] 他的观点无非是，所有的家庭成员都会有这样的主张，这种主张被认为是想要分享故去者留下的财产——这个故去者自然地是该家庭的男性首脑——因为所有家庭成员都曾经为了获得维护这个家庭的财产作出了贡献：

> 所有家庭成员在他死亡的时候都继承平等份额的（财产），因为他们都曾为维护这一财产贡献了他们的帮助。没有关于性别的差别，儿子与女儿同样为家庭的家长提供了他们的帮助……而因此，他们是家长死后他的财产的平等享有者。(LJ (A), i, 93) [58]

由于其简单性，这一原则在很多原始社会中就已经得到了应用——因此引文中的时态是过去时——但是在历史中，它无疑与性别地位 (sex-role) 变化的法律后果纠缠在一起，并且，与对性别地位的宗教态度的变化相关联；[59] 而当涉及不动产（土地）的时候，政治对它的限制超过了对长子身份采用的承认——长子身份是我们应该对之多加注意的一个重大的发展成果。但是，当涉及动产，基本的原则对于现代法律仍有着可识别的影响，尽管动产之继承也有着各种各样的历史变化。[60]

应该注意到，在两组笔记的报告中，旁观者在对法律继承的描述性解释中保持着一种较低的姿态。但似乎是为了弥补这一点，旁

观者在对这一话题的批判性处理中处于一种最重要的地位，我们在下一章将会讨论这一点。遗嘱是令人迷惑的，因为去执行它们完全是给予死者的意愿以法律承认。但是，“公众是出于何种责任，来遵守（死者）关于他的物品所作出的指示，在现在他既不能有任何意愿，也不能被假定有任何关于此的知识的时候”[61]，对于普芬道夫来说，这个难题是如此之巨大，以至于他“异想天开地用灵魂不朽来解释这一问题”[62]。但是不论斯密在多大程度上准备在适当的情况下接受传统宗教的术语，他无论如何也不会严肃地对待这样的说法。作为替代，他返回到了他对旁观者同情的基本原则的解释上，而他在《道德情操论》的开篇处就已经对此作出了详细的说明。如我们在较早的一章所看到的，他通过大量的例子来解释了这一问题的情境依赖性，在这些例子中，被同情者处于这样一种地位，即他不可能具有作为同情对象的情感，而最高的例子恰是对一个最近逝 110
去的人的同情。[63] 这是承认遗嘱的基础：如果我们不给予这样的承认，那么这将被视为是对死者的一种损害，而死者的“利益”在旁观者那里有着一个持续的同情性的存在。“这种损害被认为是对死者作出的，因为我们体谅如果他还活着的话，其情感将会是怎样的。”[64]

5.2.5 自愿移转

斯密处理的第五种也是最后一种所有权取得的方式，是某物从一人向另一个人的自愿移转，如同在普通的购买中发生的一样。他对此仅仅给出了一个简短的、事实性的解释[65]，而这对于我们理解他的基本原则并没有增加任何东西，并且对这种解释只需要很少的评论，除了要注意以下两点：第一，斯密强调了休谟在《人性论》中强调的、与自愿移转相联系的两个法律特征，即移转者的意愿清楚表示的必要性，以及对该物的实际交付或者象征交付。[66] 第二，这样一个事实，即为了使一种所有权得以产生，这**两者**都必不可少的，而这种所有权是一种物权，简言之，这种物权仅需要此两者中的前者即移转者单独就可以引起，即得自于契约的个人权利。[67]

5.2.6 役权、质押和独占权

物权除了所有权，还有这三个种类，即役权（servitude）、质押（pledge）和独占权（exclusive privilege），斯密对此只是简单地作了处理，并且没有作过多的哲学分析。[68] 役权，是“一个人对另一人的财产所负的负担”，而质押和抵押，是“偿还债务的某种保证”，它们最初被契约所建立，而因此它们是个人权利。但是为了使它们能够容易移转，立法者把它们改变为物权，而这种转变的历史是斯密在这几个简短的章节中所关注的主要问题之一。

独占权是一个人对某物所有的、排除任何其他人的权利，但是他本人并不是该物的实际所有者。当一个继承人处于先前的所有者已经死亡，而他尚未决定是接受还是拒绝这份遗产的时候，该继承人就处于这样的地位。关于斯密对独占权的讨论，有两点是值得注意的。第一点是他在从事甚至是相对细节化的法律事务的批判性的讨论时游刃有余。因此他指出，如果一个出于上文所提及的地位的继承人的独占权被认为是一种物权，那么通过简单的类比，所有的独占权就都不得不都被视为是物权了。他批评了枢密院，因为他们把一个明显是侵犯独占权的案例错误地处理为了对所有权的侵犯。并且，他还批评了律师们经常错误地以为对磨坊和公司的独占
111 权是役权。需注意的第二点是，他清楚地区分了“建立在自然理性基础上的”独占权，与“完全是国家的民事法律建构的产物”的独占权。[69] 继承的案例属于前一类，而垄断经营则属于后者。

5.3 个人权利

个人权利是“一个人所有的，要求他人履行某种服务的权利”。这样的权利来自于责任的承担，并且必定是三类，因为责任是由以下三种方式而产生的：

> 首先，来自于契约；或者其次，来自于公民所谓的准契约（quasi contract），即责任人所负有的、不论其财产是以自愿方式还是以其他方式成为（他的）拥有物的，他都应将其所有权归之于所有者的责任；或者再次，来自于他对所有者的东西（例如，另一人的）所做的一些损害（或者不法行为）。[70]（LJ（A），ii，42）

关于准契约的法律无须再说得更多，依据斯密的解释，这种法律弥补了所有权法与契约法之间的法律空隙（legal hiatus）。然而，关于契约权利的旁观者理论则既十分有趣而又非常重要，这不仅仅是因为契约本身就具有极大的重要性，更是由于在这一连接当中，斯密提出了他的责任理论（theory of obligation）。

契约是取决于承诺的，而因此，问题是：是什么使承诺具有了约束力？斯密拒绝了那种可以将其简化为坦承事实的责任的建议，这种建议是，如果一个人没有履行他事先所承诺的东西，那么承诺的陈述就是不实的。[71] 针对这种说法，斯密给出了两点争论。第一，“所有可及的真实（veracity）的东西，或者是过去的、或者是当下的”，然而，“关于什么是未来的真实则没有结果，因为知识还尚未及于它”。[72] 这是一个非常模棱两可的论证，因为它暗含着，关于未来的陈述没有任何真实的价值。然而，这假定了我们从形式上接受了陈述，“我承诺做将某事”，乃是作为对事件未来状态的描述，而不是对当前的意向的陈述的——而斯密仅仅是为了这一论证本身而这样做的。他的第二个论证是，比之于遵守承诺的责任，对真实性的责任所具有的道德分量要少一些，这是由于对后者的违反比对前者的违反造成的损害要小。因此说，这种假定的简化是没有任何意义的，因为在这两种责任发生冲突的情况下，比之于它应该是由之产生的那个责任，被假定为派生性的责任必定会具有优先权。这一精巧的论证产生了这样一个假定，即在这两种责任之中，尊重承诺的责任**通常**是在道德上较为重要的一个，而这一点可能非常难于
证明。斯密同样考虑了这一建议，即履行承诺的责任应当“来自于 *112*
将要承担责任之人的意愿”，但是，斯密从根本上反对了它，因为没有诚意（没有意愿）的承诺同样可能是有约束力的。[73] 这个论证是很有趣的，因为它引出了斯密自己的责任理论。正是由于遵守承诺的责任并非来自于承诺者的意愿，因此这种责任也就不会来自于对他意愿的单纯表达。遵守承诺的责任只有在这种情况下才会发生，即，只有当对承诺者的意愿宣告（declaration）是这样的——这个时候受约者能够合理地，被例如一个不偏私的旁观者，称为是依赖于这一承诺的——或者，称为是有了“期待的合理基础”。[74] 因为只有在这种情况下，如若承诺者未履行其承诺，不偏私的旁观者才会赞

同，受约者可以被称之为遭受了损害。“正是受约人对我们所承诺的、在某种情况下履行该责任的失望。”[75] 换言之，一个人处于这样的履行责任之下，即不偏私的旁观者将会憎恶对该责任的不履行，而一个人的责任感存在于对这种憎恶的内化之中，所以，一个人会憎恶自己，可以说，是由于没有履行他所承诺的东西。这正是斯密关于责任的观点，他是在与遵守道德一般规则的讨论中简短和有些模糊地提出这一观点的，而这显然是一个我们从休谟那里可以得出的责任理论的旁观者理论的翻版。[76]

这一理论非常清楚地揭示了斯密的道德哲学的一个基本特征，即它是关于人们之间的**关系**[77] 的理论。它不是一个人“孤立的”品质或者特性，就像他引起道德问题的意愿那样的。只有在同他人的某种关联已经建立起来了之后，才有可能会发生，这样就存在着一种行动与反应的模式，而不偏私的旁观者可以同情性地对之进行评价。然而，只有在这种情况下，即如果存在着某种公共媒介的情况下，这种关联通过媒介才能够得以建立。在涉及所有权的情况下，所有权在这种媒介之中才得以被主张，但是在涉及承诺以及因此而来的契约的情况下，权利的确立则取决于抽象语言的媒介。因此，斯密非常着力地强调了，只有当语言达到了某种程度的清晰和确定的时候，契约才得以可能。但是即使是这样，“语言必定总是在某种程度上模棱两可的”[78]，而尽管为着契约的缔结，通过运用标准的规则可以达到某些东西，契约权利却似乎总是比其他的权利更为抽象和不确定。因此，比之于其他的权利，人们会较少地依赖于契约权利。自然地，这会感染旁观者的态度和旁观者对由契约而产生的期待的同情，以及旁观者对他们失望的憎恶的同情，这些同情将会远远弱于在涉及所有权的情况下所产生的同情。因此，契约权利是
113 私法中最弱的权利[79]，而实际上只有在这两种条件得到满足时，它们才具有了法律上的强制力。首先是，不仅仅要求承诺者的意向被非常清晰地表达出来，以至于没有任何不偏私的旁观者可能会怀疑协定的内容；并且，其次，作为协定对象的东西必须同样被认为是具有相当的价值的。如果发生了契约没有被履行的情况，除非后者之条件得到了满足，否则没有真正的损害发生。[80] 这两种条件都是在社会发展到相当晚近的时期才得以出现的，而实际上只有到了商

业广泛分布的时候，契约法才真正变得极其重要了。这有着至为重要的历史重要性[81]，但是对于理解斯密对法律体系的分析，其同样有着一些重要意义。正如我们在讨论他的惩罚理论时将会看到的，存在着很好的理由去相信，他只以最少的部分关注了契约法，在某种程度上类似于在一个商业社会里，通常只是作为严格的正义法律补充的“警务”法一样。我主张，某些契约法的模糊地位是由于它们贫乏的旁观者基础。[82] 153

5.4 违法行为与惩罚理论

当我们的任何权利受到侵害时，我们受到损害，而这引起了一种新的权利，即寻求对该损害救济的权利。这是一种**来自过错**（ex delicto）的权利，是“来自于他人的过失”[83]。而既然这种救济是向损害行为的施行者提出的，于是关于这样权利的理论就构成了惩罚理论。将一个人的行动确认为是一种损害的法律上的承认，是以不偏私的旁观者对该行为人的憎恶为基础的，而因此，寻求救济的权利同样也建立在旁观者的同情基础之上。然而，不仅仅是寻求惩罚的权利，寻求一个特定程度的惩罚的权利同样取决于不偏私的旁观者的赞同：

> 在一切情况下，准备对违法者施加的惩罚措施都是与不偏私的旁观者对于被损害者对该损害的憎恶的同情同时发生的……当这样的时候，一个惩罚在其他人类成员看起来是公正的，旁观者会同意被冒犯者对这一惩罚的要求。（LJ（A），ii，89—90）[84]

旁观者能够赞同的是“惩罚的自然措施”，而这是“一个合理的报复”。[85] 也许可以通过考虑斯密早期手稿中的不同表述，来使他的观念得到进一步的清晰化。在那里，他坚持，虽然对权利的侵害情况可以被清楚地包含于先在的规则之中，但取决于该伤害的程度的、适合的憎恶和惩罚却是另外一回事。惩罚的适当程度只有通过这样的事实才会变得精确，即“不适当的惩罚，即或者根本不应当的惩罚，或者超过了该犯罪的过失的惩罚，是对刑法的一种损害，可能并且应该强制反对，而如果这样的损害已经造成了，则应使造 114

成这种惩罚的人反过来承受惩罚”[86]。

这种对程度适当的惩罚的解释在斯密之后发表的作品中从未再次出现过，而有主张认为，这是因为在早期手稿与后期作品的间隙期中，斯密已经发展出了完整的旁观者理论，而根据这一理论，程度适当的惩罚是旁观者能够赞同的惩罚。[87] 但这远远不是事情的全部。手稿的解释与完整的旁观者理论的解释之间的区别，更多的是表述上的而不是实质上的。因为在决定是什么构成了“不适当的惩罚”中的主要考虑、或者起决定性作用的情境因素，显而易见的应该是我们对原始行动（犯罪，或者被指称的犯罪）的知觉（perception）。完整的旁观者理论所添加的全部内容是对于这一点的清晰详细的说明。手稿的表述要点是，如果惩罚行动本身不与其他所有行动（包括原始的损害）一样都从属于同样的检验，那么惩罚的程度将不会是精确的。这相当于在说，如果没有不偏私的旁观者来执行这样的检验，憎恶和惩罚仍然将是不精确的。斯密从未放弃过这一观念。首先，他一直坚持，就其自身来说，“憎恶从整体上看是一个完全无差别的原则”，[88] 而这一原则在通过旁观者的反应而进行的检验中必须得到坚持。其次，人类私法发展的整个历史，就是对人类这样一项艰巨任务的记录，这个任务即，为人们过分的憎恶和对惩罚其同胞的渴望提供这样一种检验。只有当政府变得足够强大，可以为不偏私的旁观者提供切实的强制力的支持的时候，这一努力才会取得某种胜利，而不偏私的旁观者在这一过程中已经成为了法官。

那么在手稿中，是什么导致了这一观念，即不适当的惩罚本身就是一种**可被惩罚的**损害？尽管这一表述从未被重复过，但是这一观念确实是被使用了。因此，在社会发展的较早时期，当惩罚倾向于作为一种直接报复时，不稳定的来源之一恰恰是过分的惩罚本身被视为是一种损害。后来，当政府取得了更严格的施行正义的力量，就不再是由受损害的一方来执行惩罚，而是由统治者来执行了。[89] 因此，不适当的或者过分的惩罚成为了被惩罚者与统治者两方之间的问题，而这使这一问题超出了私法的范围而进入了公法之域。当然，这并不能阻止斯密把不适当的惩罚作为损害和非正义来讨论，并且他非常愿意因统治者对其国民的损害和非正义而归咎于他们，至少在一般的意义上。但是，他不能将这种情况描述为是**可**

被惩罚的，因为对统治者惩罚的观念会与他关于统治权的理论相矛盾，如我们下文将会看到的。[90] 尽管一个不偏私的旁观者将会同意，一个统治者已经做出了一种非正义之举，但是在对统治者的惩罚可能对主权国家的存续构成威胁的时候，他怎么可能会赞同这种对统治者的惩罚是合适的呢？简言之，在涉及早期社会的情况下，斯密能够、并且也确实使用了这一观念，即“不适当的惩罚……是 115
一种损害……并且……应使造成这种惩罚的人反过来承受惩罚”；但是在涉及已经发展了的社会的情况下，他无法始终如一地使用这一观念，并且似乎存在着不再这样做的很好的理由。

尽管不适当的惩罚本身是应当受到惩罚的原则，在需要强大的统治者的、发展了的社会里被认为是缺乏一致性的，但是，斯密显然认为这一原则在那样的社会中同样具有着极其显著的**影响**。因为似乎恰恰是这一原则，成为了上诉程序（appeal procedure）的依据，而上诉程序在很多社会中与英国一样，是作为对正义的常规施行而被制度化了的。尽管统治权是不可惩罚的，但是在其司法分支中，它可以被分为各种不同的层次，通过这种划分，适合的惩罚可能会被成功地找到。以同样的方式，这一原则也可以被称之为是关于人身保护状（Habeas Corpus）和保释的规定的依据：这些规定是为了力图避免审判开始之前的不适当的“惩罚”。而在这两种多少有些特殊的情况下，这种不适当的“惩罚”实际上被惩罚了——通过对相关法官的严厉刑罚（penalty）。[91]

斯密思想的各个不同部分之间的连接不可避免地在某种程度上是思辨性的。然而，它们确实看起来相当显而易见，并且它们暗示了为何斯密避免了以纯粹抽象的旁观者术语，对“可惩罚的惩罚”原则进行进一步的使用。在这种情况下保持这些术语的彻底抽象性是非常困难的，即当它们涉指的是像“可惩罚的惩罚”这种具有社会性和政治性的意味的关系之时。在人性（humanity）中，存在着如此基础和普遍的道德领域，在那里不偏私的旁观者为了决定其同情，无需了解或只需要对关涉其中的个人有些微的了解，而惩罚当然是这种领域之一。[92] 但是，可惩罚的惩罚这一观念本身却不是这么简单；在这里旁观者需要了解的不仅仅是涉入其中的个人人性——还需要了解像他们所处的社会和政治情境这样的东西。一个旁观者无法做到纯粹地和彻底地不偏私，他必须处于与某些人的关系当中才能够是不偏私恶。尽管这种关系人可以是任何人，但他必须是个体化的个人，而这可能就要求关于他的情境的实际知识。我主张，是斯密在旁观者理论中对这些**复杂性**的逐渐的认识，导致了他避免在手稿中对这一原则进行重复。[93]

不论斯密是通过何种道路和方法达到他的惩罚理论的，这一理论本身是足够清楚的。按照现代术语，它应该被描述为是分配性的，而只要是明显的伤害引起了该惩罚，这就是可以被证成的。但是，这一描述倾向于模糊这一事实，即并非是损害**本身**以某种方式证成了这种惩罚。尽管在这种关联是由一个不偏私的旁观者所提供
116 的意义上，犯罪与惩罚之间的连接是“自然的”，这个不偏私的旁观者体现了某种普遍决定的程序，但是这种程序同样也总是随着时间的改变而变动不居的，因为旁观者在其中作出的决定的情境是隶属于历史的变迁的。然而，不论我们可能想要给斯密的惩罚理论贴上什么标签，它显然是反功利主义的（anti-utilitarian）——在这一术语的所有意义上。这只是他对正义效用解释的一般性批评的一个简单结果[94]，但是他通过对惩罚的一些进一步的反思强化了他的立场。如果某种效用是惩罚的合适标尺，那么我们可以这样看，即不偏私的旁观者从未察看过我们的刑法，因为如果他曾经察看过，那么刑法应与其实际上所是的有着非常大的区别。这将非常清晰的展现出来，如果我们看一下那些确实使用的是效用，而非以旁观者对憎恶的同情作为惩罚标准的法律的例子。在这样的例子中，法律强制实行的惩罚手段可能会与作为罪行的不偏私的旁观者的社会所能够认同的相差太远，以至于这些惩罚手段是无法施行的。

> 因此，几年前，大不列颠民族突发奇想……即认为国家的财富和力量完全取决于他们的纺织业的繁荣，而如果允许了羊毛出口，纺织业则将不会再繁荣了。为了防止这种情况的发生，法律规定，出口羊毛将会被处以死刑。在自然公正的意义上，这种出口根本就不是犯罪，并且在其人民看来，这种行为远远不至于被处以如此严重的惩罚；因此他们发现，当适用这种惩罚时，他们既无法找到陪审团，也无法找到控告者。(LJ (A)，ii，91—92)[95]

在其他的例子中，原始行动的**某些**方面可能是自然的犯罪，对法律惩罚的抵制可能会远远轻得多，并且可能更多的是在精神上的抵制而非行动上的。例如，这样的例子有，当军队中的哨兵因站岗时睡着了而遭受惩罚的时候。这样一个惩罚完全是出自于“对公共的善的考虑”，但是“尽管该惩罚是是正当的，并且随着这种失职而来的损害可能会非常大，但是人类永远不会像他们对待对偷盗者或抢劫者的惩罚那样体谅这样一种惩罚”。[96]

结论可能是，如果效用是一个社会中实际的旁观者实施惩罚的标准，那么我们的整个刑法应该与现在所是的显著不同。而如果效用是不偏私的旁观者的标准，那么人类所有的关于惩罚和正义的观念，以及它们在法律中的体现，将会被颠倒。但是，尽管对效用的考虑并没有为惩罚的提供证成，人们[97]曾经这样认为则是完全可以理解的。因为建立在旁观者对遭受损害者、对损害的憎恶的同情的基础之上的惩罚，确实**实际上**导致了这种有用的结果，这种结果曾被视为是对惩罚的证成，即对侵犯者的纠正，对侵犯者和他人未来侵犯的阻却，以及——可能仅是在某些情况下——“对被损害者的 117
补偿”。[98]在斯密那里，与平常一样，我们必须区分那些证成的原因和导致行为的动机，与继之发生的事情的次序——这是斯密从休谟那里学到的课程，并且从他的导师更加彻底地吸收了这一点。然而，在有争议的情况下以及我们过分地被对侵犯者的怜悯所影响时，对效用的考虑通过强化我们去惩罚的决心，对这些情况可能有着直接的和积极的影响。[99]

既然得自于违法行为的权利（事实惩罚的权利）是来自于对其他权利的侵犯，如同图5.2所展示的，那么前者的权利体系是完全与后者的权利体系相平行的，但是有着如下例外。[100]既然斯密把惩 118
罚处理为了私法的一部分，他在这里并没有涵盖与家庭法和公法相关的惩罚。除了法律的分类学的要求，他对于这种安排可能还有着进一步的理由。在涉及家庭法的情况下，“正义的法律”与“警务法”严重地交织在一起，而由于对违反后者的惩罚可能在原则上与前者有着很大的不同[101]，他可能有充分的理由发现，在他的惩罚一般理论中很难清楚地处理它。而在涉及公法的情况下，由于公法直接的政治重要性，它是法律的一个如此非常规的分支，因此很难将

 惩罚的一般理论运用于它。[102] 最后，在这个惩罚体系中，没有一个分支对侵犯权利的违法行为的惩罚本身进行惩罚。然而，这可以解释对不适当的惩罚的惩罚——如我们上文见到的——在任何发展了的社会中是属于公法的问题（只要它是一个问题）。

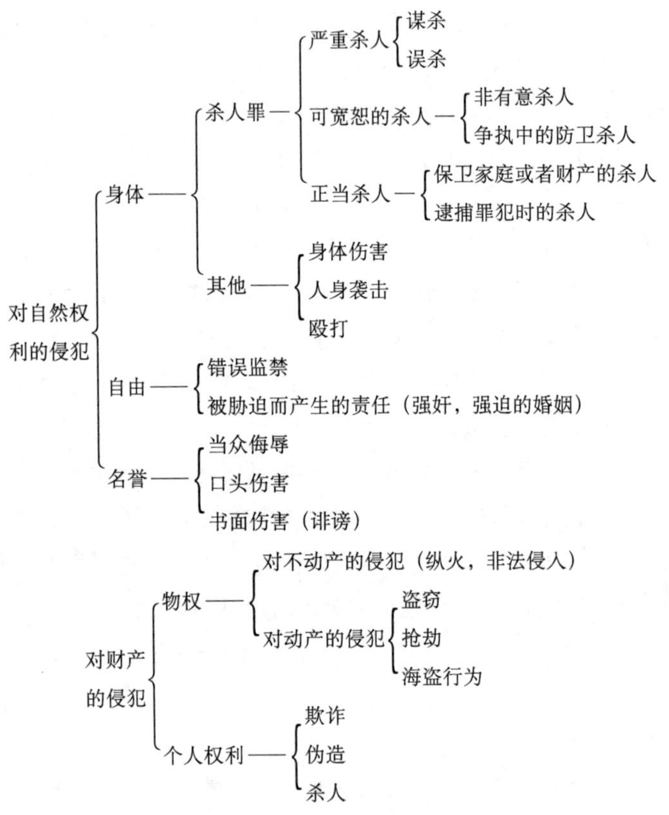

图 5.2　私法内的侵犯

尽管惩罚的整个体系是被其与包含在私法中的权利体系的关系所决定的，但是最细节化的分支则来自于斯密对于传统的“故意伤害”（willfull injury）与“应受惩罚的过失”（culpable negligence）之法律区分的接受，而后者又进一步地被分为了三个层次（在斯密的版本中）：“重大过失”（culpa lata）、“一般过失”（culpa levis），以及“最小过失”（culpa levissima）。[103] 最严重的惩罚由故意伤害而引起，而其罪责按比例依次递减，直至达到最小惩罚的情况，即最轻微的过失。这一等级是为了身体损害的情况而特别调整的，这部分地是因为它们基础性的重要性，而部分地则是因为，在这里，故意的程度不但很高并且非常复杂，而这是由于侵害者与被侵害者之间的、许多可能的交互关系。这一点在斯密的讲义中的很多例子里都被很好地表达了。[104] 这是斯密授课的一个非常典型的方法，即，他首先向他的学生介绍了那些传统的区分，但是继而向他们提供对于传统区分的旁观者的解释，并且在他自己的讲解中使用这种解释。[105] 对故意伤害的惩罚是标准的例子，无须进一步的解释了；在这里实际的伤害与与之相应的动机都是应当受到憎恶的。但是，对由过失引起的伤害的惩罚则需要解释，由于作出伤害的动机在这里或者是“不足的”、或者完全缺失。这种解释在《道德情操论》中被给出了——在斯密开始他的法理学课程之前所讲授的主要原则中——在那里，他展示了人们是如何在某种程度上依照一个行动的典型动机来进行道德判断的，甚至在动机不存在以及不可能存在的情况下。[106] 这不仅解释了在过失情况下的惩罚，甚至还解释了在历史上很多法律的分支对动物、甚至还有无生命之物的“惩罚”，而因此解释了赎罪奉献物（deodand）①的派生性制度（该制度直到 19 世纪才在英国被废止）。[107] 不论何时，一旦损害被作出了，就存在着憎恶的空间，以及 119
因此作出惩罚的倾向。这种对惩罚的强制实施的实际行为的重要性的强调，同样解释了相反类型的情境。在存在着一个犯罪意图，但是没有实际的行动随之发生的情况下，惩罚或者被极大地降低了，或者不存在惩罚，因为可能的受难者和旁观者对它的憎恶，是非常弱的、或者是根本就不会发生的。[108]

在斯密对惩罚的处理中的一个非常有趣的特征是，他对针对**自然**权利犯罪的惩罚的突出处理。[109] 当他在讲座开始之初，处理这些权利本身的时候，他除了基本的旁观者的解释之外几乎无话可说；但是通过对这一领域的惩罚理论的讨论，这些权利被赋予了几乎与被直接讨论的“财产”权同样多的法律细节和复杂论辩。这是在斯密的道德哲学中，对于“消极的”（the negative）的优先性的一个非常实际的解释，而这使他所声称的，自然权利是所有权利之最基础

① 亦译为“杀生性敬神物”，指直接引起生灵死亡的属人有形财产，按照英国当时的普通法应没收用作敬神。——译者注

者的说法变得更为似是而非。与此同时，这种解释同样也展示了他道德哲学的基本构造——以及实际上他哲学的一般基本构造。问题必须在它们与其他问题的一致性当中得到理性的处理，而当涉及了道德问题时，这意味着，必然存在着两个或者更多人之间的相互关系，在这种关系当中旁观者能够同情性地进行评价。对于财产权，会自动地发生，因为它们是关于“公共的”、实在的东西的，而对于这些东西任何人都**可能**拥有权利，而一旦某人对此的权利是特定的了，因此这就体现了一种可以排除其他人的关系。[110] 而这种公共特性只是缓慢地和逐渐地被更为抽象的东西，例如契约，所假定出来的。[111] 但是对于自然权利来说，不存在这样的公共性媒介；它们自身并不关涉任何具体的东西。在某种意义上，直到对一个人的某种身体损害、对自由的损害或者对名誉的损害发生之前，以及因此侵害者与被侵害者之间的一种具体的关系被置于旁观者的判断之前，这些权利是并不存在的。或者，可以消极地处理它们，自然权利不是个人的财产或者才能。

斯密的惩罚理论是他关于法律的旁观者理论的一部分，而同样地，惩罚理论自然地仅与那些有着旁观者基础的法律，即正义的法律相关。但是，如我们已经看到的，存在着其他种类的法律，如防御法、“警务”、税收，以及国际关系法。[112] 因此问题出现了：针对这些法律的犯罪依据何种原则而被惩罚？回答不得不拼凑，因为斯密从未对这些原则给出过完整的体系性的解释。然而，他的一般的观点是足够清楚的。防御法的基本原理是能够想像的最基本的“效用”，社会作为一个一致性的整体而存续（survival），因此可以假定，对这些法律的侵犯应该依据同样的目的而被惩罚。“警
120 务”法可能为了服务于各种各样的目的而制定，像维持和“服务”一个有效的市场，为国家防御提供非直接的支持，为穷人提供教育，等等；因此对侵犯它们的惩罚应该被理性地服务于这些目的所指引。可以期待，类似的论辩同样应用于税法和国际法。这正是斯密所论辩的：

> 关于一些情况……我们既批评又赞同惩罚，这仅仅是从社会的一般利益的角度来考虑的，我们设想，除了这些惩罚之外

> 社会利益无法得到保障。这种类型的所有惩罚都是由对或者是所谓的市民警察，或者是军队纪律的破坏而造成的。这样的犯罪不立即地和直接地伤害任何特定的个人；但是它们的远期结果，被认为确实产生了或者可能产生，要么是极大的不便，要么是社会秩序的极大混乱。(TMS，II，ii，3，§11) [113]

关于此的著名的例子是，根据军法，一个哨兵由于站岗时睡着了而被判处死刑。“这完全是建立在对公共的善的考虑之上的”，因为在这里“对一个个人的保护是与大多数人的安全相矛盾的”。[114] 在“警务”领域的惩罚被英国以前的出口羊毛的死刑所解释了。“国家的财富和力量”的安全是立法者制定法律来避免羊毛出口的全部目的的一部分。[115] 类似地，对走私的惩罚似乎不过是一般税收体系的一部分，这种税收体系的目标是为了支付主权国家的开支。[116] 最后，在国际法之下，为什么无辜的法兰西国王的国民，成为了英格兰国王“惩罚”的合法目标？仅仅是因为前者以某种方式损害了后者的利益？这“必定（建立在）必要性之上”：

> 一旦公共敌人**有机会**的时候……和平公民的财物在海上和在陆上被劫掠；他们的土地被弃荒，他们的房屋被烧毁，而他们自己，如果他们擅自作出了任何抵抗，他们会被杀害以及沦为奴隶；而所有这些都是与最完美的被称之为国际法的东西相符合的。(TMS，III，，3，§42) [117]

然而，睡着了不是任何的自然犯罪：“犯罪的自然暴行似乎很少。”[118] 出口羊毛“在任何自然的公正来看，都根本不是任何犯罪”。[119] 进口烟草不是自然犯罪，但是许多国家的税法规定“这是一种犯罪，由于自然从未意欲这样做”。[120] 最后，作为一个法国人也不是任何自然的犯罪，但是国际战争法把国民视为是他们的国家的帮凶。在所有这些例子当中，我们有着对这样的事实的事例，即“当统治者仅仅命令了无关紧要的东西，以及他的命令发出之前的东西，这个命令可以被忽略而无须受到任何谴责，但是，国民不服从他则不仅仅是应被谴责的，并且是应被惩罚的”[121]。在很多惩罚的

事例中，这些惩罚因此通过法律的整体效用而被证成了，这些法律
121 意图保护的东西可能会与自然正义与自然惩罚**并不相符**。这就引出了这样的问题，即哪一原则具有优先性，是自然正义还是公共效用。对这一问题斯密从未给出过直接的回答，但显而易见的是，惩罚的体系必须依从与之相关的法律领域。这意味着军法的规定优先于其他一切[122]，而相应地我们看到，斯密犹豫地同意了哨兵事例中的严厉措施："在许多情况之下，这种严厉可能似乎都是必要的。"[123]而在涉及"警务"法和税法的情况下，众所周知，斯密对它们的必要性的大部分都是极端批评的，而对与之相伴随的惩罚的判断也是如此：

> 为了税收的安全而制定的许多法律的严苛性受到了非常公正的批评，因为这是对于先于那些宣告它们为罪行的成文法的、向来被认为无辜的行为施以重罚。但是，我要贸然宣称的是，我们的税法中那些最为严酷的规定，比之于我们的那些商人和工厂主们为着他们的荒谬而压榨性的垄断，以其嚣叫疾呼而从立法机关处所逼取而来的某些法条而言，是温和而有礼的。如同德拉古（Draco）①的法律一样，这些法律可以说完全是用鲜血写就的。（WN，iv，viii，17）[124]

当然，这并不适用于所有关于"警务"和税收的法律。如我们已经见到的，存在着大量的、对这些法律而言的必要的任务[125]，而很可能斯密会为对它们的惩罚加诸理性的条款。然而，要点是，除非能够表明，这样的法律对于支持一个国家的防御体系[126]有着至高的重要性，或者以某些其他的方式对于一个社会的继续存在之能力是必须的[127]，对自然正义的要求就必须具有优先性。

除此之外，法律中有着大量这样的地方，它们看起来是以对各种考虑的混合为基础的，既包括了对基础的公共效用的考虑，又包括了其他形式的效用。最为明显的例子是，对最基础的教育的法律强制。这种法律强制通过对政治和社会的稳定性以及对防御的重要

---

① 德拉古（Draco），雅典执政官，于公元前621年整理雅典法律，写出一部完整的法典。法典极其残酷，规定所有罪行均处死刑，被称为"德拉古血法"。此法后来被梭伦所废止。"德拉古"一词也被用来形容严酷的法律。——译者注

性的援引而被证成，但是与此同时，斯密同样援引了一种基本的人道主义的关怀。[128] 如果我们把**所有**强调的重点都放在后一个方面上，并且如果我们接受这种看法，即强制性的基础教育构成了对儿童和/或者家长的自由的侵犯，那么在这我们就几乎与我们将会看到的一个例子非常接近了，在那里斯密让效用，而不是让根本的社会的、政治的和军事的存续，超越了自然正义。但是，也许这一点是值得注意的，即，即便是这种“效用”，也只是被消极地定义的：斯密不关心关于教育的任何积极标准，他关心的只是，通过“对理智机能的恰当运用”，防止人们成为“残缺的和畸形的”。[129] 我们不知道斯密对这一特殊领域的法律配合以何种惩罚，很难想像那会是一般来说看来非常严重的惩罚。

在与哨兵事例相关联的一些地方，斯密忽略了他通常的术语而 122
说到，被军事必要性所证成的惩罚是“正当的和适合的”。很难将这作为是与他的一贯的学说相悖的信号，而这不过是他在一个更广泛和松散的意义上使用“正义”一词。[130] 他在国际法中的一个类似的例子里清楚地这样做了，当他说到在战争中，对敌国的国民的“惩罚”的证成“无论如何都不是建立在正义与**所谓的适当的**公平之上的；它必定是建立在必要性之上的，而在此种情况下，这确实是正义的一部分”。[131]

最后，为了完整起见，斯密惩罚理论中的一个特殊细节也应该得到解释。在与针对侵犯“财产”（estate）权的犯罪的惩罚相联系的时候，斯密表明了，在这样的犯罪中，为了强化自然的旁观者的惩罚，必须援引关于阻却手段（deterrence）的效用原则。“在任何这种诱惑和机会得以增长的地方，惩罚必须同样地得到加强。”[132] 在某些形式的欺诈和伪造情况下尤其如此，但是在其他情况下这当然也有可能发生，比如当若非援引这样的原则，正义的体系则会受到威胁的情况。[133] 这很有趣，因为斯密所想的那种欺诈和伪造是针对契约权利的侵犯，而因为由于它们的“抽象性”，这些权利在旁观者原则中是只具有最弱的或者最不确定的基础的[134]，所以在涉及对它们的侵犯的惩罚情况下，这必定应当是同样的。因此这就需要补充性的原则。这确证了我们的印象，即尽管所有的契约法都有一个旁观者的基础，但是它们中有些部分是如此的抽象，以至于它们需要从对公共效用的考虑那里得来的增援——而这种对公共效用的考虑使它们在某些方面与“警务”法相类似了。这一点从这样的事实来看更加显而易见，即在违背契约的情况下，法庭对之的处理已经适时地超越了它们的旁观者基础。“确实，法庭对损害进行救济乃是一个自然的观念”，但是，现在法庭强制的是“一个人去对协议（agreement）作出履行”。[135] 这最初是在教堂的影响下被引入法律的，教堂把契约视为事关良心，但是这种理念被民法接受了，并且在英国被大法官法庭（Court of Chancery）所接受了。这种为着政治目的的惩罚原则的裨益清晰地展示了大多数契约法的居中地位（in-between status）。

5.5 家庭法

斯密对家庭法的处理可能为那些试图对他的著作给出一个心理分析式解释的人提供了一个方便的起点，或者，它可能会被那些对女性历史感兴趣的人所用——也许这两个任务可以被结合起来。然而，在处理斯密的自然的法理学时，它只有着很有限的重要性。
123 法律的这一分支总是如此密切地与宗教和政治问题联系在一起，以至于“警务”法在这里实际上凌驾于正义的法律之上，而对法律的一般介绍，例如斯密的讲义，相应地试图更多地关涉的是实际的历史而不是一般原则。但是，即便是这样，还是可以很有趣地看到，家庭法是如何能够被清楚地置于斯密的自然的法理学的体系之内的。

受到家庭法保护的权利产生于如下关系，丈夫与妻子之间的关系、父母与子女之间的关系，以及主人与仆人之间的关系。[136] 因此，在所有的情况下，它们构成了一方可以向另外一方要求的权利主张，而我们需要考虑的主要问题是：其中哪些主张是可以被不偏私的旁观者认可的，以及哪些主张是由“警务”法所创设的。

5.5.1 夫妻

在这里，最重要的权利是由对于关系的各种不同的排他性权利的主张构成的，这些关系涉及夫妻间的忠诚、其他配偶（勘误：妻子）的数量，以及离婚。关于斯密对夫妻间忠诚的处理方式的报告非常的简短，但是他显然使用了他的论辩的标准方式。首先，他拒绝了一种效用的解释，即认为忠诚被强制执行是为了防止出现非法后代之目的；其次，他代之以他的旁观者解释，是旁观者对于被损害的一方的痛苦感受的结果的同情，建立了这种权利主张。[137]然而，纵贯整个历史，有任何力量的实际旁观者通常都是男性，而因此，关于通奸的法律通常向着他们的利益极大地倾斜了，这些法律认定女性的不忠是一种犯罪，而对于男性则很少或者根本不被认定为是犯罪。但是，在基督教神职人员的影响下，两性“几乎在所有的方面都依照平等的地位而被放在一起了”。神职人员必须是独身的，因此“是更为公平的不偏私的判断者”[138]，他们能够平等地看待对于两性双方的伤害。这给了斯密展示他的旁观者理论、甚至在处理细节问题上的能力的机会：尽管不忠诚的伤害对于男性和女性来说几乎接近于相同，但还是不完全相同的。在当时的社会里，男性被认为在家庭中有着更高的地位，而因此在通奸的情况下，对丈夫荣誉的伤害要比对妻子的伤害更大。因此，通奸的妻子仍要因“最大的羞耻”而被“惩罚”。[139]

斯密关于多配偶制的立场是非常鲜明的。一个女性作为一个男 124
性唯一的妻子的权利不过是“警务”的发明；如果她“对于作为五个妻子之一或者二十个妻子之一或者更多”感到满意，那么自然地，这种制度没有对她构成任何损害。[140]但是，出于大量的对于效用的考虑，导致文明社会禁止多配偶制，这些考虑包括，从对多配偶家庭内部的和外部的所有人的道德福利的纯粹家长作风的关注，到对人口减少的忧虑，到对军事和政治利益的考虑，即在多配偶制的社会里，将不会有世袭的贵族，而因此没有了来抵御来自外国的外来暴力或者来自君主的内部暴行的自然领袖。[141]

关于离婚的讨论与关于多配偶制的讨论相类似。如果一方终结了婚姻关系，倘若这是婚姻契约的一部分，那么自然地，没有任何的非正义发生。[142]但是，这种对自然正义的使用同样被认为是“与一个良好管理的警察治安（police）的严重的不一致”，[143]这样认为是有着许多理由的，而这些理由全部都集中于公共的“无序状态”的可能性。在社会发展的早期，这样的无序状态得到了避免，这仅仅是因为婚姻中较强的一方按照适合他自己的方式，安排了关于通奸和离婚的法律：只有丈夫有离婚的权利。而现代文明社会中的善好“警察治安”则避免了离婚实践中的不平等和暴力，以及通奸所可能带来的无序状态。“现在使用的婚姻方式避免了所有那些不便，因为现在的婚姻是不能割裂的。”[144]

最后，涉及婚姻法，我们应该注意到斯密对禁止程度背后原则的解释。[145] 这些很有意思，因为它们例证了斯密式的分析原则在法律中的全部涵盖范围：第一，旁观者的赞同发生在任何已知的社会中，并且似乎与社会生活的存续能力联系在一起；第二，旁观者的赞同发生在一些社会当中，这取决于各种不同的环境；以及第三——从社会转至“警务”——对效用的考虑。在第一类中，禁止母亲与儿子之间的婚姻。这是绝对不可能被赞同的，因为它致使了两个社会权威的自然原则之间的矛盾，即父母与子女之间的原则和丈夫与妻子之间的原则。[146] 旁观者对父亲与女儿之间的婚姻的反对具有几乎同样的普遍性力量；但这里却没有与前面的例子中同样强烈的矛盾，而因此我们在一些野蛮的社会中看到了对这种婚姻的允许。[147] 斯密关于兄弟姐妹之间婚姻的态度是不明朗的。在一处他声称，这种婚姻是“被伟大的理性和对自然（法）的依从所禁止的”[148]；但是在另外的地方他说到，这“似乎主要地是从政治的考虑而被禁止的”[149]。而他所举例子的细节似乎非常有利于后一种观点[150]。叔侄之间和姑侄之间的婚姻被一般地禁止，则是出于与对父亲——女儿和母亲——儿子的婚姻禁止的那些类似的可适用的自然原因的比照。[151] 最后，“应该注意到，姻亲关系的规则是警务的规则而并非是自然的规则，因为一个男人可以娶他的妻子的妹妹，这并不违反自然”。对于斯密来说，他很少教条主义，而这一点没有比在他对各种安排在这方面
125 的便宜性的讨论中展示得更充分的了。[152]

5.5.2 父母与子女

到目前为止，子女对父母的权利以及父母对子女的权利，有着一种处于对它们强大的社会认可之顶端的法律上的支持，这是一种“警察”的干预。我们现在处于这样的领域，“平民治安官……可能描述规则……这些规则不仅仅禁止同胞公民之间的相互伤害，而且要求他们之间在某种程度上的相互的善意帮助”[153]，这意味着对“有限

的仁爱”（confined benevolence）的最基本形式的法律强制，如休谟所称谓的。具体来说，这意味着“父亲一定要抚养子女，以及为其子女提供生活必需品”，而“以同样的方式，如果父母恰巧变得贫困以及无法维持他们自己的生活时，子女一定要供养他们”。实际上前者的义务不论是在道德上还是在法律上都被如此牢固地树立起来了，以至于对其最轻微的公然忽略也会被认为等同于严重的损害，并因此相应地遭到惩罚。[154] 除此之外，一个男人同样具有作为丈夫与作为父亲的某种实际的权力，但是现代法律乐于认可的唯一部分是他运用“一种有节制的矫正”的权利。[155]

5.5.3 主仆

除了上文已经提到的主要与处理所有权有关的规定，以及少数其他规定之外，配偶之间的关系和父母与子女之间的关系在现代文明社会的法律中，并不比个人之间的其他关系多出些什么；它们只是被正义的法律消极地规定了。而与之非常相似的情形，即主人与仆人之间的关系所达到的成就则是文明的成果之一。因为即便是“我们当中最需要依赖他人生活的人”，即仆人，“在自由、获得工资等方面，也有着几乎与他们的主人同样的权利”。[156] 但是，法律在这种关系中确实认可了一些特殊的权利。“主人拥有有节制地纠正他仆人的权利”；如果仆人在这样的纠正中碰巧罪应致死，那么这种权利的存在是一种罪行的减轻情节（mitigating circumstances）。主仆之间的关系同样被认为是在下面这种情况下的一种罪行减轻因素，即当不论是主人还是仆人，在他们互相保护对方的时候，偶然杀死的第三方的情况，以及在仆人被视为是主人的代理人的各种不同的事务中的情况。[157] 在斯密对这些问题非常简短的处理中，他并没有指出，在这些法律中，哪些是正义的法律而哪些是“警务”法，但是似乎至少，第二类规定能够被轻易地被旁观者原则所解释。然而，在这一 *126*
部分的讲座课程里，他主要关注的东西甚至比其他部分更加具有历史性，因为主人与仆人之间的关系在人类历史的绝大部分中都被强制和暴力所主宰，因此在这里几乎没有任何权利得到了认可，而法律只不过是应对压榨性的“警务”的一个武器而已。因此，主仆关系的历史主要地是奴隶制以及它在西方少数地方的逐渐消亡的历史。[158]

5.6 公法

“作为国家的一员”而不受到伤害的权利，是公法的主题，而这种权利又分成两大类，一种是处理统治者对于公民的权利的，而另一种则处理公民对于统治者的权利。[159] 国民对统治者的伤害的形式取决于被讨论的国家的统治权的本质。为了他对此的一般讨论的目的，斯密运用了两种理想的政府类型，即君主制政府与共和制政府，[160] 并且他论辩道，在前者当中，任何对抗特定规则的行动都构成了一种伤害［叛国罪（treason）］。但是，在一个共和政体中，“任何影响作为一个整体的人民的尊严的行动”都被视为是一种叛国罪，而这首先意味着对“人民的自由”的任何攻击。[161] 斯密坚持，这使叛国罪在一个共和政体中比在君主制政体中“更为易于分辨得多”[162]，而我主张，他的观点是，在一个共和政体中，叛国罪针对的是一个**“公共职权”**（office），而这种公共职权在法律上能够被清晰地界定出来[163]；但是在君主政体中，叛国罪针对的是一个特定的人及其**行动**（activity）——而这是更加难于区分的东西。他同样通过对诛杀暴君的经典观念表达了他的观点。在一个君主政体里，诛杀暴君是最高形式的叛国罪；而在共和政体里，这是用来对抗叛国罪的最主要的手段，因为在这里最严重的形式的犯罪是对公共职权的滥用或者篡夺。

当统治者为了管理私法或者家庭法而施用司法权力时，他像一个旁观者那样同情性地判断对他人的损害。但是针对他自己作为一个统治者的损害——尤其是叛国罪，他施用司法权力时，他是在照料他自己的权利，并且“由于他是根据自己的理由判断，那么他对此作出的惩罚非常容易比不偏私的旁观者能够赞同的更为激烈和残暴”[164]。这解释了这样的事实，即关于叛国罪的法律通常对仅仅有犯罪意图就处之以与实际上实施了犯罪者同样严重的惩罚。[165]

统治者针对最基本形式的叛国罪而受到保护的权利在一般旁观者原则中显然有着一个坚实的基础。[166] 这样的犯罪包括了对统治者人身的伤害意图、对战时征兵的伤害意图和阴谋反对统治者，以及杀害正在执行公务的高级政府长官。[167] 但在英国，存在着大量其他的行动，仅仅因为一种或者他种政治便利的考虑，也被认为是叛国性质的。那么因此如同我们将会看到的，它们也被纳入了斯密的批判性的思考当中。[168]

公法的第二个分支是关于公民对抗统治者的权利的，或者是关 127
于统治者对于他的国民的义务的。[169] 这是法律中一个极度不清晰的领域，这完全是因为各自的权利与义务是如此的不清晰。[170] 在私法和公法的第一个分支中，存在着长久建立起来的先例，其基础是清楚的原则，并且这些先例被特殊指定的官员管理着。但是在公法的这一分支中则不是也**不可能**是这样的情况——至少与这种情况在法律的其他部分的程度是不同的。问题是，任何人都不曾是一个这样的不偏私的旁观者——至少，没有人曾经被认同为是这样的人——在讨论关于什么是统治者、以及什么是统治者不得向其国民做出的时候，因此，也就没有关于是什么构成了在这种关系中的损害的观念被清晰地建立起来了。因此，“所有这种讨论一直都是被强制和暴力所决定的”，而一直是只有胜利的一方才占据着作判断的位置。“有些时候决定是正确的而有时是错误的，但是这些决定从未如同一个冷静的和不偏私的法庭所作出的决定一样。”[171] 这种情况的原因不仅仅是由于统治权通常是这种讨论中被谴责的一方。斯密用强语式强调了，在这些问题上，确定什么是正确的和什么是错误的确实是非常困难的，而他是通过对于主权国家的本质和强势政府的必要性等观念而达到这一结论的。

在没有清晰的原则和既成的法律的情况下，“一个人会认为这一问题必须重新开始考虑，并且建立在他自己的基础之上”，而斯密主张，最好的基础是对绝对**权力**（power）背后的原则的理解，这种权力是统治者在一个发展了的社会里实际上所具有的。统治权通过漫长的发展，在以下三个方面成为了绝对的：在国际关系中，尤其是在战争中管理社会的一种执行性的，或者联盟性的权力；在施行正义的司法权力中；在调整司法的立法权力中。[172] 这种被集中于统治者身上的权力可以通过两个基本原则来解释，斯密称之为：“权威”（authority）和“效用”。[173] 依据权威而对权力的认同是由于，人们感到在他们中的地位较高者应该向人民提供自然的防御。这种防御的基础是，这样的“地位较高者”自然地吸引了他人同情性的注意。[174] 而导致他们被认为是地位较高者的品质有四种：首先，“人格品质的优越”；其次，“年龄的优越”；再次，“财富的优越”；以及最后，“出身的优越”。[175] 权威原则引起了与一个儿子对父亲的服从非常相似的习惯性的服从，而这是这一原则构成了英国政治中托利主义（Tory-
128 ism）①的支柱。[176] 而关于效用原则，人们支持统治权，是因为他们理解为了“每个个人的安全与独立”的目的，统治权的必要性。[177] 在英国，这样的人民倾向于与辉格党人站在一边。[178] 权威的原则通常与君主制形式的政府联系在一起，而效用原则则在共和政体中流行，但是这两种原则都可以在任何政府中被发现——尽管不是以同样的形式。权威原则取决于同情机制，因此自然地指向特定的个人。然而，这与共和制的理念是相悖的，根据共和制的理念，权力来自于全体人民，而因此这一原则在共和制国家里并不被积极地鼓励。然而，由于人们对**公共职权**的尊重，这一原则还是有影响力的。[179] 这一细节给予了斯密对于制度的重要性的一般理解以一个非常有趣的背景。根据我们先前对于斯密的效用观念的讨论，注意到这样一个问题同样是非常有趣的，即在一个在其制度性的机构背后有着某种传统的固定社会里，“权威原则是效用或者公众利益的基础”。在这里，是制度的传统权威**使**效用或者公众利益有用了。[180]

斯密的主张是，实际存在的统治权可以通过这两个原则即权威和效用来得到解释，或者单独地或者两者结合起来——后者尤其清楚地在英国的“混合”形式的政府中得到了解释。这种在政治现实主义中的运用无疑与休谟类似的论证有着同样的论辩目的：为了反驳自洛克开始就在政治思想中非常流行的，不现实的关于政府的契约理论的法条主义（legalism）。而依照这一目的，我们发现，对于休谟对洛克的契约和同意观念的著名批判，斯密为他的学生们给出了一个非常卓越的再阐释。[181] 斯密的批判的主要任务不仅仅是事实上根据契约或者默示同意（tacit content）去寻找公民对抗统治者的权利的不现实，并且，我主张，这一点是**必然的**：统治者所要应对的情境是如此的多变和复杂，所以去想像他处于尊重一系列范围广泛的权利的义务之下，是几乎没有意义的，而这些权利是被一种基础性

① 指英国保守主义。——译者注

的公民的抵抗权所支持的。[182] 斯密对政治现实主义的强调，加之他对过度的法条主义的批评，同样可以作为这样一种鲜明的背景，这种背景可以使得关于公民用来对抗统治者的权利的、能够用清楚的道德术语（例如，消极的术语）所说出的东西凸显出来。因为“存在着这样一些事情，统治者试图去做是非法的，而国民有权利抵制它们”。[183] 因此，“所有人都同意，精神失常，未成年（例如未到法定年龄），或者白痴①会使一个国王的权威变得无效”。而这仅是在君主制国家中才会有的危险，屈从于这种程度的“反常、荒谬和非理性”的任何形式的政府都会“在所有无偏见的人看来，给予了人民一种抵抗的权利”。在这种极端的例子里，“无偏见的人”将会认识到，不论是“权威”还是“效用”都已经被毁掉了。[184]

然而，问题是，这种对道德术语的澄清并没有被制度化于特定的权威所管理的法律中： 129

> 尽管统治者是可能会受到抵制的，但是并不能这样说，即存在着任何这样做的常规性的权威。国民的财产、生命和自由以某种形式掌握在统治者的权力当中，没有也没有办法确定是什么样的滥权正当化了抵抗权。没有法律和法官曾经或者能够确定这种情况，也没有我们能够据之进行判断的既成的先例。[LJ (A), 138]

在这里，斯密不仅仅在谈论这种情况不是什么，他还在谈论这种情况**不可以**是什么。在他的统治权理论中，对此的原因由两种线索的论证所构成。第一，斯密辩护说：一个彻底的霍布斯逻辑的统治权，根据其本质必须是绝对的：

> 因为如果我们称之为最高权力（summa potestas）的个人或者机构是可靠地被这样称呼的，而这样的称呼是被任何人、人民中的任何机构或者所有人民所认可的，那么这个个人或者机构就应该是最高权力，而如果这个最高权力再次处于另一权威之下，那么这一权威就应该是最高权力。因此我们总是必须终

① 原文为“ideotism”，应是“idiotism”（白痴）的笔误。——译者注

> 172 止于某个机构，而这个机构有着不受制于一种常规权力的可靠实质。[185] [LJ (A), 140]

这对于斯密来说，似乎是如此的明显，以至于他允许他自己在谈论洛克的时候以开玩笑的方式重述了这一点，他当时谈论的是洛克对政治与宗教的混杂，即将“对上天的诉求”作为对统治权的限制：“上帝是统治者的唯一法官，而我们不知道他将会怎样决断！”[186] 因此当斯密在谈论绝对的统治权时，他的意思是，这是一种终极的权力。然而，这只适用于作为整体的统治权，并且没有这样的必要，即所有这样的统治权都应被集中在同一人的手里。这是他论辩的第二个线索。统治权尽管是绝对的，但它是可分的，因此不同的机构能够照料不同的权力分支，这些权力分支构成了统治权，而它们是执行权，司法权和立法权。[187] 如果做到这些，那么一种常规法律的外表（semblance）就可以适用于统治者，因为它可能用来规定统治权的各种分支之间的关系。如果一个分支侵入了被认为属于另一分支的领域，那么这将构成对后者的权利的一种侵犯，因此后者可以“通过所有的正义和公平”[188] 来保护它的权利，甚至通过强制力量：

> 一旦统治权被分配到不同的部门中，尽管要说出整个统治权结合在一起可以走多远是不可能的，但是可以轻易地确定，什么时候其中的任何一个被分得了超过其法律限度的权力。因为不论任何时候，一旦它们中的任何一个试图行使原本属于他者的权力时，这就可以被判断了……对一种完美的权利的准确定义与人类的公职机关等是相对立的，公职职权被一些人称之为不完全的权利，而完全的权利是一种我们可能会通过暴力强制别人向我们作出履行的权利。——因此如果政府的一些部分对其一些辖区拥有完全的权利，那么就必定假定了这些政府部门被赋予了通过强力防御它们自己的权利。[LJ (A), 141—142] [189]

130 既然由一个制度化的不偏私的旁观者来管理一个国家是不可能的，那么对权力的三个分支之间关系的规定就必定毫无疑问，还只是徒具法律的外表。没有迹象表明，斯密考虑了把公民作为对统治权的这三个分支的可能的不偏私的旁观者，这在他眼中可能无论如何都不会有制度性的强制力。他的观点要远为温和得多，即他认为一种清楚的分权，使所有实际的（以及偏私的）旁观者在行使权力的时候，都能够形成一种比如果没有这样做的话远远更为清晰的、更为不偏私的、关于何为正确何为错误的判断。换言之，分权是一种制度性的手段，这种手段倾向于使人们以一种更为开明的观点来看待统治权，因为这将注意力集中于一个关于越权的**消极的**问题，而对于这样的问题能够以高度的精确性作出回答。[190]

同休谟一样，对于斯密来说，意见（opinion）是政府的基础，[191] 而他无疑看到了分权作为一种基础的、可以被更多地了解的教育效果，因此也更加安全，因为通过分权，意见所可能采取的其他形式，例如“狂热”、“野心”、“恐惧”等被更少地显露出来了。[192] 当然，除非大部分人口已经获得了基本的教育，这种教育使他们“更倾向于去检视，并且更能够看穿不同的阶层和团体的关涉利益的抱怨”，否则并不能产生这样的影响。[193] 而斯密的政治科学显然是为了通过摆明主权国家的内部复杂性来促进这样的教育目标。[194] 要想直接通过要求统治权服从严格的规则来限制它，而又不破坏统治权本身，这是不可能的。因此要给出关于统治权的同样直接和清楚的信息也是不可能的，而关于法律的常规分支的信息则可能会被给出。但是，通过让统治权内在地划分，也许可能让它限制自己，而不是导向它的毁灭。但是这种安排的成功极大地取决于这样一种一般理解，即将这种分权作为一种内在的限制的而不是外在的。这正是斯密对于试图规制一般抵抗权之行为的批判的要点，这种尝试把一般抵抗权视为仿佛是常规法律的主题一样。

斯密对辉格主义表示怀疑，是因为辉格党的同意原则和抵抗权错误地将非直接的限制统治权的方法视为一种直接的方法，而他显然认为，他的科学能够有助于纠正这一误解。实际上，这一问题包含了政府的**限度**（extent）和政府的**力量**（strength）间的尖锐区分，而斯密的意思是前者不应通过限制后者而被限制。他关于法律和政府的历史讨论的核心论题是，在没有一个强大的政府的情况下，广泛的个人自由甚至是不可能的。只有当一个社会有了一个强大的政府时这才成为可能，而如果政府的绝对统治权在某种没有对其削弱的限制之下运行，个人自由则会成为一种现实。

引出的问题是，是否将统治权完整地分为三种权力是达到对个
131 人自由必要的非直接限制的唯一道路。斯密从未直接回答过这一问题，但是非常显然，这不是一个只能二选一的问题。最本质的要求是司法权从执行权中独立出来：

> 当司法权与执行权结合在一起的时候，司法几乎不可能不经常地被模糊地称之为政治的……所牺牲，对司法的不偏私的施行决定了每个个人的自由，以及他对自己的安全的感觉。(WN，v，i，b.25)

然而，这种成就不仅仅是英国式的，并且是一种**现代**的、在多种程度上的一种西欧现象：

> 把人与人之间的分配正义的范围与管理事务和领导军队的分配正义的范围区分开来，是现代相对于古代的一个巨大优势，而我们现在所享有的更好的安全的基础，是关于自由、财产和生命的。(LRBL，170) [195]

甚至像法国这样的绝对君主制的国家，至少在某种程度上，也能够保持政治与正义的分离，而因此保护个人自由。[196] 然而，只有当法官相对于行政的独立性被他们相对于立法权所立下的法律规则的依赖所平衡的时候，才对司法的彻底规律的管理 [197] 有可能达成，为了达到“对自由和财产的完美保障”，一个三重的统治权是必要的。

在离开斯密关于统治权的理论之前，把它置于一个更宽广的视角当中也许是有益的。如果一个人根据政治理论中保守的联想来看待它，那么这个理论有些似是而非。这是一个关于绝对统治权力的理论，但是却没有像霍布斯、边沁和奥斯丁以及很多其他人那样，把它发展为一种法律的命令理论。恰恰相反，正如我们将会看到的，斯密非常强烈地批评了这种法律理论。[198] 与此同时，斯密并没有把统治权视为一种伯克式的先例和习俗。在支持权威原则的政府的治下，先例和习俗在意见的形成过程中当然是非常重要的。但是

在现代商业社会里，权威并不是意见形成的唯一原则，在一个像英国这样的、有着分立的政府的社会里尤其不是这样。效用原则在这样的社会，是掌握政府的人们的意见形成的一个非常重要的因素，而因此影响了他们影响政府的方式。而在这种关系中的效用首先意味着政府保护正义的能力——显然不仅仅是关于先例的问题，还包括自然正义。斯密的绝对统治权理论并没有给任何形式的宪政主义留下空间——不论是“古代宪法”(Ancient Constitution)、同意，还是辉格党的学说所赞扬的抵抗权，或者成文宪法的先兆。[199] 但是它 132
却体现了通过制度手段限制统治权的限度的观念。

斯密的统治权理论中的所有复杂性都应该被如下问题解释清楚了，即他为何认为“统治者对于他的国民的义务以及他可能针对他们所犯下的罪行……是一个我无法假装作精确性来回答的问题”是法律中的另外一个义务与权利的问题。[200] 但是与此同时，应该解释清楚，为什么法律无论如何都不是与之无关的。

5.7 国际法

国际法几乎与我们刚刚讨论的公法的分支同样不确定，而出于同样的原因，“在没有用来解决争端的最高立法权力和法官的领域，我们总是只能期待不确定和无规则”。[201] 实际上“中立的国家是唯一公平的和不偏私的旁观者。但是他们都处在距争端如此之远的地方，以至于他们几乎都处在视野之外”。[202] 尽管在国际舞台上，由于“国家间的偏见的狭隘原则”[203] 的流行，使对于正义的一种常规的管理的前景是如此的凄迷，一个国际正义体系的基本框架是足够清楚的。在和平时期，国际法主要是关于一个主权国家领土范围之内的外国人的权利问题，而在此对这一问题不作评论。[204] 在战争时期，大的问题产生了，因为此时各个国家像互相针对的个人联合一样行动。从法律的观点来看，有两个问题特别重要：第一，在什么情况下，一个国家可以被称之为受到了损害以及不公正地对待了；以及第二，什么是一个国家向另一国寻求的，对于损害的适合的报复和救济的手段？[205] 前者的问题是，什么正当化了战争，尽管在具体的情境下找到答案可能极其困难，但是答案在原则上是清楚的。

“一般来说，当一个损害行为被清楚而明确地作出了，或者被明显地意图做出，而补偿又被拒绝的时候，报复就是必要的和正当的了。”这意味着如果一个国家侵犯了另一个国家国民的生命权，自由权和财产权等，并且不能得到救济的情况下，那么“就存在着一个战争的基础”。[206] 因此斯密通过运用这样一种个人与国家之间的类比开始了他对国际法的讨论，这种方法与格老秀斯曾经使用过的非常类似，而马上可以清楚的是，这种类比只能给第一个问题带来一定的清晰性。实际上，斯密在他对第二个问题的讨论中所作出的论点是，用与对个人行动进行评价的方式用样地去评价集体行动几乎是不可能的。他并没有否认，两个国家之间报复和“惩罚”的合适手段在原则上是清楚的。“一般来说，一旦一个伤害已经清晰地和明显
133 地被作出了，或者明显地被意图这样做了，并且补偿被拒绝了，那么报复就是必要的和正当的了。”[207] 然而，问题是，国家是由个人构成的；是作为个人的人实施了损害，并且也只有个人能够成为报复的对象。但是在战争中，我们集体地报复和“惩罚”一个国家，尽管通常来说我们的敌人中的大部分人民是绝对无辜的。这种报复可能非常**必要**——并且在一个广泛的意义上是“正当的”[208] ——但是如果我们认为这是适当的，它“与我们在对待自己的国民时所遵守的正义规则大相径庭。我们宁可选择让十个有罪的人逃跑，也不愿让一个无辜的人遭受惩罚。”[209] 我们可以通过对每个国家间个人的区别的援引来对此作出**解释**，这种解释悬置了同情机制的适当功能，而因此也就悬置了人们行动之间的所有歧视；而我们可以看到，作为这种解释的结果，“我们的憎恶是针对整个国家而不是针对那个政府的”。[210] 但是试图对此进行正当化是不可能的，并且非常明显，这方面的国际法“只对最清晰的和最显然的正义规则给予了非常少的关注就被制定出来了”。[211]

那么，斯密所言的国际法地位，是在某种不正义已经被作出，以及在国际关系中应给予报复和救济的情况下，我们能够以**某种**程度的清晰性和确定性说出的。但是，由于这两种方法，即关于确定何种程度的报复以及多大规模的救济为合适的常规方法，无法被结合起来适用，因此这一问题从总体上来说是一个关于必要性的问题，也就意味着这是关于防御和政治联盟的问题。在这里，这样的

说法比在其他任何地方都真实，即“偏私的旁观者随时都在：而不偏私的旁观者却遥不可及。”[212] 加之国际裁判权的缺位，所有这些使得一般性的国际事务和特殊性的战争行动向着同样的利益影响大开方便之门，而这些行动都非常倾向于歪曲国内法的正义。并且斯密对于国际舞台上的行动被国内的原因所决定的程度有着一个非常现实主义的理解。[213] *134*

注　释：

[1] Esp. TMS, Ⅶ, ii, I, § 10; LJ (A), i, 15. 以及格拉斯哥版本（Glasgow Edition）的《道德情操论》附录二（Appendix Ⅱ）的手稿（p. 390）。

[2] TMS, Appendix Ⅱ, p. 390. 斯密同样指出了，“正义”有时在如此广泛的意义上使用，以至于它变得与“合宜性”相同了，而这样它就既包含了积极德性也包含了消极德性。TMS, Ⅶ, ii, I, § 10.

[3] TMS, Ⅶ, iv, § 36.

[4] 除了附带的，比如Ⅱ, ii, I, § 7 的开头处。

[5] LJ (A), i, 14—15, and cf. LJ (A), i, 1 and 9.

[6] LJ (A), i, 9. 整个讲义课程的引言部分都是相关的。见 LJ (A), i, 1—25; LJ (B), 5—11. 同样参见 LJ (B), 340.

[7] LJ (A), i, 10. cf. LJ (B), 6.

[8] LJ (A), i, 10.

[9] 这些对法律的基本划分在两组讲义笔记的开头处都有所介绍，见 LJ (A), i, 10—11; LJ (B), 6—7. 并见图 5.1，以及下文（p. 105）。

[10] 自然权利与获得的权利之间区分在如下地方被处理或者被提及了：LJ (A), i, 12, 24; Ⅱ, 93; LJ (B), 8, 9—10, 11, 149, 182. 在LJ (A) 前两处，这个学生很明显被迷惑了，把斯密视为在说自然权利是与私法的整个领域同一的，包括财产法。但是在Ⅱ, 93, 他已经正确地理解了它，而写 LJ (B) 的学生似乎对这一区分没有问题。

[11] 见 LJ (A), i, 24 and LJ (B), 11 and 149.

[12] LJ (B), 11. 并参见 WN, v, i, b, esp. § 2.

[13] See TMS, v, 2, § 15.

[14] TMS, Ⅶ, ii, I, § 28.

[15] 与所有权相比，契约权利的“弱点”在 LJ (A), ii, 44—45, 62—63, 以及在 LJ (B), 176 被详细地解释了；并且表明了这一弱点是如何对于这一点来说是决定性的，即对前者之权利的被认可为法律的一部分的延迟。(pp. 113—114, blow)

[16] 见 LJ (A), i, 25 的开头处。

[17] Above, pp. 13—14.

[18] Above, pp. 21—16.

[19] See p. 120, blow.

[20] 见 LJ (A), i, 12—13, 24; LJ (B), 7, 11.

[21] LJ (A), i, 13—14, 24; LJ (B), 7, 11. 这是斯密有些恶作剧的幽默感的一个相当典型的例子，他以如下的方式来解释这最后一点："我们没有伤害到艾萨克·牛顿爵士……当我们说艾萨克爵士是不比笛卡尔更好的哲学家时。" [LJ (B), 7]

[22] 斯密的课程同样包含了关于"警务、税收和军队"的更短的段落——这些材料在很大程度上进入了《国富论》。

[23] LJ (B), 11.

[24] 见 LJ (B), 8; LJ (A), i, 16.

[25] 关于斯密自己的概括，见 LJ (A), i, 16—20 (物权), 21—23 (个人权利); LJ (B), 8—10 (物权), 10—11 (个人权利).

[26] LJ (A), i, 25—6; LJ (B), 149.

[27] LJ (A), i, 35—6. 这些讲义笔记的编辑者们非常正确地对此给出了一个特别的参考，指向 TMS, Ⅱ, ii, I, § 5.

[28] 对占有的一般旁观者解释可以在 LJ (A), i, 35—37; LJ (B), 150.

[29] See pp. 79—81, above.

[30] 斯密 [LJ (A), i, 38—42; LJ (B), 150] 处理了关于占有的起始问题。所有权的一般延伸问题则在 LJ (A), i, 42—53; LJ (B), 150—151 中得到了处理。

[31] 见 LJ (A), i, 60—3; LJ (B), 152.

[32] 见 LJ (A), i, 53—60; LJ (B), 152.

[33] WN, i, x, c. 12.

[34] 格拉斯哥版本的《法理学讲义》的编辑们似乎把 LJ (A) 中的一个句子看成是洛克式的：见 LJ (A), i, 37, 以及编辑注释 17。但是他们在此正确地暗示了一个与斯密更好地建立的观点的对比。可以存疑的段落将在下文得到处理。

[35] 这些批判性的观点被很好地给出了，Donald Winch, *Adam Smith's Politics*, pp. 58—59.

[36] 换言之，它们应该被理解为"正像是……因而"，而不是"因为……所以"。

[37] 安德森笔记，I。

[38] 这如此强烈地使人想起讲义的编辑者；见上文注释 [34]。

[39] 见 LJ (A), i, 63—67; LJ (B), 152—154. 斯密同样概括了在以下情况下对物主身份的传统讨论，即，当添附物是一个人的工作的时候，他在其中工作的"主体"的所有权却是属于他人的：LJ (A), i, 70—76; LJ (B), 153—154. 在这里面，正如通常在他关于财产法的讲义中的

一样，斯密与休谟在《人性论》（Ⅲ，Ⅱ，3）中的概括非常接近。

[40] 见 LJ（A），i，66.

[41] 并且，为了防止学生们疑惑，一个效用的基础被彻底地排除了。旁观者在漠视添附原则时所察觉到的是“其表现出来的不适宜而不是任何不便”。[LJ（A），i，64]

[42] 见下面这个例子：“小孩子甚至在出生后不久的一段时间里与乳汁一样曾被视为是母亲的一部分，但是是很小的一部分，而相应地，其作为整体的一部分，它们都属于财产的所有者即母亲。”[LJ（A），i，65]

[43] LJ（A），i，64.

[44] LJ（A），i，62—63；LJ（B），152.

[45] LJ（A），i，68—69；LJ（B），152—153.

[46] LJ（A），i，100. 学生记录下来的这一段是不合语法的；它是一个对具体的论证的一般评论，写在手稿的另一种黑色的背面上。

[47] 见 LJ（A），i，76—90；LJ（B），154—155.

[48] LJ（A），i，77.

[49] LJ（B），154.

[50] 这也是在 LJ（B）中的对旁观者理论的一个清楚的使用，但是它主要与惩罚理论相联系。

[51] 与这些混杂在一起的是大量的听起来似乎更加“理性主义的”段落，在其中我们已经注意到了与上文的占有相联系的“合理的期待”。在对添附的讨论中，斯密同样使用了“理性的基础”和“适合理性的”（LJ（A），i，74）这样的说法。对这些的讨论见下文（pp. 136—137）。

[52] 尤其见讲义 No. 13，No. 16（pp. 63—68，80—83）。

[53] LRBL，81；LRBL，82.

[54] See，pp. 79—80，above；pp. 186—188，blow.

[55] 对于法律继承，见 LJ（A），i，90—148；LJ（B），155—164. 对于遗嘱继承，见 LJ（A），i，149，ii，I；LJ（B），164—169.

[56] LJ（A），i，90—92；LJ（B），155—156.

[57] See pp. 104—107.

[58] 参见 LJ（B），156：“由于父亲与儿子生活在一起，并且是他们所拥有的任何财产的共同取得者，当父亲去世时，孩子对财物有着共同的权利，这种权利并不是更多地由于子女与父亲的关系，而是更多地出于他们在取得这些财物上所付出的劳动。因此母亲和孩子将继续拥有这些财产。”以及安德森笔记，4：“孩子继承他们父亲的**无遗嘱**财物，依据的并非是亲子关系，而依据的是例如他们与他的财物之间的联系等等，他们是依据第二原则而继承。”而“第二原则”恰巧是我们上文注释［37］所引用的劳动者与旁观者原则。

[59] 参见上文注释［55］。

[60] 见 LJ (A), i, 104—115; LJ (B), 158—159.

[61] LJ (A), i, 150.

[62] LJ (B), 164.

[63] See p. 46, above.

[64] LJ (B), 165; LJ (A), i, 150—151.

[65] LJ (A), ii, 1—13; LJ (B), 169—171.

[66] See T. Ⅲ, ii, 4.

[67] See pp. 112—113, blow.

[68] 役权：LJ (A), ii, 14—19; LJ (B), 172—173. 质押：LJ (A), ii, 19—26; LJ (B), 173—174. 独占权：LJ (A), ii, 27—41; LJ (B), 174—175.

[69] LJ (A), ii, 28; 参见 LJ (B), 175.

[70] 参见 LJ (B), 175. 关于契约，见 LJ (A), ii, 41—84; LJ (B), 175—180. 准契约：LJ (A), ii, 85—88; LJ (B), 180—181. 违法行为：LJ (A), ii, 88—180; LJ (B), 181—201.

[71] 关于这一讨论，见 LJ (A), ii, 59—60.

[72] LJ (A), ii, 59.

[73] LJ (A), ii, 58—59.

[74] LJ (A), ii, 56. 参见 LJ (A), ii, 43—44; LJ (B), 175："由契约引起的履行责任是以从承诺产生的合理期待为基础的，这截然不同于仅仅是对意向的意思表示。"

[75] LJ (A), ii, 56—57.

[76] 关于斯密对于一般规则的讨论，见上文，pp. 61—62。关于休谟的理论，见上文，pp. 31—35。

[77] 实际的或者潜在的关联，参见他对"德性"的处理。

[78] LJ (A), ii, 46. 同样参见 LJ (A), ii, 48.

[79] "对契约的违反天然地是所有损害中之最弱者，因为我们天然地更多地依赖于我们所拥有的东西，而非他人所拥有的东西" [LJ (B), 176], "违反契约所构成的损害是可能的最轻微的损害；至少是一个人能够要求得到任何满意的赔偿所依据的最轻微的东西……一个人绝不会像仅仅依赖于他自己的意愿那样强烈地依赖于他人的仁慈或者依赖于他人的善意。旁观者不会认为他对拥有契约所许之物的期待有着如此充分地依据。" [LJ (A), ii, 44—45]

[80] LJ (A), ii, 57—58.

[81] Blow, pp. 173—174.

[82] Blow, p. 123.

[83] LJ (A), ii, 88. 关于违法行为，见 LJ (A), ii, 88—180; LJ (B), 181—201.

[84] 参见 LJ (B), 181.

[85] LJ (B), 181, 183.

[86] TMS, App. Ⅱ, p.390. 这一附录再印了早期手稿中的文本，并且包含了 D.D.Raphael 对此的一个极为有趣的讨论。

[87] 见 TMS 中的 Raphael, App. Ⅱ, p.393.

[88] LJ (B), 201.

[89] Blow, pp.174—175.

[90] Blow, pp.127—132.

[91] 关于人身保护状和保释，见 LJ (A), ii, 127—130, 133—135; LJ (B), 191.

[92] 参见 App. pp.88—89, above.

[93] 在 TMS, App. Ⅱ, p.394 中，Raphael 教授将这一问题视为是与正义理论中的一个一般难题相联系的，而这是由一个特定的例子（“哨兵的例子”）所引出的。然而，我并不相信这里存在着任何难题——见我在下文（pp.120—123）所提出的建议。

[94] Above, pp.87—89.

[95] 这一事例同样在 LJ (B), 182, 以及 WN, Ⅳ, viii, 17 中得到了使用。

[96] LJ (A), ii, 92, 以及 LJ (B), 182。哨兵的例子在 TMS, Ⅱ, ii, 3, §11 中同样被描述了，并且在那里有着进一步的重要性，如我们下文将会马上见到的。

[97] 斯密参考了“格老秀斯及其他作者（即普芬道夫）”。

[98] LJ (A), ii, 92—93.

[99] TMS, Ⅱ, ii, 3, §§7, 8. 在讲义中，斯密同样说过，格老秀斯的三个对效用的考虑“同样……无疑会有一种影响”。LJ (A), ii, 171.

[100] 关于斯密的权利的一般体系，参见表格 1 (p.105).

[101] Blow, pp.120—121.

[102] Blow, pp.127—132.

[103] 见 LJ (A), ii, 78 与 88; LJ (B), 181.

[104] 斯密关于对身体性损害的惩罚的讨论，见 LJ (A), ii, 94—127, 以及 LJ (B), 182—191.

[105] 斯密在 LJ (A), ii, 78 中参考了《人性论》，并在 ii, 88 中前后参照了这一点。

[106] 见上文（pp.64—66）对此的讨论。

[107] 见 TMS, Ⅱ, iii, 2, §§8—10; LJ (A), ii, 118—120; LJ (B), 188—189.

[108] “……就我所知，没有任何一个国家，在那里对犯罪的意图与实际实施犯罪给予同样的惩罚。受损害的一方的憎恶不是……那么巨大；而基于此……对犯罪的惩罚得以建立。”[LJ (A), ii, 175] 见 LJ (A), ii, 174—

177; LJ (B), 201; TMS, Ⅱ, iii, 2, §8. 斯密将此视为对他的理论的一个确证，以及针对格老秀斯和普芬道夫的一个进一步的论辩，即他能够解释法律的这一特征：以效用的视角来看，一个试图犯罪的人需要的只不过是与成功犯罪的人同样的纠正和阻止。

[109] LJ (A), ii, 94—114, 以及 LJ (B), 182—194. 通过对犯罪的惩罚与在 LJ (A), ii, 144—174 以及 LJ (B), 194—200 中出现的对"财产"权的侵犯的惩罚的比较。

[110] 这就是为什么这些权利要求更多的直接解释的原因："最初表现的并不明显，举例来说，适合于我的任何一种东西可能同样、或者更好地适合于他人，该物应该排他性地专属于我仅仅是因为我在它上面加诸了我的力量。" [LJ (A), i, 25]

[111] Above, pp. 113—114.

[112] Above, pp. 93—98.

[113] 参见早期手稿中相应的段落："在某些情况下确实，我们仅仅是从一种一般的社会利益的视角来惩罚的……我们设想，除了这些惩罚，社会利益无法得到支持。例如，军纪所规定的惩罚都是由这样的动机造成的。" (TMS, App. Ⅱ, P. 389).

[114] LJ (A), ii, 92; TMS, Ⅱ, Ⅱ, 3, §11. 除了这两处，哨兵的例子还出现在 LJ (B), 182; 以及早期手稿 TMS, App. Ⅱ, p. 389.

[115] 见 LJ (A), ii, 91—92; LJ (B), 182; WN, iv, viii, 17.

[116] 见 WN, v, ii, k. 64.

[117] 参见 LJ (B), 343.

[118] TMS, Ⅱ, ii, 3, §11.

[119] LJ (A), ii, 91.

[120] 见 WN, v, ii, k. 64.

[121] TMS, Ⅱ, ii, I, §8.

[122] Above, pp. 94—95.

[123] TMS, Ⅱ, ii, 3, §11. 在 LJ (A), ii, 92 中，他甚至更加犹豫了："我们可能也许会赞同，为了少数人的安全而对一个人的牺牲。"（在《道德情操论》中以及早期手稿中，更加精确，分别是"大多数"和"数千的"）

[124] 关于税法，同样参见 WN, v, ii, k, esp. pp. 64, 75.

[125] Above, pp. 93—94.

[126] 例如海军条例 (Navigation Act)：见 WN, iv, ii, 24—30.

[127] 例如家庭法的某些部分；blow, pp. 124—125.

[128] 见 WN, v, i, f. 61。同样参见 (pp. 93—94)，以及 Donald Winch, *Adam Smith's Politics*, pp. 103—120.

[129] 见 WN, v, i, f. 61.

[130] Raphael 教授主张，斯密对这一表达的使用是对他在哨兵事例中

所遇到的难题的确证。在 Raphael 的解释中，这一事例构成了斯密的一般惩罚理论的一个功利主义的例外。然而，Raphael 把惩罚理论与正义的法律与警察法之间的区别联系起来，而因此他没有看到这两种惩罚体系之间的体系性的差别。Raphael 的非常完整的讨论见 TMS，App. Ⅱ，P. 389（在这里，比之于对哨兵的惩罚，“没有什么是更正当的了”），以及 LJ（B），182（在这里，仅仅是“正当”）。

[131] LJ（B），343. 这可能并不意味着什么，即在《道德情操论》的段落中，同样是这个**必要性**，促使斯密暂时性地扩展了他的正义概念（TMS，Ⅱ，ii，3，§11）。

[132] LJ（A），ii，158. See LJ（A），ii，158—160；LJ（B），197—198.

[133] 斯密只提到了两个其他的例子：隐私，在这种情况下，除了对它进行保护，强制实施任何其他的法律必要性都是不可能的［LJ（A），ii，156］；和历史上的一个关于盗窃的例子，尽管这里真正的基本原理似乎是一致性的法律价值［LJ（A），ii，150—151］。

[134] Above，pp. 113—114.

[135] LJ（B），179；LJ（A），ii，49.

[136] 对于这些中的每一种情况，见 LJ（A），iii，1—7，78—87，87—147；LJ（B），101—126，126—130，130—148.

[137] 见 LJ（A），iii，15—16；LJ（B），102—103. 在 LJ（A）中，斯密只处理了与离婚相联系的忠诚。同样参见 TMS，Ⅶ，iv，21：“对贞洁规则的违反……在所有更加重大的事例中，都是对正义的规则的实际的违反。”

[138] 见 LJ（A），iii，16. 在很多方面这都是典型的，而斯密应该把他的解释保留在对情境的解释上，而非用在对神职人员的品质的解释上。

[139] LJ（A），iii，16；LJ（B），148.

[140] LJ（B），112；LJ（A），iii，23—25.

[141] 见 LJ（A），iii，23—48（pp. 48—52 的概括）；LJ（B），111—117.

[142] LJ（A），ii，23—24；LJ（B），111—112.

[143] 见 LJ（A），iii，24.

[144] 见 LJ（A），iii，50.

[145] 见 LJ（A），iii，58—69；LJ（B），120—123。斯密同样对婚姻对于双方的财产权的影响给出了一个简短的，描述性的解释：LJ（A），iii，52—58；LJ（B），118—120.

[146] LJ（A），iii，58—59；LJ（B），121. 但是即使在这里，斯密无论如何还是找到了一个来自于“迷信的谵妄”的例外：LJ（A），iii，60.

[147] LJ（A），iii，59—60；LJ（B），121.

[148] LJ（A），iii，66. 事实上在手稿中，“自然的”下面是一片空白，但是编辑者猜测，从上下文来看，非常显而易见，这里暗示的是该“法律”。

[149] LJ (B), 122。通过“政治的视角”, 斯密意图关注公共秩序。

[150] LJ (A), iii, 61—62. 这可能是意味深长的, 对理性的单独援引发生在对前面的讲义的概括当中。

[151] LJ (A), iii, 63—64; LJ (B), 121. 这里同样有着一些轻微的模糊不清: 与 LJ (A), iii, 63, 66 (的结尾处) 形成了对照。

[152] LJ (B), 122—133; LJ (A), iii, 66—69. 斯密根据犹太习俗对《利未记》(*Leviticus*, 基督教圣经《旧约全书》中的一卷) 18: 18 所作的注释格外令人难以捉摸。LJ (A), iii, 67.

[153] TMS, Ⅱ, ii, I, §8. 父母与子女之间的关系在 LJ (A), iii, 78—87, 以及 LJ (B), 126—130 中得到了处理。

[154] LJ (A), iii, 86.

[155] Ibid.

[156] LJ (B), 145. 在 LJ (A) 的报告中, 没有关于对当时在这一领域中的法律原则的特殊讨论。

[157] 见 LJ (B), 145—146. 斯密同样提到了学徒关系中的相互责任。

[158] 见下文第 7 章。(pp. 176—177) 斯密在 LJ (A), iii, 87—147, 以及 LJ (B), 130—145 中讨论了奴隶制。

[159] LJ (A), v, 54—86 以及 LJ (B), 78—86 中处理了前者; 而后者在 LJ (A), v, 102—109 和 LJ (B), 91—99 中得到处理。

[160] 或者包括了贵族制的和民主制的政府。

[161] LJ (A), v, 54; LJ (B), 79.

[162] LJ (A), v, 59; 参见 LJ (A), v, 60 和 LJ (B), 79.

[163] 参见 LJ (A), v, 57 中, 在一个共和政体中对叛国罪和普通犯罪的有趣对比: 当共和国的公民参与到叛国活动中的时候, “他把他自己置于了人民的权威和法律的权威之上。尽管一个谋杀者违反了法律, 但他并没有把他自己置于法律和人民之上, 但是一个通过**某种权威** (authority) 把另一人致死的人则显然这样做了” (我标注的黑体)。

[164] TMS, Ⅱ, Ⅲ, 2, §4.

[165] LJ (A), v, 62, 63; LJ (B), 80. 尽管在《道德情操论》中, 当斯密表达这一观点的时候, 他心中显然想的是一个君主制的国家, 而在 LJ (A) 的讲座报告中他的规定被普遍化了, 所以它同样可以涵盖共和形式的政府。这是一个非常有趣的细节, 因为斯密在讨论英国——一个“混合的”政府——关于叛国罪的特殊法律时, 给出了一般性的观点。“在对私人的伤害中, 公权只是以同情的方式介入, 但是在统治者惩罚针对他们自己的伤害、以及因此对公权的伤害的时候, 对他们的惩罚要远比对那些对个人的伤害的惩罚严重得多。” [LJ (A), v, 62]

[166] 见 LJ (A), v, 72—73.

[167] LJ (A), v, 61—64; LJ (B), 80—81.

[168] Blow, pp. 145—146.

[169] 见 LJ (A), v, 102—149; 以及 LJ (B), 91—99.

[170] 见 LJ (A), v, 102—104; 以及 LJ (B), 91.

[171] 见 LJ (A), v, 103—104.

[172] 见 LJ (A), v, 104—111; 以及 LJ (B), 92—93.

[173] 关于权威, 见 LJ (A), v, 119—120, 以及 129—132; LJ (B), 12—13, 93。关于效用, 见 LJ (A), v, 120—122, 以及 129—132; LJ (B), 13—14, 93。

[174] 这是斯密著名的阶层区分理论的基础。见 TMS, I, iii, 2.

[175] 这一学说以不同的方式出现在 WN, v, i, b. 4—8; LJ (A), v, 129; LJ (B), 12. 而涉及第一种品质, 同样见 LRBL, 168.

[176] LJ (A), v, 123—124; LJ (B), 14—15.

[177] LJ (A), v, 120.

[178] LJ (A), v, 123—124; LJ (B), 14—15.

[179] LJ (A), v, 122; LJ (B), 93.

[180] LJ (A), v, 132.

[181] 见 LJ (A), v, 114—119; 127—128; 134—128; LJ (B), 15—18; 93—96. 除了洛克, 斯密同样提到了 Sidney [LJ (A), v, 114], 以及如其他编辑者所指出的, 在对他同意观念的一些更特殊的批评里, 他同样考虑了普芬道夫、Cocceius 和哈奇森。[LJ (A), v, 135—138; LJ (B), 95—96]

[182] 尤其见他对如下假定的必要性的反对的论辩: 对税收、割让领土以及对继承的顺序的改变的反对。LJ (A), v, 134—138; LJ (B), 94—95.

[183] LJ (A), v, 125. 斯密关于抵抗权的观点可见 LJ (A), v, 124—127, 132—134; LJ (B), 93, 94.

[184] LJ (A), v, 126.

[185] LJ (A), v, 140. 参见 LJ (A), v, 102—103: "不存在……对统治者的权威统治者。" [LJ (A), v, 113—114: "在任何存在着统治者的地方, 根据事物的切实本性, 这种权力必须是绝对的; 而不存在通常地建立起来的要求统治权得到说明的常规权力。" LJ (B), 91]

[186] LJ (B), 91.

[187] 对于斯密对分权的一般处理, 见 LJ (A), v, 104—111, 138, 141—142; LJ (B), 92—93, 96. 以及参见 WN, v, i, b. 25, 以及 LRBL, 170.

[188] LJ (B), 98.

[189] 参见 LJ (B), 96.

[190] 例如, 见 LJ (A), v, 138: "关于在其中最高权力被分配于不

同的人们之间的政府中，对于确定任何人在何时超越了他的权力限制并不存在很大的困难。”

[191] 见 WN，v，i，f.61.

[192] 关于斯密的政治理论的这一方面的讨论，见 Winch，*Adam Smith's Politics*，pp.168—171.

[193] WN，v，i，f.61.

[194] Above，pp.91—93.

[195] 关于历史的和地理方面，见下文（pp.170—171）。

[196] 对此的一个更加细节化的讨论，见 Forbes，“Sceptical Whiggism，commerce，and liberty”，pp.187—191.

[197] LJ（A），v，15，108—111；LJ（B），92—93.

[198] Blow，pp.148—149.

[199] 参见 LJ（A），v，113：“问题是，什么时候反对国王或者议会的权力是合法的或者可被允许的。他们永远不可能想到去制定任何可以告知我们如下内容的法律，即什么时候他们超越了这样或者那样的限制，人们可以不受服从之约束而可以反抗了。”

[200] LJ（A），v，102.

[201] LJ（B），339；参见 LJ（A），v，102.斯密在 LJ（B），339—358中同情性地处理了国际法。LJ（A）中不完整的笔记并没有涵盖他的讲座的这一部分。

[202] TMS，Ⅲ，3，§39.

[203] TMS，VI，ii，2，§3；TMS，Ⅲ，3，§39 以及 VI，ii，2，§§3—5 是对 LJ（B）中关于国际法的内容的重要补充。

[204] 斯密在与公民权相联系的公法之下处理了这一问题：LJ（A），v，86—102；LJ（B），89—91.

[205] 斯密在 LJ（B），340—341，342—350 中分别讨论了这两个问题。他同样考虑了好战的国家与中立的国家之间的关系，以及大使的地位问题［LJ（B），351—352，353—358］。对后者的讨论非常有趣，因为那里强调了在商业社会之间维持贸易关系的外交使命的必要性，以及——至少是——因为这种讨论展示了斯密的国际视野的程度。

[206] LJ（B），340.这一般规则的唯一例外是，对准契约权利的违反作为能够提供一个将战争正当化的理由的损害，是不够清楚的。LJ（B），341.

[207] LJ（B），342.

[208] LJ（B），343：“这根据所谓的正义与公平是无论如何都无法被找到的。它依据必定的是必要性，而必要性在这种情况下确实是正义的一部分。”在这一语境中，斯密批评了弗兰西斯·哈奇森所提出的如下理论：如果一个战争是由一个政府对另一个国家所作出的伤害而正当地被激起的，那么把这一国家的所有公民个人都视为是敌人就是正当的，因为可以假定，他

们对他们的政府作出的这种损害行为给与了默示同意，只要他们还没有推翻这一政府。斯密对此的批评仅仅是，如果这有着任何法学上的依据，那么就应该存在着一个规则的、良好地建立起来的抵抗权——而这种权利实际上是不存在的。(pp. 129—130, above)

[209] LJ (B), 345.

[210] LJ (B), 344. TMS, VI, ii, 2, §3.

[211] TMS, Ⅲ, 3, §42.

[212] Ibid.

[213] Ibid.

6

斯密的批判的法理学

6.1 引言

在《道德情操论》和《法理学讲义》中，占支配地位的方法是描述性的。我们被告知，人们认为道德上正确的东西和法律认为的非正义的东西，并非**是**正确的或者非正义的。这曾经使得一个评论者对此作出了以下结论，“这样解释亚当·斯密是可能的，即，他根本没有作出任何的伦理学叙述，也就是说，他仅仅是作为一个道德心理学者，来进行对赞同、不赞同的行为的分析和解释的。”[1] 另一个评论者同意“这是对道德情操论的正确解释（前提是‘心理学者’这一术语并不排除一种社会学的方法）”。[2] 根据这种观点，斯密作为一个道德科学家，告诉人们什么是正确、什么是错误从来就不是他的意图的一部分。至于他所引入的他自己的评价，从根本上说是处于一种沉思水平的，在那里他与少数几个有着与他有同样能力的哲学家、立法者和科学家一道，试图在人类的道德事务方面，采取一种上帝之眼（God's-eyed）的视角——这意味着在人类社会生活方面采取这样的视角。从这种被抬高的优势的角度出发，斯密将依据其效用来判断任何事物，同时钦羡着上帝创制的保证人类的基本幸福的宇宙基本秩序的方式。在工作日里这种秩序为科学家提供了他们的解释任务，而在休息日这种秩序则作为沉思的功利主义者钦羡的对象而存在。不论何时，当功利主义者察觉了这种秩序偏离了所欲求的、用来促进人类幸福的东西的时候，科学家总是试图校正它。“效用……对于斯密来说，在非常大的程度上，是**那个**元—原则（metaprinciple)。”[3]

斯密的效用概念不能被视为是任何边沁意义上的一致的幸福[4]，但即使没有这一点，这仍然是一个有趣的解释。这意味着，只要斯密有着全部评价性的意图，他就是出离于他主要的关切，即一种科学的解释的东西之外的。这还进一步意味着，如果斯密的评价标准不是功利主义的，那么它就是伴随着体系性的知识的“审美”愉悦。[5] 看来，毫无疑问，在一种纯粹智性的水平上，斯密是在以这种方式“审美地”评价，并且会以这种标准来衡量自己的道德体系。问题是，这 135
种视角倾向于使行动世界（world of action）体系的**内容**的直接的规范性的重要性（direct normative significance）变得模糊了。正如在我们第一次停下来考虑这个基本问题时我所辩称的[6]，对不偏私的旁观者的描述是一种对于标准（criteria）的描述，这种标准是人类在决定一个行动或者品质在道德上是否是有价值的时候必定会使用的。可以说，这一论证与先验形式的论证有着共同之处，即阐明了对于道德判断来说是绝对必要的条件的原则，以及至少有一些形式的道德判断的存在和功能是经验事实的问题。如果我们以这种方式来理解斯密，他的道德科学就确实呈现出一种真正的规范性的重要性。因为，尽管不偏私的旁观者并没有为我们提供积极的道德规则，但是旁观者原则确实向我们表明了道德判断是如何能够被批判性地讨论和检验的。那些与不偏私的旁观者所表现出来的原则不相符合的、至少在当时的情况下不相符合的原则被废弃了。斯密的理论不是一系列基本的道德教条，也不是对于如何构建这些教条的一种描述。与此相反，这种理论以一种道德生活的存在为前提；但是为了在这种道德生活的内部进行讨论，它将这些原则具体化了。通过提出这样的原则，斯密的道德科学不仅仅成为了一种科学，还成为了一种批判工具。斯密的科学的这一方面具有极大的重要性——不仅仅是为了对那个被称之为法理学的分支得到一个全面的理解。

为了解释这一点，首先，我将带着对于法律的特殊关注，全面地纵览一下旁观者原则；其次，我将展示这些原则是如何在具体的法律批判中得到运用的；而最后，我将讨论批判的法理学的整个方案，斯密只是概括出了这一方案，但是从未将其完成。

6.2 法律推理

是什么给予了斯密的理论以一致性的是旁观者的方法。前一章已经详细地展示了法律体系是如何从一个旁观者的观点得到分析的，并且，正如一个人将会期待的那样，斯密的法理学讲义的语言被来自旁观者理论的表达充斥着。因此，我们并没有听到在一个特定的时代，事情是怎样的，而是作为替代，我们被告知了事情是怎样**构思**的或者怎样**被看待**的。行动有一个**表面上的**或者**明显的合宜性**或者**不合宜性**，而人们能够或者不能**赞同**它们或者**体谅**它们的动机。然而，斯密对法律的讨论不仅仅出现了实际的旁观者，同样还有不偏私的旁观者。除了不偏私的旁观者的行动的直接证据，讨论中所使用的语言同样反映了他的存在。因此我们得悉了，作为**自然的**与**非自然的**规范和价值，它们来**自于自然**或者恰恰**与自然相反**。此外，自然的是与理性的相联系的，因此是**自然与理性在规定**；存在着**自然理性的法律**；因此规则或多或少地对于**理性**来说是**可接受
136 的**，对此斯密只采用了很少的例子。有趣的是，在他的讲座当中，斯密是如此地乐于谈论理性以及法律原则中的合乎理性的东西，因为这种讨论强烈地表明了，在他的伦理学当中，他与理性主义间的争辩范围是多么窄。他显然同意关于所有评价的起源情感主义理论，但是，旁观者的方法意味着强调的主要重点是关于给予了评价以具体形式的过程。这种方法的核心是同情机制，而其过程采用了“纠正性的”同情，因此它成为了不偏私的旁观者的同情，这种同情可能会被命名为实践推理。于是，法律可以被视为这样一个领域，在这里评价被给予了一种非常重要的形式，而法律推理可以被视为是不偏私的旁观者的实践推理。当我们想起不偏私的旁观者的特征与法官的特征之间的密切关联时，这种对于斯密的理解就更为有趣了——这种关联是如此的接近，以至于这样做必定是有趣的，即思考关于斯密的法律研究对于他的不偏私的旁观者观念的形成和发展所可能有的影响。在道德术语与法律术语之间没有明显的差异。旁观者是一个“不偏私的法官”，而“治安法官……按照一个不偏私的旁观者的特征来行动”。[7] 这比其他的理解更加使得这一点成为明显的，是将

不偏私的旁观者所采用的实践推理看成同时也是法律推理的原则。

自然地，这些原则中最为明显的是关于不偏私性的原则，这一原则实际上意味着一个普遍性的原则。不偏私的旁观者所赞同的是所有人都能够赞同的东西——如果他们被适当地告知了情况。换言之，这是作为一个一般性的原则所可能的。而对于已经解释过了的理性来说，这样的规则在涉及正义的消极德性时可以被非常容易地建立起来。这种普遍性的观念的含义是，正义的规则必须适用于相似情境的所有相关方面。这既影响了判例法也影响了成文法。在涉及前者的情况下，“很显然，在对先例的援引中，越是人们对现有的案件的所有条件都直接同意的，就是越好的先例。”[8] 而成文法是“统治者颁布的，用以指导他的国民的行动的一般规则”；它们是“约束国民自身、他们的后代，以及那些不愿意遵守它们的人的规则”。[9] 与普遍性的要求密切相关的是两个另外的要求，我们可以称之为一致性（consistency）和连贯性（coherence）。不偏私的旁观者的判断的一个基本要求必定是，这个判断不能与他将会作出的其他任何判断相矛盾，而另一个要求则是，这个判断所导致的行为与依据该旁观者的判断而作出 137
的其他行为必须是连贯的——它们必须构成一种合理的行为模式。当然，在非常多的情况下，这两种原则达到的是同样的东西，因为不连贯的行为倾向于依据不一致的判断而作出的。因此，一旦一个社会已经承认了对于动物的私有财产权，那么不认为这给予了对于从这种动物那里得到的后代、牛奶等类似的权利是没有意义的。但是，不承认对动物后代及其赘生物等的所有权，不仅仅看起来是一种武断的行为方式；并且，在某种意义上，既然动物和其后代以及牛奶都是出于这个人权力之内的东西，这就与旁观者对一个人所有物的所有权权利的认同，即对所有者权力的认同将会不一致。这是通过添附而取得所有权的基础，由于其被使用在不同的语境之下，这一基础变得越来越复杂，尤其由于所有权扩展了至越来越多的领域，特别是土地。这两个要求的一致性似乎一般都适当地发生于法律内部，但是连贯性的要求在决定法律与一般道德、传统等的模糊的关系时，能够更加独立地起作用。因此，尽管法律没有认为遗嘱是一种继承所有权的有效方法，其中可能并不包含任何的矛盾，但是，一旦“人性”（humanity）变得这样完善了，以至于在一个社会中对于刚刚死去的人的意愿有着一种一般性的尊重，法律的这种规定就没有任何意义了。[10]

一旦这些正式的原则被加之于消极性的首要地位这一基本原则之上，我们就拥有了那种与对法律的讨论相关的标准。[11] 在这里，被概括出来的原则实际上无非是从斯密的具体讨论中提取出来的抽象物，而只有当这两种原则都被放回到它们自己的语境中时，它们的全部意义和重要性才会变得清楚起来。自然地，这种语境必定是某一给定国家中的特定法律分支的状况，以及这种法律分支发展出的某一个特定的点上的状况，而这是一个关于法律的历史问题。正如一般而言，对于不偏私的旁观者的判断除非放在其特定的语境之下，否则不能被理解一样，法律批判也只有在一个特定的历史语境之下才能够被理解。因此，在斯密的法理学批判方面和历史方面有着一个密切的和必要的联系，而由于后者表明了法律体系的不同部分是如何被实际的旁观者所发展的，我们看到了分析的或者体系性方面是如何与其他两个方面联系在一起的。然而，在我们查看在学生笔记中所报告的讲义时，历史的和分析的方法占据了统治性的地位。它们并不想作为体系性的法律改革的一个计划——它们怎么可能是那样呢？——但是，对法律的基本原则的一个介绍又是这样的。尽管如此，讲义的通篇存在着大量的例子，这些例子是关于斯密会如何使用自然正义的检验去批判现有法律的。当然，他在《国富论》中对于经济方面各种立法的批判有着类似的法理学意义，而与它们在经济和社会方面的意义相去颇远。而涉及讲座笔记，我们必
138 须同样记得，这更多地是一种观念的列举，而并非是一个论证——它自然地就应该是这样——而在某种程度上，斯密的实际推理被记录下来，这是我们的好运气。但是即便同意了这一点，我们还是可以看到，在他的理论中的、斯密对很多不同领域的法律的改革意图。

6.3 法律批判

《国富论》是一个对“性质和原因”(nature and cause) 的研究，而只要人们的行动位列于“原因”中，它们就会因其因果效力而被评价。然而，纵观这本著作，一种很强的法理学背景是极为明显的，

根据这一点，依照自然正义来评价人们的行动是可能的。斯密之论证的批判性方面的复合结构通过他对于对手工业者和农民所施加的各种限制的指责被清楚地表现出来了：“这两种法律都显然是对自然自由的扭曲，因此是非正义的；并且它们都与其非正义的程度一样，过于失策了。”[12] 与此同时，这一段还表明了斯密在《国富论》中的法理学批判的主要目标，即对私法范围内的最基本的权利之一的侵害，那就是个人自由。这是说，普通人从事他们想做的工作和到他们想要去工作的地方工作的自由，并不应该比商人和手工业者到他们想去的地方去经营的自由少。这就是为什么斯密谴责压榨性的学徒关系法；它们不仅仅是有害的，并且“不论是对于工人，还是对于那些可能倾向于雇用他们的人的正当自由来说，都是一种巨大的侵害”。[13] 依据同样的精神，斯密批评了居留法（Law of Settlement）：“将一个没有犯下任何不法行为的人驱离他自己选择的居住区域，是一种对自然自由和正义的明显的违反。”[14] 几乎与之相同的批评也用在针对那些想要在海外开展他们的贸易的“工匠”的限制上：“去遵守……是不必要的，这些规定与被夸耀的、我们对其感到如此艳羡的国民的自由是何等的相悖；但是在这种情况下，这种自由却为了我们的商人和工厂主们的无关紧要的利益而如此明显地牺牲了。”[15] 斯密对所有法律的类似批评：“我们的那些商人和工厂主们为着他们荒谬而压榨性的垄断，以其嚣叫疾呼而从立法机关处所逼取而来的某些法条，”这些批评是众所周知的，因而无须过多的评论了，“如同德拉古的法律，这些法律可以说完全是用鲜血写就的”。[16] 而理由是明显的：“在任何程度上伤害任何一个阶层里的公民利益，为的是增进另外一些人的利益的目的而非任何其他，这是与正义和统治者所负有的平等对待所有不同阶层国民的义务明显相悖的。”[17]

用这里所采用的视角，来充分地处理私法在自然权利领域的另 139
一个重大的问题——奴隶制问题，是非常困难的。这又一次涉及的是对个人自由的侵害，而斯密对此的谴责态度是毫无疑问的。他把奴隶制称之为是“所有状态中之最可鄙的”，在那种制度中，人们“像牲口一样，被出售给市场上出价最高的人”——这种命运与彻底的毁灭同样残忍。[18] 同样，他在最一般意义上谈论“奴隶制的不幸法律”，并声言到，“非常显然，奴隶制的状态必定对于奴隶自身来说是最为不幸的。对此我几乎不需要证明，尽管一些作家曾经声称对此是存疑的”[19]。但问题是，我们并没有斯密依据自然正义而对此进行的直接批评的记录，尽管他对此的立场是清楚的。相反，斯密把他所有的注意力都用来解释这种卑鄙的实践行为是如何在人类历史上变得如此流行的——以此去驳斥奴隶制经济。这种假定的犬儒主义有着非常重要的意义。斯密的论证在本质上是，尽管奴隶制是这样一种明显糟糕的经济制度[20]，然而它绝不是这种情况，即“这恐怕对于人类来说是自然的、对于统治他人和权威的热爱”，这种热爱使情况接近于，人类社会绝不可能避免奴隶制。[21] 实际上，只是一系列历史上的巧合，导致了奴隶制在“欧洲的一个角落”被废止了。[22] 如果我们此时无视这一点，那么一个奴隶所能够希望的最好的情况就是生活在一个绝对君主制的国家里，因为尽管这样的政府没有强大到足以废除奴隶制，但通常来说，它强大到了“甚至可以干涉个人对其私有财产的管理”的程度，并且对于奴隶，许多君主依据“一般的人性，自然地倾向”而大大地改善了奴隶的生活。但是在共和制政府的情况下，这样做是非常困难的，因为在那里“制定所有法律的人……是那些自己就拥有奴隶的人”。因此，为了奴隶的利益而对个人事务进行任何的干涉都是极端困难的、或者是根本不可能的——除非奴隶制被废除了。[23] 这可能是斯密（追随休谟）对于这两种自由之间显著区分的一个最生动的解释，即意味着政治的大众参与的政治自由，与意味着正义的法律对个人自由保护的个人自由之间的区分。如果一个政治上自由的社会中有奴隶，那么正是这种自由，导致了对奴隶的人生自由的最为严重的压迫；而正是由于这种政治自由的缺位，可以导致一个被任意地统治的社会可能在最小的意义上维护奴隶的自然权利。而这是斯密的同时代者不仅仅通过历史就可以得到的教训，这个教训也可以从他们自己的产糖殖民地的状态与绝对君主制的法国之间的对比而得出。[24]

140 然而，这一论证的有趣之处还不止于此，因为它清楚地表明了，即便在人们最基本的权利之间，也不存在自动的和谐。奴隶制构成了这样的问题，是由于一个人的个人自由权利与另一个人的所有权权利之间的矛盾。我们现在可以看到，由于前者具有优先性，因此当这两者发生冲突的时候，即所有权权利主张的对象是人的时

候，后者根本就不是一种权利。但是，在我们达到这样一种不偏私的状态之前，人类的许多世代不得不学习对个人在人性方面的尊重；在这种不偏私的状态中，我们通常认为对人性方面的损害要远比对所有权的损害严重得多。而在一个政府能够根据这种不偏私的视角来行动、在这两种权利之间施予正当的优先性之前，这首先要求它有着非常强大的力量。[25] 政府的力量与正义的可能性之间的关联是我们将会回过头来讨论的主题，但是，在这里把这一主题与斯密关于奴隶制的讨论联系起来是有用的，因为这与该讨论中的一些进一步观点是有一贯性的。

斯密对于奴隶制在一个政治自由的社会里的存续是由于奴隶主对政府的影响的结果的论证，与他的另一个关于下面这种危险的论证极其相似，这个论证是，在一个像英国这样的商业社会中，既得利益者对于政府的影响可能会损害较低阶层的利益。当斯密继续论辩到这一点的时候，这种相似性成为了一种比较，即，奴隶制的状态只有在这种情况下才是可以容忍的，当那些奴隶的主人的情况并没有多少改善的余地时；否则，通过同情机制的整个社会交流就会崩溃。[26] 这个论证同样也是斯密的这一希望背后的原因，即斯密希望在一个商业社会里，有一个阶层之间的渐变的阶梯。[27] 但是，尽管一个保有奴隶制的社会中的社会关系的紧密性只有这样才能被维系，即这个社会保持贫穷和“野蛮”，但是，这在一个自由人的社会中是可以被达成的，即不同阶层之间的差距被维持在一个很小的状态，尽管在最低阶层与最高阶层之间的差距可能是非常大的。但是，这种情况的条件是，“利益”被保持距离，并确保阶层之间的可变性——而这种负担成为对正义的一种强有力的维护。因此，斯密在处理奴隶制时表面上的犬儒主义的意义是，为了把在任何社会中的、对穷人的保护放到一个更宽广的视角里：既然有着既得利益对政府的影响，那么这就是一个有着这样的重大性的问题——从自然权利到个人自由的直接论证似乎远不如从正义的一般体系的有效性到个人自由的间接论证更为有效。

斯密对自然权利到个人自由这系列一重大问题的讨论例证了他的法理学中的批判性关切的深度。他对关于“财产权利”法律的不同部分所做的批判性评论，向我们展示了这种关注背后的旁观者推理类型。在许多方面，最好的例子是斯密对于所有那些与权利相关的法律地位的讨论，这种讨论即便在所有权已经被“延伸到几乎所有的对象”，例如“野兽”和“海里和河里的鱼”的时候，也“必须依据公平的规则而保持着公共性”。[28]“封建政府的暴政和人类的自然倾向是人们向低于他们地位的人榨取一切……以某种方式使得这
141 些东西成为所有权的对象”，而这种情况在人类历史上曾依据各种不同的成文法在持续发生着。[29] 但是，斯密说道，既然**每个人**都可以猎取这样的动物而没有造成对任何人的**损害**，那么“这种宪法在公平方面就没有被给出的理由”。[30] 进一步说，这样的成文法对于我们的所有权法律来说毫无意义，因为所有权的一般规定不适用于这样的动物：“它们不在我们的权力控制之内，它们也不能被认为是属于某种财产的附庸，因为它们总是在变换栖息地，但是，对于所有人来说它们应该都是共有的。”[31] 所以，不管出于何种理由而对于“较低阶层的人们”在这些上面给予了限制，“真正的理由是……高位者狩猎的兴趣以及，他们想要从较低阶层的人们（例如穷人）手中榨尽他们所有的一切的自然倾向”。[32] 继而同样的推理被扩展至对漂流物（waifs）和无主埋藏物（treasure trove）的免税权（franchise），并且这样的推理被用来支持海洋自由。[33]

现在转到讨论通过继承而获得的所有权，我们发现，斯密对于土地继承的法律批判是建立在一个非常类似的基础之上的。长子继承和限定继承的强制实施开始于封建时代，从此在很大程度上成为了法律体系的一部分。在法理学讲义中和《国富论》中，斯密都用了较大的篇幅来展示什么是“最初引起这些的条件，以及其中哪些条件可以单独地就可以使这两种继承为合理的”。[34] 但是，无论在一个时代中，这一点在政治上的必要性何在，毫无疑问的是，这些安排过去是、现在也是“与自然、理性和正义相悖的”。[35] 涉及长子继承制，它所依据的原则是与一个不偏私的旁观者的原则完全背离的，因为“自然法的继承原则是在一个家庭的所有子女间来分配（土地），就像分配（动产）一样”。[36] 而涉及限定继承：

> 目前欧洲的情况是，当较小的以及同样较大的地产从它们国家的法律中得到保护的时候，没有什么比这更彻底的荒谬

了。这些法律建立的基础，即假定人们的每一代继承人对于土地以及土地所有的衍生物没有平等的权利，是所有假定中之至为荒谬的。(WN, III, ii, 6)[37]

我认为，这种关于对土地所有权权利的洛克式陈述的基础在于一个非常非洛克式的论证。限定继承的原则显然地与我们的所有权法的一般基础相背离。所有权法建立在旁观者赞同的基础上，而经过几代人的加工，它们被确定为占有、添附和时效的法律；但是，旁观者只在活着的人中起作用，所以土地属于每一代人“的全体，与他们的先人在他们的时代是一样的”。[38] 旁观者能够超出在世者的范围的唯一途径是，当一个人刚刚死亡而他的记忆还是鲜活的时候。那么：

我们仿佛进入了他已死的躯体，并且设想我们活着的灵魂 142
将会怎样感受，就好像它们加入了他的躯体一样，而如果我们看到我们最后的命令没有被履行，将会使我们何等地沮丧。这种情感自然地使人们倾向于把所有权扩展至比一个人的生命稍长一些。[LJ (B), 165][39]

这种对死者的虔敬是遗嘱继承的基础，而通过类比性的扩展产生了限定继承。[40] 这种扩展在很大程度上是由于基督教的死者的灵魂继续存在的信条所影响。[41] 但是，这显然是一个**错误的**类比，这种类比使限定继承的原则与遗嘱继承的法律相背离，遗嘱继承的法律是建立在旁观者对刚刚死去之人意愿的同情的基础上的。这种同情不能自然地被假定为是关于任何人的，而是“那些与他生活在同时的人”的同情。[42] 超出这一点则是在向法律引入一种完全武断的因素，而这种因素对于那些能够在这一领域里指导我们的行为的原则变得毫无意义了。

最后，我应该乐于从物权领域的法律出发，指出斯密处理独占权的方式。他首先指出了“它们中的一些”是如何“建立在自然理性的基础上的”，并且对这都给出了一个清楚的旁观者的解释。但是他继续说道：“独占权……最重要的部分，是国家的民事法律构建的成果。”[43] 而这种构建的基础只能是公共效用，并且是“一些足够无害的”构建，例如专利和版权的时间限制。“但是很少有如此无害的构建。特别是所有的垄断，它们是极其有害的。”[44] 换言之，它们假设的逻辑依据是不存在的，因此这些权利并没有在“自然理性”上的基础，它们是应该受到谴责的。

斯密对于惩罚法的批判，是既把它们作为正义的法律，同时也将其作为警务的法律来批判的。在前者的领域中，斯密清楚地列出了三个例子，即那些侮辱（名誉权）、盗窃（所有权）和各种犯罪起诉期的限期。与对侮辱的惩罚有关的法律在很早的时候就落后于社会的一般发展了。到那时为止，对这样的犯罪还只是处以很小数额的金钱上的罚金，但是在“那些已经有了荣誉法的国家”，这是根本不充分的，因为在那里，对荣誉的侮辱被视为是极大的伤害。如果法律没有认可荣誉对于人们状况的全部重要性，那么就几乎没有机会能够达到一个对于“完全从荣誉的新概念出发的、这样的侮辱所引起的损害”的不偏私的旁观者立场。“因此，这种根据我们的法律对这些侮辱进行的微小惩罚……被认为是一种不充分的法律（deficientia juris）”，而这已经导致了实践中恐怖的决斗。“因为当法律没有以某种方式给予这种损害以充分的补偿时，人们会认为他们自己被赋予了通过自己的力量来获取这种补偿的权利。”[45]

143 对于关于盗窃的惩罚的法律批判是完全直截了当的：

> 通常地施加于盗窃罪之上的惩罚对于这种犯罪来说当然是完全不相称的。它远远过于严厉了，而这种犯罪的受害者的憎恶也不会要求这样的惩罚。[LJ（A），ii，149]
>
> 盗窃看起来自然地不应被处以一个非常严重的惩罚；它是这样一种可鄙的犯罪，它更多地会引起的是我们的蔑视，而不是一个非常严重的惩罚。——然而，在大多数欧洲国家，它竟被处以死刑。[LJ（A），ii，147—148][46]

大多数犯罪，如果在一定的时间内仍没有被起诉的话，都被容许一种追溯期限的终止，而斯密不容置疑地强调了这是非常应该的。实际上他是如此地强调这一点，以至于他对此的讨论读起来仿佛是在敦促我们对这部分法律进行一个一般性的回顾。[47] 斯密对于相当严厉的法律规定给出了两个论辩，一个是从一致性的角度出发，而另一个是从构成惩罚基础的憎恶的本质出发。前一个论辩是“与债的形式相同，惩罚是由于犯罪行为的实施，而不论它是将对公共机构的还是个人作出的，这种惩罚都应该被合理地处以在这样一个时效期间之内，即要比一个人生命的长度短”[48]。在前一页中，斯密已经解释了诉讼时效与债和其他契约责任之间的关系，并已经强烈地暗示了，通常处以的四十年可能太长了。[49] 但是，无论这种时效将会是多长，对犯罪的惩罚同样应该有时效终止，这显然同样是因为关于惩罚的旁观者原则。斯密的第二个论辩是，“受到损害的人和他的亲属们的憎恶……必定会随着时间的推移而消减；一个曾经犯下严重伤害我的罪行的人，不可能在 20 年以后还能够像罪行刚刚做出时那样，引起我如此之多的憎恶。因此根据这一原则，很显然对犯罪的惩罚不应该被延伸至一个太长的时限。”[50] 但是，斯密并没有完整地陈述出他的论辩，他的观点显然是，一旦我们已经处于憎恶的范围之外了，那么我们就处于惩罚的自然尺度之外了，即处于一个不偏私的旁观者能够赞同的憎恶之外了。但是一旦惩罚的自然原则溃坏掉了，那么就向武断的惩罚打开了方便之门。可能值得注意的是，斯密在对私人的犯罪与对叛国罪同样地适用了这一推理。[51]

斯密对于警务违反各种法律而施加惩罚的批判已经被详细地解释过了，而所有重要的例子都在我们上文关于惩罚的一般原则的讨论中被引用过了。[52] 如我们所见的，一般的观念是，惩罚的方法取决于约束该惩罚的法律必要性。如果在实际施加的惩罚与自然正义的要求之间存在着冲突，那么后者应该具有优先性，除非受到该惩罚保护的法律对于社会的存续具有如此的重要性，以至于它本身比正义的法律更为重要。

在家庭法中，斯密的法理学中的批判潜质在涉及离婚法和多配 144
偶制度时是相当明显的。因为他强调道，当他赞同这些法律实践的时候，这仅仅是出于一种纯粹的“警务”的必要性，[53] 而如果我们以自然正义的眼光来看待它们，我们会发现：

在那些法律允许自愿离婚和多配偶制度的国家里，实际上在

> 这些制度里没有任何真正的非正义[54]……因为关于自愿离婚，并不能说对于通过这种方式而离开的一方来说，有任何的非正义出现了……而以同样的方式，在允许多配偶制度的地方……以这种方式取得一个妻子也没有什么不正义。（当她了解这种情况的时候），并不能说对她做出了任何的非正义。[LJ（A），iii，24—25][55]

换言之，将自愿离婚[56]与多配偶制度引入法律，并不会违背自然正义的原则。我不会去推测斯密的学生将会怎样激烈地考虑这一理论上的可能性——尽管他用许多效用的论辩来对抗对此的欲求。让我们注意到，与此相反，他通过下面的论辩使这一问题更进了一步，即，如果自然条件是不同的，而一个社会女性的数量远远超过男性，那么“发生多配偶制度就将完全是合适的了”。[57]那么这就将非常有趣的了，即去思考如果**社会**条件以及因此的结果与斯密所设想的完全相反，那么他的结论有可能会是什么。

还有一点可以表明斯密在这些问题上的弹性。在从社会必要性的角度引出了所有支持那种尽管与自然正义的定论不相吻的——但斯密显然愿意相信的——关于离婚的传统、严格的观点之论证后，他还是以一个犹豫不决的注释结束了他的讨论：“这一难题可能确实与一些情况过于狭隘地联系在一起了。这曾经被认为是相当正当的和适合的，即不忠（至少是妻子的不忠）会引起离婚。这种损害是如此严重，以至于在双方之间不再存在着和谐或者一致，只有持续的不信任和敌意。”[58]尽管人们非常想知道学生笔记中的括号和“至少”反映了斯密讲座课程中怎样的实际上的论辩，但是，在离婚禁令之上标记的一般问题是清楚的；当我们看到斯密是如何通过一致性原则的方法来展开他的论辩时，这一点变得非常突出：“现在，出于同样的原因，引起同样的憎恶和痛恨的所有损害，以及引起婚姻同样的不愉快的损害，应该与其他原因同样地引起离婚。”[59]

145 在处理统治权的公法分支那里，斯密发现了很多与叛国罪相联系的不正义的成文法。因此，“伪造国王的钱币……不应适用叛国罪，因为在那里没有对政府的实质权力的企图。”这仅仅是这样一个简单的情况，而在其中涉及了对其的不公正和不正确的判断的损害，而这个行为“不过是伪造而已”，而幸好在现代社会，它“通常作为伪造罪而被惩罚”。[60] 除此之外，斯密批评了大量的成文法，由于英国的政治情境，它们将一些本质上不是叛国的行为归之于叛国罪。首先是在16世纪晚期颁布的所有反天主教（anti-Catholic）的法律。大量的行为“被认为是叛国性质的，因其反对政府的存在，并
鼓励一种倾向于使用任何手段来推翻政府的宗教”。尽管这些法律已 145
经不再被强制执行了，但“对它们的废止才是合适的，因为根本无害的人可能会因为无后果的偶然行为而处于危险中，并可能会遇到相当大的麻烦，尤其是如果他曾经以任何方式或任何方法冒犯过政府的话”。[61] 换言之，所有的紧急情况过去之后，这些法律可能会成为政府可以武断地指控一些行为的危险武器，而这些行为可能在本质上并非是非正义的。出于极其相似的理由，曾经有法律把对是应该由国王还是议会来轮流继承王位的讨论视为是叛国罪，而这是为了在光荣革命结束后，维持斯图亚特家族的统治权。尽管这样的法律在革命结束的早年是必要的，但是现在政府已经被彻底地建立起来了，“而这些法律除了会令无辜的或无害的人们陷入麻烦之外，并不能服务于其他任何目的”[62]。

公法的另一个分支，即涉及公民对抗统治者权利的法律是如此地不确定，因此我们无法在这一领域期待很多的法理学批判。无论如何，这一点还是值得注意的，即斯密在他的分割统治权的理论框架内部，将他标准的辉格党式的批评清楚地运用于詹姆斯二世（James II）的行动之上：国王的行为是不正义的，因为他侵犯了议会在其自己的统治权部分中的物权。“因此，由于他对政治体的侵害，K. 詹姆斯应该被反对和抵制，这是出于这个世界上所有正义的要求。”[63]

国际关系完全被对国家利益与需要的政治考虑所规约的，而并非是正义的法律，因此斯密的批判性关注更多地集中于政治智慧而非自然正义。[64] 他特别强调的东西是，有力的防御和自由的贸易是——除了极少的特殊例外——并不冲突的，而是与政府政策有价值的目标结合在一起的。他的《国富论》对此的论辩是非常著名的，但是从他的《道德情操论》中引用对他的观点的一个特别庄重的表达可能并非是不恰当的：

> 法国和英国可能各自有一些理由为对方的海军和陆军力量 147

> 的增长而恐惧；但是它们中的任何一个对于彼方国内的幸福和
> 财富，土地的开垦，制造业的先进，商业的增加，安全以及海
> 陆口岸的数量，所有自由的艺术与科学领域的专业程度的妒
> 146 羡，又确然地居于如此伟大的两个民族的尊严之下。这些都是
> 我们生活的这个世界确实在发生的真实的进步。人类由此得
> 益，人性因它们而变得高贵。(TMS，VI，ii，2，§3)

尽管国际法的本质如此，以至于斯密不得不把他的批判主要集中于政治模式上，但事实却并不完全这样。在国际舞台上，存在着一些基本的东西，它们显然可以被称为是关于正义的，斯密也并没有忽略它们。他反复地、以毫不动摇的方式谴责了欧洲人对全世界欠发达国家的人民的征服：

> 愚蠢和非正义似乎一直是主持和指导建立那些殖民地的第一个工程的原则。追逐着金银矿的愚蠢猎取，以及非正义地攫取一个其土著居民都是无害的国家的财产，而这些土著居民远远没有伤害过欧洲人，而是以他们所有的善良和热情好客迎接了那些首次到来的冒险家们。[65]

同样，哥伦布的殖民计划也被谴责了，由于其不正义性，和直接抹去了作为外衣的“虔诚的”基督教传教之目的。[66] 当斯密在总结对美洲殖民的一个方面时，他并没有放弃其玩弄有意义的文字游戏的才能：“欧洲人野蛮的非正义导致了这样一个事件，这一事件可能使所有人都受益了，但是对那些不幸的国家来说，则是灾难性和破坏性的。”[67]

斯密对英国和其北美殖民地之间的关系的评估是一个非常有趣的视角，他希望判断母国对殖民地的贸易和手工业的严厉限制，判断的依据是国际法——与上文所引用的、他对英国与法国之间关系的叙述相比较，这种依据能够提供很多信息：“为了禁止一个伟大的民族……从他们自己的物产的每一部分中得到他们所能够得到的一切，或者禁止他们以其认为对自己最有利的方式，来对他们的牲畜进行驭使以及开展自己的工业，这是对人类最神圣权利的严重践

踏。”[68] 而硬币的另一面是，这可能是斯密观点中确实值得注意的地方，“爱尔兰与美国都应该为英国公债的解除作出贡献，这是不违反正义的”，既然这是契约约定了的，在很大程度上，是为了保护这两个国家！[69]

6.4 批判性的计划

这种对于斯密著作中具体的法律批判的讨论很难是完备的[70]，但是对于展示他所认为的其法理学所具有的批判可能性来说是足够了。而这种批判的意图不仅仅是一个偶然的实践问题，它还是一个体系性的计划。

斯密的法律批判显然假定了，正义的消极和精确的德性在这种 147
意义上来说是“自然的”，即在它**在某种程度上**处于社会变化的支配之外。但是我们知道，正义存在于不偏私的旁观者对具体的情境下，何为损害的裁定中，并且，与此密切相关的是，旁观者对于这种情况之下，何为程度适合的憎恶和惩罚的裁定。然而，这似乎使不偏私的旁观者的判断取决于他进行判断时所处的情境：他不可能是纯粹的和完全地不偏私的——他必须是与实际和特定的人和环境相联系而不偏私的。这就引起了这样的问题，即不偏私的旁观者的裁定本身到底是不取决于情境，还是与情境相关？在何种情况之下，是什么成为了**自然**正义的观念？

我们能够理解斯密是如何以如下方式避免了这一两难问题的。不偏私的旁观者裁定的有些部分是普遍性的——而在这种意义上是“自然的”——然而，其他的部分则取决于他进行判断时的情境。因此，他的不偏私性和这种不偏私性所必然包含的普遍性、一致性及连贯性，在任何地方都是相同的；而同样地，消极性的优先性是一个自然的原则。此外，损害涉及的一些情境对于人的生活来说是如此的基础，以至于旁观者的裁定将总会被认为是类似的。这就是为何斯密乐于接受自然权利与获得权利的传统区分的原因：一些权利是如此基础，以至于它们可以被认为是普遍的或是自然的。[71] 至于其余的权利，即斯密心目中所想的那种依赖于情境的权利可能以如下方式被展示出来了。在一个没有土地所有权观念的社会里，一个不偏私的旁观者认为非法侵入私人土地（trespass）对他人的损害并没有意义；但是很明显，旁观者在一个游牧社会中将窃取动物的行为认为是一种损害，与他在一个农耕社会里将非法侵入私人土地视为是一种损害，他的这两种判断背后所依据的原则是一样的。

如果我们在斯密的正义理论中没有发现自然和普遍的东西所存在的空间，那么，作为一种自然法理学的整个方案就变得不可理解了，正如那些对实证主义的命令理论的毁灭性批判一样，这种批判确实为他的计划扫清了道路。[72] 与休谟类似，斯密选择了霍布斯作为他批判的一个独特目标，因为他在霍布斯那里发现了对社会生活的明确定义，这种社会生活中的生活是由公民政府来引导或者组织的，因此在那里存在着对道德标准和实证法的定义。如斯密所理解的，霍布斯说的是“平民治安官的法律……应该被认为是决定什么是正义、什么是不正义的，什么是正确、什么是错误的的唯一绝对标准”[73]。然而，这是以如下的假定为前提的，即“在所有法律或者实证的制度之前”，正确与错误、正义与不正义之间没有道德上的区别，而事实不可能是这样的：

> 正如卡德沃斯博士（Dr. Cudworth）正确地观察到的，法律
> 不可能是正确与错误、正义与不正义之间的区别的初始性来
> 148 源，因为，根据对这种法律的假定，那么必然是，人们或者是
> 因服从它而正确，因不服从它而错误，或者是，我们对它服从
> 与否是无关紧要的。而这一点非常显然，即，一个我们对它是否服从是无关紧要的法律，不可能是那些区别的来源；也不可能是去服从的正确与不去服从的错误的来源，因为即便是这样的法律，仍然假定了一个先在的关于正确与错误的规范（notion）或者是观念，即，对法律的服从是与关于正确的观念相宜的，而不服从则适合于关于错误的观念。（TMS，VII，iii，2，§4）

尽管斯密可以从卡德沃斯那里接过这对法律实证主义的根本性批判，但是，在这一问题上他不得不与卡德沃斯博士分道扬镳，即人们是**如何**得到那些独立于公民社会的、关于什么是自然地正确和错误的观念的问题。因为，对于卡德沃斯来说，通过普遍的人类理

性，这就是可能的了：

> 而这个结论……在人性的抽象科学还处于婴儿阶段的时候，以及在人类心灵的不同功能的不同作用和力量没有被很好地仔细检查，小心地彼此区分之前，是更加容易被接受的。(TMS，VII，iii，2，§5) [74]

然而，斯密确实从这种“人性的抽象科学”的发展中受益了，因此他能够比卡德沃斯更好地处理道德情感理论，更好地处理通过交互同情的道德情感交流，以及这种理论的不偏私的旁观者理想道德的构成。

那么，存在着一个独立于市民社会的自然正义，因为“在平等的个人之间自然地，并且先于市民政府的机构之前，就被认为存在着这样一种权利，这种权利既是保护自己不受损害的权利，也是要求对那些对他人作出了损害的人进行某种程度惩罚的权利”[75]。这种“自然法”不仅仅独立于市民社会及其实证法，它还构成了实证法的理想基础，它是实证法恰恰应当以之为基础来建立的原则，而这就是为何自然的法理学是这样一种重要学科的原因：

> 每一个国家或者共同体的智慧都尽力，也能够，驾驭社会的力量，以限制那些服从于权威的人们，防止他们互相伤害或侵扰彼此的幸福。国家或者共同体为了这一目的而建立的规则构成了每一个特定国家的民事和刑事法律。以这些规则为基础的原则，或者已经被建立起来了，或者应当被建立起来，它们是一种特殊科学的主题，这一科学是迄今为止所有科学中之最为重要的，但是自被建立以后，它可能是最少受到人为的培植的——这种科学就是自然的法理学。(TMS，VI，ii，infro，§2)

因此，自然正义是一个应该被追寻的理想的标准，这不仅仅是在个人行动情况下的标准，在任何特定的市民社会，自然正义同样应当是其整个法典的标准：“任何一个实证法的体系，都可能会被 149
认为是一种或多或少的不完美的、向着自然的法理学的体系的努力，或者是一种向着正义的特定规则的列举之一的努力。”[76] 这样的一个体系“是关于可能被适当地称之为自然法理学的”，它将会是真正普遍性的，因为它将是“一个关于普遍原则的理论，这一理论应该贯穿于所有民族的法律，并应当是它们的基础”[77]。当然，这种普遍性是不偏私的旁观者所体现出来的原则之一，而它在正义的德性中处于最高的统治地位，这是因为其消极的性质，以及因此而来的精确性。

一个显而易见的暗示是，这样的一种自然法体系将会用来对那些距离其标准太远的实证法进行批判的一个武器，因为：

> 没有任何一个国家，其实证法的决定能够在任何一个案例中，完全地符合自然的正义感将会表明的那些规则。因此，实证法的体系，尽管它们作为不同时代和不同民族的人类情感的记录，应得到最高的权威，但是，它们永远不可能被认为是自然正义之规则的精确体系。(TMS，VII，iv，§36)[78]

以所有这些观点来看，这一主张似乎有些难于理解，即“当……(斯密)对比与自然相符合的法律和与这一‘规范’相背离的法律时，他的意思仅仅是，后者与那种类型的社会中的道德意见的一致同意不相符合”[79]。整个法律体系偏离了自然正义，也没有理由认为“道德意见的一致同意”不能在偶尔状态下也是如此。以一致同意来定义自然正义，不仅仅忽略了斯密对“自然法”新学说的概括，如我们上文所引用的，并且也忽略了他关于理想的、不偏私的旁观者所说的大部分内容。尽管人们对不偏私的旁观者立场的理解之**起源**是“一致同意”，但是这并没有影响到它的有效性。

斯密指出了，“这个世界只有在非常晚近的时候，才有了对于一般体系的考虑，或者说法律哲学才被作为其本身来对待，而不必考虑任何一个国家的特定制度”。[80] 他坚持认为，既有的这些努力，包括其中最好的格老秀斯的努力，也都是不完整和不完美的。[81] 这一点是当然的，尽管有着这样的事实，即人们关于正义的道德推理，在整个人类历史上一直都存在着一种对自然正义的隐晦援引，而在涉及个人的情况下，这种援引则可能是明确的。但是，这些援引所缺乏的是标准，而在特定的案例中，缺乏的是它们所渴求的那一理念。因此，自然正义自有史以来就伴随着人类，并且一直通过特定语境下人们的反应而得到发展。但是，正是由于自然正义的法律是非故意地从特定情境中的反应出现的规则，这些法律的构成以及对它们体系性的认可就总是滞后的。这种体系的构成是哲学家的任务，而斯密认为他自己就是这样的哲学家："在另一篇论文中，我将会努力对法律和政府的一般原则给出一个解释……"[82]

这是斯密在《道德情操论》的第一版中的承诺；他甚至在更早 150
的时候就承诺了这一点，而他在其生命的最后一年里反复地重复着这一承诺。[83] 他是努力实现这一"伟大的工作"的记录，在其去世之前被烧毁了，而我们所能依据的是在《道德情操论》结尾处对此概括出的一个一般计划，以及来自于我们现在所有讲座课程的学生笔记和《国富论》中的对此的部分认识。对于后两种资源，本书主要集中于关于"警务、税收以及军队"的部分，而非法理学的核心部分，这种核心部分所涉及的是自然正义，而这些讲座则被认为是一种一般性的介绍，其介绍的内容是形成法律现在之所是、曾经之所是的那些原则。只是在这里所引用和讨论的、《道德情操论》中的一个简短的、计划性的陈述，为之所是的东西给出了完整的意味，并展示了我们所追溯的具体的法律批判实践的真正意义（pp. 139—147）。而只有当我们在批判性内容中假定了一些与这种自然正义的理论具有同样的体系性的特点、同样的重要性的东西的时候，斯密对正义的法律相对于所有其他领域的法律的角色配给，才产生了意义。[84] 正是这种自然的法理学，提供了这样的普遍原则，法理学的分支学科中的所有其他原则都是从这一原则中获取其功能的，而因此，自然的法理学是立法者的科学的中流砥柱。

6.5 批判的对象

现在，我们除了偶然的表现外、只有一个一般性计划的这一事实，使得解释是不牢靠的，这不仅仅是因为关于内容的信息不充分，也是由于人们对于斯密的事业的性质很容易得到的一种误导性的印象。斯密将构划（formulate）一个法理学体系视为是一个哲学家

的任务；但是，这绝不应该就意味着这个体系将是一个哲学家的**构
建**（construction）。自然正义的原则是不偏私的旁观者原则，而哲学
家的任务是去理解这些原则在各种不同情境之下是如何起作用的，
并且，在此基础之上来构划在不同的法律分支之中，什么应该是法
律的规则。因为确实，“去描述法官和律师的决定的规则乃是法理学
的目标”[85]。然而，这样的理解最好是通过对于人们实际上为了找
151 到不偏私的旁观者立场而作出的努力研究来获得。在这些努力当
中，“法官和律师”的尝试不仅仅是最早的，并且是长期来看，最少
地处于其他考虑、而非自然正义的影响之下的努力。由权威而非由
一个具体案件的法官所制定的法律，倾向于被政治和宗教的目的所
指引，而依据先例的法官所造的法律接近自然正义原则的可能性更
大。因此，一般来说，比之于成文法，斯密对于判例法有着非常明
显的偏好，而尤其是，相对于法国法和苏格兰法，他更为偏爱英国
法——至少在涉及对法律的**研究**时是这样。因为与法国法和苏格兰
法相反：

> 英国法在……查士丁尼的《学说汇纂》被发现之前，就已经形成了一种体系；并且，在欧洲的其他法庭被建立之前，或者在民法或教会法在欧洲变得很有分量之前，英国的法庭就已经建立了，并且它们的先例方法也已经被很好地固定下来。正是由于这样的原因，英国法比欧洲其他民族的法律更少地借鉴了那些法律①；并且也正是出于这样的原因，英国法比其他的法律更值得引起一个思辨之士的注意，因为英国法更多地依据人类的自然情感而建立的。(LJ（A），ii，74—75）[86]

然而，不仅仅是出于研究的考虑，就是在法庭实践上，判例法也是更为可取的。比之于成文法，它更为确切，并且具有更为直接的可用性。这是因为判例法是在损害的具体案例中形成的，而成文法则是被抽象地思考出来的：

---

① 指罗马法。——译者注

> 普通法……被发现比仅仅在成文法中建立起来的内容更为公正，正如出于同样的理由，在实践和经验中被建立起来的，比之于仅仅从理论中得出的，能更好地用之于个别的事例。(LRBL，169)[87]

这是斯密对于语境知识与体系知识作出区分的一个直接的结论。由判例法而得出的决定是前者的最佳范例，而成文法则在或多或少的程度上是后者的佳例。当然，判例法的精确性进一步地被这样一个事实所加强了——在判例法当中，消极因素和非正义不可避免地是其所考虑的问题——这就是一个法庭审判所关注的事情。而在成文法的创制当中，这绝对不会是必须的。

这些观念与如下进一步的考虑是有着密切关联的，即普通法是古老的法律，而成文法及其附随的制度过于易于更新了，而“新的法庭和新的法律……是重大的罪恶……确定一种法律精确的含义或者拥有足够用以确定法庭实践的先例都需要花费时间，反复地实践。其进程总体来说会是松散和不精确的”[88]。因此，“没有任何一个欧洲国家的法律像英国法一样精确，这是因为它不像英国法那样有着持久的存在。”[89] 判例法的精确性意味着，尽管它是一种非计划的成长物，但是历经时间，它自身会形成一种体系：“这种对于实践和先例的关注，必定将罗马法塑造成了为被传递给我们的这种规律的、有序的体系；而在这种类似的关注得以发生的任何其他国家，它都对该国的法律有着类似的影响。”[90]

斯密对古老法律的高度评价与法律的强制性特征毫无关系。并 152
非是古老的历史，而是不偏私的旁观者的赞同使法律具有了道德有效性。然而，在复杂的局面里，寻找不偏私的旁观者的立场需要花费时间，因此，明智的做法是去参照那些已经进行了长时期，系统性的研究领域。另外，斯密对判例法的偏好，以及对成文法内在危险的担忧当然不能够被理解为意味着后者可以被抛弃。与所有权力的使用一样，司法权只有在被其他权力制约之时才是最好的，即被立法机关所制约。然而，由于它们的一般性和抽象性的特性，“成文法和形式法律是政府原则的一种极为精致化的表达，并且这种精致化是我们从未达到过的，除了在政府形式达到其最晚近之时。”[91] 另外，成文法有着这样的特性，即它们是对社会全体成员的一种一般规则，因此它们是以一个强有力的政府为前提条件的，而这种政府只有在相对晚近的时期才发展出来。[92] 但是，当一个法律体系已经从法官的判决活动中发展出来的时候，此时作为对这一体系的补充的成文法就能够作为对法官权威的一种制约而起作用了，并且能够以如下这种形式被接受，即：

> 法律……出现于判决建立之后。在判决最初得以建立的时候是没有法律的；所有人都相信存在于自己心中的对正义的自然感受，并且他也期待在其他人那里能够找到同样的感受。如果法律是一个社会建立之初、先于这些判决而建立起来的，那么它们就将是对自由的一种限制，但是，当法律后于这些判决建立时，它们就将是对自由的扩展[93] 和保障了，因为它们并不像法官对人们的权力和指令那样确定或者限制私人的行动。[LJ（A），v，110—111][94]

斯密的观点是一种很好的平衡观点。判例法无法满足一个复杂社会的所有需要，而仅仅依赖于它会使法官的权力过大。但另一方面，与成文法相比，它易于更加精确，并且与自然正义的基本原则更为接近，因此，它对于一个自然法理学体系的构形更为重要。成文法的抽象特性，以及它是被同情性地创制出来的法律的这一事实，使成文法非常易于受到其他因素的影响，而这种影响比自然正义对其的影响还要大。但是另一方面，成文法作为对司法权的一种控制，以及对普通法的补充，乃是不可或缺的。在这些情况之下，这毫不令人感到惊讶，即斯密把两种法律都作为其自然法理学体系的极其有价值的批判的对象；不论对于判例法还是成文法，其指导观念都应该是自然正义。[95] 从上文所引用和讨论的、斯密关于自然正义与实证法之间关系的叙述来看，这一点已经很清楚了。[96] 而在早期手稿中，对此有着一个简明的叙述：

> 治安法官所依据的……实际上规制其所有的决定的规则……**不论其是建立在明确的成文法基础之上，还是建立在偶然形成的习俗之上，或者根据的是他们自己显而易见的公义**，都构成了这一国家的民事和刑事的法理学……那些，与正义的自然原则最

相适宜……这些应该被规制的规则，构成了所谓的自然法理 211
学。[97] 153

注 释：

[1] W. C. Swabey, *Ethical Theory from Hobbes to Kant* (London, 1961), p. 179.

[2] T. D. Campell, *Adam Smith's Science of Morals* (London, 1971), p. 51.

[3] Ibid., p. 219; ibid., p. 52.

[4] Above, pp. 67—74.

[5] Above, pp. 79—81.

[6] Above, pp. 61—62.

[7] TMS, II, ii, 2, §4; LJ (A) 90. 这种混合的术语遍布于《道德情操论》和法理学讲义中，但是它在斯密对于良心的旁观者解释当中使用的尤为广泛。(见 TMS, III, 2, §32)

[8] LRBL, 170. 关于判例法与成文法之间的关系，(pp. 151—153)。

[9] 见 TMS, III, 5, §6; and LJ (A), iv, 35. See LJ (B), 22—23.

[10] 关于这一点的另外的例子，同样见 LJ (A), i, 148; ii, 136—140; iii, 58ff.

[11] 这些原则显然与斯密关于知识的一般思辨相符合，如在上文 (pp. 79—81) 所概括的。关于消极性的优先性，同样见上文 (pp. 83—87)。

[12] WN, IV, v, b. 16.

[13] WN, I, x, c. 12.

[14] WN, I, x, c. 59. 参见同上："在英国，很少有一个四十岁以上的穷人，我冒昧地说，他不会在生命中的有些时候，感到他自己受到了这种糟糕的被创设出来的移居法的极其残酷地压迫了的。"

[15] WN, IV, viii, 47.

[16] WN, IV, viii, 47。在 Book iv 中，反复地出现着这种形式的批评。

[17] WN, IV, viii, 30.

[18] TMS, VII, ii, 1, §28.

[19] WN, IV, vii, b. 54; LJ (A), iii, III.

[20] LJ (B), 138："无须证明即使对于自由人来说，奴隶制都算是一种坏的制度。"参见 WN, I, viii, 41; WN, III, ii, 9; WN, IV, ix, 47; LJ (A), iii, III-14; LJ (B), 138—140, 290, 299—300.

[21] LJ (A), iii, 130. See LJ (A), iii, 114; LJ (B), 134; WN, III, ii, 10.

[22] 见下文 (pp. 167—168)。然而，欧洲的角落的那些国家，同样高兴地在他们的殖民地保持着奴隶制——斯密无论如何都不可能无视的一个事实；见 WN, IV, vii, b. 53—56; LJ (A), iii, 101, 127—128, 132, 110; LJ (B), 137.

[23] 关于这些论证，见 WN，IV，vii，b. 54；LJ（A），iii，101—105，114—117；LJ（B），134—136. [引文是来自于 WN，IV，vii，b. 54；LJ（A），iii，101—102]

[24] 见 WN，IV，vii，b. 53—54.

[25] 参见 LJ（A），iii，116—117.

[26] LJ（A），iii，105—111；LJ（B），136—138. 关于同情的要点在 LJ（A），iii，109 中被很好地给出了："那些最容易引起我们同情的人，以及那些最倾向于影响我们同情的人，是与我们自己最相似的人，而他们与我们的差别越大，我们就越不容易被他们所影响。"

[27] 见 LJ（A），iii，138—139.

[28] 见 LJ（A），i，53，56. 关于"共有"的讨论延伸自 LJ（A），i，53，56。

[29] LJ（A），i，53—55.

[30] LJ（A），i，55.

[31] LJ（A），i，57.

[32] LJ（A），i，56.

[33] LJ（A），i，57—63. 法理学讲义的编辑者将无主的漂流物和埋地下藏物解释为"取得盗窃者遗弃的物品的特权"和"取得任何发现的埋藏于地下，但不知主人是谁的贵金属的特权"。见 LJ（A），i，57—58，note 37，38.

[34] WN，III，ii，4. 参见 LJ（A），i，131—140；LJ（B），161—162. 关于这种历史的方面，blow，pp. 165—166；above，pp. 109—110.

[35] LJ（A），i，116.

[36] WN，III，ii，3（我标注的黑体）。参见上文（p. 110）。有趣的是，斯密以如下方式对这一论证的法理学方面进行了展开。一旦长子继承制的原则被建立起来，它将处于某种情况之下，即通过与以旁观者为基础的继承的原则的冲突，使法律陷于更进一步的混乱之中。因为如果一个继承了某财产的人不幸死于他的儿子尚未达到法定年龄之时，那么是应该由他的**儿子**还是**长兄**（或者所有的兄弟，或子女）来继承呢？长子继承制的体系的逻辑会导致前一种解决方案，而已经建立起来的旁观者原则则倾向于另一种或者其他的可能性。在政治需要的压力之下，并经过了各种斗争，前者作为一种代表继承胜出并被建立起来了。LJ（A），i，135—140.

[37] 参见 LJ（A），i，164；LJ（B），168.

[38] LJ（A），i，164.

[39] 参见 LJ（A），i，149ff.；TMS，I，i，I，§13.

[40] LJ（A），i，154；164—166；LJ（B），166，168.

[41] LJ（A），i，161—163；LJ（B），164.

[42] LJ（A），i，165.

[43] LJ（A），ii，30. Above pp. 111—112；LJ（A），ii，27—41；

LJ (B), 174—175.

[44] LJ (A), ii, 30—33. See WN, v, i, e, 30.

[45] LJ (A), ii, 136—140; LJ (B), 192. 问题来自于 LJ (A), ii, 136—137, 137, 139.

[46] 参见 LJ (B), 196. 与此非常类似，破坏房屋而没有任何东西被盗的情况也适用：LJ (B), 196. 同样见 LJ (A), ii, 151—152 中的一个与此相关的历史案例。

[47] 见 LJ (A), ii, 168—174; LJ (B), 199—120.

[48] LJ (A), ii, 168—169.

[49] LJ (A), ii, 165—168. 在第 167 页的末尾和第 168 页开端处的斯密的标注所暗示的是，二十年左右已经足够了。参见 LJ (B), 199.

[50] LJ (A), ii, 169—170; LJ (B), 199—200.

[51] LJ (A), ii, 172—174; LJ (B), 200. 斯密对于对犯罪的惩罚之规定的整个问题的重要性的格外强调，被以下事实所体现，即他论辩到，即便惩罚是以格老秀斯和普芬道夫的效用原则为基础的，而并非是以他的旁观者原则，结论仍将是一样的。LJ (A), ii, 170—171.

[52] Above, pp. 120—122.

[53] Above, pp. 124—125, 对此的讨论。

[54] 如果人们的实践是因保护法律而对抗警务，那么这个问题就因卷入了公民不服从的权利而变得复杂了。因此斯密在这里很小心。

[55] 参见 LJ (B), 111—112.

[56] 不幸的是，斯密只考虑了丈夫一方的自愿性。

[57] LJ (A), iii, 37; LJ (B), 114.

[58] LJ (A), iii, 51.

[59] Ibid。

[60] LJ (B), 81. 参见 LJ (A), v, 64—65："伪造国王的钱币……自然地不应被认为是叛国，而应被认为是伪造罪；而因为这一原因，现在它通常被试图作为重罪。"

[61] LJ (A), v, 67; LJ (B), 82.

[62] LJ (A), v, 71; LJ (B), 82.

[63] LJ (B), 98—99; LJ (A), v, 138—140, 142—149; LJ (B), 96—99.

[64] 参见上文 (pp. 133—134)。

[65] WN, IV, vii, b. 59; WN, IV, vii, c. 80："对于不论是东印度还是西印度的土著居民来说，所有这些事件的结果可能获得的商业利益，都被榨干了，或者在他们遇到的可怕的不幸中失去了……在这些行为被发现发生那些特定时间里，欧洲人一方的优势力量恰巧是如此的强大，以至于他们能够在那些遥远的国家里不受惩罚地犯下各种非正义的暴行。也许，自那以

后，那些国家的土著居民逐渐强大了，或者那些欧洲人的力量变弱了，而全世界各个不同角落里的土著居民们可能同样地都达到了一定的勇气和力量，通过激发交互恐惧，这些勇气和力量本身就慑服了加之于那些独立国家的非正义，而代之以某种对于彼此权利的尊重。但是，似乎没有比相互的知识的交流和所有国家之间的广泛的商业活动更加自然地、或者不如说更加必然地带来各种各样的进步更能够建立起这种力量的平衡了。”

[66] WN，IV，vii，a. 15.

[67] WN，IV，i，32.

[68] WN，IV，vii，b. 44. 整个 WN，IV，vii，都是相关的。

[69] WN，V，iii，88.

[70] 从法理学的观点来看，《国富论》尤其是一本令人惊叹的批判著作。然而，似乎所有的批判都陷入了在此讨论的这几类之中。

[71] 名誉权受到保护的权利至少部分地是一个例外。它被作为一种自然权利而被列出了，但是显然在某种程度上，其内容是变动不居的（above, pp. 103）。我们无法知道，斯密在这里是否是仅仅在向传统的法律分类致敬，或者他是否认为普遍性的因素远比那些可变的因素更为重要。

[72] 这一批判在 TMS，VII，iii，2 中可以找到；而斯密的整个法理学计划的来源是 TMS，VII，iii，4。

[73] TMS，VII，iii，2，§1. 参见 LJ（B），2—3：根据霍布斯，对统治者的意愿的服从“构成了市民政府，而没有这一政府，就不会有德性，而因此也就不会有德性的基础和本质”。而关于休谟的类似的批评，见上文（p. 20）。

[74] 没有什么能够比这个杰出的建议更好地解释对于斯密来说，描述性的理论和规范性的理论是如何纠缠在一起的了，这个建议是，对法律命令理论的批判现在有了一个更好的基础，这一基础得益于关于人性的科学的进步。

[75] TMS，II，ii，1，§7.

[76] TMS，VII，iv，§36.

[77] TMS，VII，iv，§37. 参见这两组讲座笔记各自的第一句话：“法理学是关于一些规则的理论，市民政府应该被这些规则所指引”［LJ（A），i，1］，以及“法理学是探究一般原则的科学，这些一般原则应该是所有国家的法律的基础”［LJ（B），i，1］。

[78] 参见早期手稿：“那些规则，即所有国家的平民治安官在实际上规制其这种类型的决定（例如，对损害的救济）时所依据的规则，不论其是建立在明确的成文法基础之上的，还是建立在偶然形成的习俗之上的，或者根据的是他们自己显而易见的公义，都构成了这一国家的民事和刑事的法理学。那些通过它而与正义的自然原则最相适宜的规则，或者与我们的感觉——这样的决定应得到规制的感觉，得以建立的情感的类比最相适宜

的规则，构成了所谓的自然的法理学，或者关于法律的一般原则的理论。它们（原文如此）构成了道德情感理论极其重要的一部分。”（《道德情操论》，App. II，p. 389）不幸的是，斯密从未返回到这一观点，即我们的正义感是建立在对一种情感的类比之上的。也许这反映了一些早期的、被休谟所激起的，关于正义的“人为的”性质的思辨？(above，pp. 21—26)

[79] Campell，*Adam Smith's Science of Morals*，pp. 58—59.

[80] TMS，VII，iv，§ 37.

[81] Ibid.；LJ（B），1—2.

[82] TMS，VII，iv，§ 37.

[83] 见早期手稿，《道德情操论》(App. II，p. 389)，以及《道德情操论》第六版的广告（p. 3）：“在目前这本作品的第一版的最后一段中，我说道，我应该在另一论述中努力给出一个对于法律和政府的一般原则的解释，以及它们在社会的不同时期和阶段所经历的不同的大变革；不仅仅是涉及正义的，并且还有涉及警察、税收以及军队，以及其他任何作为法律的对象的东西的。在《关于国民财富的性质和原因的研究》中，我已经部分地履行了这一承诺；至少涉及了警察、税收以及军队。而余下的，我的长期以来所计划的法理学理论，自那以后这项工作却阻滞了……尽管我已至垂暮之年，我意识到，对于能够让我自己满意地履行这一伟大的工作的希望是极其微茫的；尽管我并没有彻底地放弃这一计划，并且尽管我仍旧希望能够在尽我所能的责任之下继续这一工作，我还是已经允许了这一段保持着其三十年前被出版时的模样，当时我信心满满，对于能够完成自己所公布的任何事情毫不怀疑。”

[84] 见上文（pp. 96—97）关于此的讨论。

[85] TMS，VII，iv，§ 8. 参见上文（pp. 149—150）所引用的关于自然正义与实证法之间的关系的一般性的叙述。

[86] 参见 LJ（A)，v，42—43，在那里，斯密以非常类似的方式对比了英国法与法国法及苏格兰法，并且总结到“英国法……有着一种奇特的本性，并且非常值得一个思辨之士对其的研究”。

[87] 参见 LJ（A)，v，24—25. 并参见 LRBL，170，在那里，斯密比较了普通法中的证据与成文法中的证据：“去证明任何东西是法律的另外一种方式是，表明依据抽象的推理，它是根据某种成文法而得出的，而另外的方式（例如，依据普通法而得出的），在实践当中通常比它更受偏爱，这是由于抽象的推理使它（例如，成文法）不是那样的易于理解。”（此处的报告明显有些混乱，但是语境使方括号中的内容所指涉的意义足够清楚了）

[88] LJ（A)，v，43. 参见 LJ（B)，75：“所有新的法庭都以遵循先前确立的规则为耻。所有新的法庭都是大恶，因为它们的权力最初都没有被精确地确定，因此它们的决定必定是松散的和不精确的。”

[89] LJ（B)，74.

[90] WN, v, i, f. 44.

[91] LJ (A), iv, 35.

[92] LJ (A), iv, 35："能够制定可以约束它们自身、它们的财产以及甚至那些本身不愿意遵守规则的人们的规则，这是一个政府的强大权威的标志。"LJ (B), 22—23："确实，在立法权被引入之前的很久，制定法律、制定规则已经不仅仅约束我们自己，而且约束我们的财产，约束那些从未对此表示同意的人，这就是政府职能的最高的运用。"

[93] 编辑注释说道："很有可能'扩展'(extend) 一词是有意这样说的。"

[94] 参见 LJ (B), 93："立法权力是作为对司法权的一种抑制而被引入的。"

[95] 当然，除非我们是在"警务、税收以及军队"这些领域在处理成文法，在这些情况下与正义的关系是更为复杂和不直接的，这些我们在上文 (pp. 93—97) 已经讨论过了。

[96] Above, pp. 149—150.

[97] 见早期手稿，《道德情操论》，App. II, p. 389。我标注的黑体。这一段在上文注释 [78] 被完整地引用过。

7

斯密的历史的法理学

7.1 引言

在前面的几章中，我们已经讨论了斯密法理学的分析性和批判性的方面。然而，他计划中的学说的一个最不同寻常的特征是，法理学不仅仅应该处理“法律和政府的一般原则”，它同样应该处理“不同时代以及社会的不同时期，法律和政府曾经经历的不同变革”。[1] 尽管这种历史的维度以现代的眼光看来可能是奇怪的，但是，法律的历史在斯密的论证框架中有着两个相当明显的功能。首先，如我们在第151至152页所看到的，我们通过研究人们是怎样试图去使用不偏私的旁观者的原则以及失败的使用了这一原则，只是得到了对于这些原则在实践中是怎样运用的。其次，法律的历史解释了法律的现有状态，而这种状态从自然正义的角度来看，是批判评价的对象。这种评价由一个给定的法律体系内部的对正义的“消极”检验构成，那么显而易见的是，理解这样一个体系是怎样达到其之前的结构的就是非常重要的了。去分辨如下问题是格外重要的，即，导致引入各种不同的警务法律的必要性是否是真实的，以及它们对于一个国家来说，是否仍具有不可或缺的重要性。如果答案是否定的，那么问题中的这些法律就进入了自然正义的领域，如果这些法律与自然正义的原则相矛盾，它们就应该受到谴责的。这种论证形式在《法理学讲义》和《国富论》中被反复使用。在斯密的法理学体系内，这是历史所能够起到的唯有的两个功能，而需要强调的是，在这里并没有一种传统主义的空间，据此，法律自身的古老性就赋予了它有效性。

我们已经从很多角度看到法律是如何与其他人类活动结合到一起的，那么相应地，它的历史必定应该被作为整个历史的一部分。在对斯密对这个主题所作出的宏大处理的回顾中，我们应该谨记，他坚定地赞同这一观念，即历史可以通过其事例来教导我们——这种教导乃是通过对情境的间接描述，而不是通过直接地对人类的合
154 法行为与非法行为的描述，所以我们能够同情性地去评价在该种情境之下，采取什么样的行动是适当的。[2] 这一点对于我们理解为什么斯密为了写作法律的历史而作出如此广泛的涉猎来说是非常重要的；而这对于我们理解他对于历史进程本身的观点，同样也是非常重要的——因此，除了冥想的功利主义者的小插曲，对我们理解立法者的科学好在何处也是非常重要的。

斯密展示了大量的历史材料，但我们在这里的意图仅是去讨论在法理学上重要的重大历史因素，并且同时提出足够的历史材料，以便使理解斯密的历史观成为可能。

7.2 原始社会

在斯密看来，法律的基础在于实践而非理念。因此，为了追寻法律的历史，他不会首先注目于智识的传统，就像希腊—罗马哲学或者基督教所做的那样。他将会考察各种不同的社会生活。他选择了一个启发式的手段，将社会发展分为四个大的“理想的最后典型的”阶段：“首先，狩猎社会；其次，牧人社会；再次，农业社会；最后，商业社会。”[3]

狩猎、捕鱼和采集只能在一定的区域内维持非常有限的人的生活，因此原始社会首先是一种小规模和分散的村落社会，只有非常稀少而脆弱的社交，并且只有在遭遇战争的时候才能结成偶然松散的联合。[4] 其次，原始社会是一个贫穷的社会：在那里只有最初级的劳动分工，因此，这个社会集体共有的技能、“技术”是极端缺乏的，在那里没有能够使财富积累得以可能的产品。[5] 再次，原始社会是一个弱小的社会，这种社会非常易于成为更为发达之社会的猎物，正如欧洲的殖民历史所表明的那样。它的弱小是因为它的小规

模和分散性，以及技术的匮乏，[6] 还因为其没有有组织的政府形式。[7] 政府的弱小是原始社会的第四个根本性特征，而这是由于在这种形式的社会条件之下，没有任何一种有可能使权力集中的因素存在。在这样的社会里，能够将一个人与其他人区别开来的唯一东西是他的年龄，以及他个人的、与部落生活相关的技术上的出众，而尽管年长是一个极其重要的因素，但是这两种因素都只有很有限的影响，因为它们都将会随着拥有它们的个体的死去而消失。[8] 权威无法超越这些，因为除此之外权威的另外两个来源，即优势的财富和高贵的出身，在原始社会里是不为人知的。[9] 所有权概念与这一社会最重要的活动，即狩猎和战争紧密相连，因此，在这里的所有权不会超过一个人当下直接的所有财产。[10] 在那里也不存在任何提出这
种观念的压力，即一个人能够对于什么东西提出特别的主张，因为 155
在那个社会里没有劳动分工能够使人们对动物或土地的利用、牲畜的积累得以可能。而基于出生的差别是以基于财产的差别为基础的，因此，在原始社会里没有世袭贵族，所有人都是接近于平等的。[11] 与弱小的政府权威的基础相对应的，是对政府权威的需求也是微弱的——这是同一个硬币的两面。因为所有权只及于最基本的个人物品，所以在原始社会在这一领域里几乎没有矛盾，只需要非常有限的裁判权。[12] 其他领域的矛盾将会被简单的家庭裁判所解决。[13] 因此，政府权威的施行只是偶然的和时断时续的。[14] 当权威被使用时，它通常都会处于一个在战争中树立了其自然的领袖地位的人的指引之下，但是，不论是在战时还是在和平时期，基本上政府的形式都是“民主的”——不论是它的“执行”功能还是“司法”功能——只要普遍的平等意味着所有信息都得到公开。[15] 在这种情况下，不需要任何的立法权，也没有足够强大的“政府”来支持它。[16] 一个政府所能做的一切不过是，在发生了足以威胁到社会存续的严重纷争之时，努力去扮演一个仲裁者的角色，而这种严重的纷争是指由懦弱引起的不一致（“叛国”）[17]，以及对其他家庭成员造成的严重身体伤害——尤其是谋杀。然而，后者并不导致适当的刑事司法，因为原始社会的政府所希望的一切无非是，通过调解来重建公共和平——与现代的“市民法”非常类似。[18] 总的来说，法律因此是被非常弱地建立起来。不论法律被认为是什么，都不存在任

何执行法律的法院，而是由全体人民——或者他们中的大部分——来作为仲裁者对纷争进行干预。[19] 不存在正式的法律；只有自然权利是得到最多基本关注的东西，但是这还不足以建立起一部适当的刑法；而在财产权领域，只有最简单的财产观念被规定了，而因添附、继承或通过契约而取得的所有权则不为人们所知。[20] 在所有原始社会里都没有家庭法，这仅仅是因为政府权力过弱，无法干涉家庭的私人事务，因此所有至高的绝对权力就都留给了丈夫、父亲和主人。[21] 既然在狩猎者中，“几乎不存在任何类型的政府”，那么在这个社会里侈谈公法是没有什么意义的。

在一种或他种这种类型的社会形式当中，存在着其他社会由之发展而来的起始基线。原始社会是“社会的最低下的和最粗野状态，与我们在一些北美洲的原始部落中所发现的一样”，与尤里乌斯·凯撒在英国所发现的社会状态一样。[22] 不幸的是，斯密从未彻底清楚地关注过，是什么力量造成了原始社会这种社会形式的解
156 体，并且提供了其向牧人社会转型的可能性。在一些情形下，他似乎说道，是人类的需要导致了为满足他们的需要而来的、有创造力的必需品的发明；而在其他的情形下，似乎又是创造力导致了这样的情况，即它使更多的需要能够实际上得到满足。但是，不论是否是人口的压力使人们产生了蓄养动物而并非把它们杀掉的想法，还是是否新的蓄养动物的方式使得更多的人的存活得以可能，事实就是这种情况发生了。[23] 而这一从狩猎到蓄养牲畜的转变，“是所有社会进步中之最伟大的，因为通过这种进步，所有权的概念超越了据有物，而在原始社会中这一概念被仅限于据有当中”。[24] 与这一部里程碑式的重要性相适应的是，这也是一个影响绵延伸展的进程。正如斯密在《法理学讲义》中所解释的，这也是关于一个强大的政府是如何随着它的需要，一步步地缓慢出现的可能性的故事。[25] 而在这一过程的后期，如此之多的制度性因素在人类情境中被发展出来了，以至于我们无法仅仅通过援引简单的生存需要来解释进一步的社会进化了。

7.3 牧人社会

当一些人有了蓄养动物的观念之后，那些先前“公共”的财

产，或者任何人都可以主张的财产，就不再是原样的了。而这又戏剧性地增加了一个社会中冲突的可能性，而这只能通过整个社会群体的干预才能得到解决。[26] 通过这种方式，新的所有权权利将在社会中被**一般性**地得到认可。整个社会群体作为旁观者——法官的角色被斯密反复地强调，并且，这一角色为我们理解新的所有权是怎样得到承认的提供了心理上的可能性。斯密对于狩猎社会的极大的平等被牧人社会的极大的不平等所取代的表述，在某种程度上是纲要性的，只有当我们考虑到了一个社会整体对先前被认为是属于公共财产的动物的所有权的逐步递进的接受机制时，这种表述才能获得完全的意义。而公众会议（popular assembly）则很有可能是随着牧人社会的发展，以不同的形式承认了所有权这一重要的权利。但是，在对动物的私人所有权的承认的荫庇之下，出现了越来越大的财富上的不平等，一些幸运者蓄养了大量牲畜，而另一些则两手空空。这会导致贫穷者依赖于富人，很可能因此后者在公众会议中所 157
获得了越来越举足轻重的地位。[27] 正是这种复杂的相互关系，而不仅仅是简单的对牲畜的积累，才是牧人社会发展的驱动力。当财产上的不平等被发展至一种极端的情况时，富人对公众会议的统治稳定地增长，所以富人和领袖将通常是同一个人。这种情形被以下事实进一步巩固了，即不仅仅是穷人依赖于富人，富人同时也依赖于穷人。在这种性质的社会里，一个人的财富没有任何其他的出口，除了把财富用在维持适当数量的依赖自己生活的人身上。因此，财富将在一个或者少数家庭中牢固确立，而财富和影响都会变成世袭的，因此，这种世袭就将出身的高贵性添加那些产生隶属关系的诸多因素之一。[28] “不言而喻，出身和财产是使一个人的地位高于别人的两个根本条件。它们是**人与人之间**差别的两个重要来源”[29]；并且，出身和财产是人们尊重的两个自然对象，而这种尊重可以使整个体系更加稳定。但是，除了这些对特定之人（或者家庭）的具体权力的倾向之外，还存在着其他导致中央政府权威机构的因素。与更早期的社会相比，牧人社会的规模更大，并且有着更为复杂的所有权结构。这意味着司法权实施将在份额和难度上都有显著的增长。与此相似，这样的社会将会更加强大，与另外的社会对抗时，更加易于作为一个整体而行动，因此执行权（executive power）也会相应地得到扩张。所以，尽管最终的决定仍然握于全体人民的手中，尤其是涉及战争与和平的时候，[30] 但是，一个选定的公众会议将会逐渐地制度化，以便去处理这样的事务，而恰恰是在这个公众会议里，领导者优势的影响力得到了发挥。[31] 这样，整体的结果就是，稳步地得到强化的政府权力和司法权的初步专门化。政府能够更多地参与到人们的私人争端当中去了，在更加严重的情况下，政府可以做的比仅仅作为一个仲裁者更多，它可以试图对侵犯者施加惩罚。[32] 当然，这一切仅仅只是模糊的开端；但是，在涉及整个社会作为一个整体的事件当中——尤其是战争中——政府在早期就已经拥有绝对的权力了。[33]

显而易见，在这一阶段中法律最为重大的发展是，将所有权的概念扩大至将把对动物的所有权涵盖进来了，斯密极其小心地解释了，对财产的实际据有的原始需要是如何渐渐地松弛，而达到了对我们讨论当中的动物“权力”的更加宽松的形式的。[34] 斯密说道，这种发展一旦发生，“那么就毫无难度，所有权主张的对象从一种扩展至另一种，从牲畜扩展至土地本身”[35]。但是，在牧人时期，另一种类型的进一步扩展已经发生了：不仅仅是作为所有权之主张的对
158 象观念发生了变化，所有权应当如何合法地被要求的观念也同样发生了变化。最基本的添附概念——对奶和幼畜的主张——从对动物所有权的认可中自然地出现了。[36] 同样的，继承的简单的自然原则得到了承认，并且形成了法定继承的基础。[37] 但是，当时还没有遗嘱继承的观念，也没有契约观念，更没有对婚姻财产契约（marriage settlements）的法律规定。[38] 如上文已经提到了的，贯穿着整个牧人社会的发展，这种不断生长着的对权利的承认倾向乃是来自于对违法行为的认识——或者来自于惩罚，而不是来自于仲裁或者说服性的赔偿。这种认识始于“公法”的领域，在那里，惩罚所针对的是对社会的侵犯（“叛国罪”），渐渐地，这种惩罚转向了针对个人的严重侵犯行为，而直到这种社会形式达到成熟的阶段、或者转化农业社会之后，一种相当稳固的法律体系才得以产生出来。事情是这样发生的，当公权力介入私人争端的时候，它保护实施侵害的一方免于遭到受害一方及其家属的报复，而这是为了建立一种合乎标准的惩罚，通过这种惩罚，受害方可以使施害方遭受惩罚，那么相应

地，公权力为其所提供的服务收取同样比例的费用。这就是这一漫长进程的开始，即使惩罚成为绝对的政府事务。[39]

尽管在牧人社会中，政府可以得到力量，并且可以更为轻车熟路地发挥其司法功能，但是，这种政府与存在于制定法中的、“极其精致的政府形式”依然相去甚远。[40] 如果是在一个游牧社会（nomadic shepherd society）中，政府的执行权力将会迅速成为绝对的力量，而它可以发布命令的力量也会是压倒性的。靠放牧为生，逐水草而居，这样的社会可以维持大量更多的人口，同时在处于军事对抗的状态时，这个群体具有与猎人一样的机动性。由于游牧民族不保卫特定的居住区域，而是把全部身家都携至战场，所以他们的战争结果通常是彻底的征服，以及对失败一方的人员和财物的全部掠夺这就使得胜利的一方愈加强大。因为有着强有力的领导，一个游牧民族的牧人社会通常是一种令人生畏的力量，我们发现历史上游牧社会占领定居社会的例子比比皆是，而其中最为著名的便是罗马帝国的终结。在斯密的时代，游牧社会仍然在非洲和亚洲占统治地位，其中阿拉伯和鞑靼都是非常重要的地区；而对于后者，斯密说道：“我们发现，这个民族发展出了远比世界上其他任何民族所能产生的变革更多的重大变革。”[41]

7.4 希腊与罗马

上文所提到的游牧民族生活在这个世界上的这样一些地方，那
里的土地天然地只适合草原生长，而不适合其他任何东西。但是在
欧洲，首先是阿提卡（Attica），两种条件的巧合为社会发展超越牧人
的阶段提供了可能性。不仅仅是有着如此优越的土地和气候条件，
种植业不成问题，并且还有着相对优越的地理条件，使这里的国土
易于防御来自游牧社会的进攻。这种条件的巧合使得斯密的故事是 159
一个明显不同的欧洲故事。特洛伊战争结束之后，首先是阿提卡，
然后是一些其他的希腊地区作为农业社会定居下来了；而便利的海
上交通使得它们可以轻易地与邻近社会交流，这同样也相当迅速地
刺激了某些商业的发展——这一进程扩展至整个地中海地区。伴随
着这一过程，“一些艺术、科学和制造业”也得到了发展，使得这些

社会变得富裕和文明，并且成为了其他欠发达社会嫉妒的对象。随之而来的防御问题通过在做好防御工事的城市里定居这一方式而渐渐得到了解决，而这又带来了政治上的重大变化。当向城市的迁移发生时，社会仍处在于牧人时代的领袖的统治之下，而这种政府很快就会衰落。这是因为，人与人之间的关系更为密切的城市生活将会在领袖与其他贵族之间产生自然的嫉妒和对抗，并会使后者在公众会议中更容易产生影响。在这种情况下，一个半民主半贵族制的政府形式就出现了。[42] 这种政府实际上是由选举出来的贵族构成的，因为只有那些出身高贵者才能够被选中，但他们仍然保持着他们的民主要素，并且实际上倾向于逐渐向民主的方向发展。雅典和罗马情况都是如此。这种情况中的一个决定性因素是奴隶制，因为只有在所有的生产工作都由奴隶来从事的时候，自由民才有可能参与到政治生活中去，与此同时，自由民中的穷人［即平民（plebs）］才能够不依附于富人和那些有雇佣权的拥有者们。因此，社会上将会有着一个很大的群体，他们试图通过发出对政治权力的强烈诉求来改善自己的境遇。这与没有奴隶的现代社会形成了鲜明的对照，在现代社会里，穷人因为要忙于工作，几乎没有时间、也不那么热衷于参与政治；而且现代社会中的穷人在一个**适当的**程度上依附和顺从于富人及雇佣权的拥有者们。所以，尽管通常来说，商业发展的结果可能往往会消解贵族的世袭权力，但是如我们看到的那样，这种情况在古代社会里发生的速度要远远高于在现代社会已经发生了的和将要发生的。[43] 随着公众会议影响的增长，接近政治权力的方法变成了尽力去支持穷人对公共补贴（public subsidies）的要求[44]，而这种政策则进一步激化了形成中的防御问题[45]。当社会基本上还处于农业状态时，大部分人口还是适合于运用他们的体力来从事战争的，尽管他们可能不像狩猎社会和牧人社会中的人口那样适于作战；而尽管他们在机动性上大大地减弱了，一年中只能有一半时间外出作战，他们还是能够组成一只非常好的作战军队。[46] 但是，当人们被雇佣从事制造业和商业时，事情彻底地改变了：只要他们离开工作，他们的被雇状态和收入也就随之结束了。在雅典和罗马，自由民在很大程度上也参与到了企业之中，因此，他们参战的能力和意愿都逐渐减弱了。[47] 尽管大部分的工作是由奴隶来承担的这一事实，延缓和弱化了这一结果，但是这种社会发展迟早会显示出它的影响来。此外，随着商业发展而来的更高程度的奢侈的生活方式，使得人们更加不适合于参加战争，也更加不愿意参加——这种倾向随着“民主的”补贴政策而被进一步加强了。与此同时，战争技巧和作战机器的技术都变得更为复杂了，前者导致了战争的时间更长，以及因此而来的对某些（外国）雇佣兵的依赖；而后者则导致了城市的防御更加困难，以及对专业防御技术的需求。[48] 至于雅典和希腊，这种发展带来的结果是，马其顿人发现了他们是易于攻击的对象。[49] 但是，当“防御性的”希腊共和国受到来自外部的最后一击时，扩张主义者、“征服性的”罗马共和国则承受了由这些发展而导致的内部的消亡。罗马帝国赖以存在的是军队，而当军队的征兵基础被逼仄至“最底层民众”、乃至于获得自由或者逃跑了的奴隶的时候，这些军队就不再是政府的工具了，而是属于他们所依附的那些将军的。由于这种依附关系，同时也由于与迦太基之间战争的长期与艰苦，都使这些军队从民兵转化成了专业的常备军部队，因此也就形成这样一种权力的基础，即将军们试图自己成为独裁者。这种企图最终由恺撒成功地变为现实[50]，而同样的情况也可能发生在迦太基，如果汉尼拔将军没有被打败的话。结果，这种“军事独裁者”在一个相当长的时间里维持并且扩张了罗马帝国，而这正是由于其常备军的力量。但是，当他们有可能——至少在边境省份是这样的——堕落为劣等的民兵的时候；以及当他们开始依赖于来自周边地区的野蛮人的雇佣兵之时，帝国开始衰落了，并且为北方民族对其的入侵提供了条件。[51]

在共和制政府的长期发展过程中，在所有领域中，根本权力仍然属于人民全体，但是，由于司法和行政事务的范围和难度不断增长，这些事务越来越多地由被选举出来的会议机构来处理了。但是，尽管雅典人从未牢固地建立起司法功能与行政功能的分立，[52] 司法事务在罗马却是如此的专门化，法院与裁判官（praetor）的职能彻底地从元老院和执政官（consuls）那分离了出来。在斯密看来，罗马人甚至一度“暂时搁置”了这一根本性的观念，即关于“时代的所有事物”的最终诉求都是指向人民的。[53] 这个时代同样见证了“极其精致的政府形式”的开端，这种政府形式存在于正式法律的制定中。

“这发生在雅典、斯巴达以及其他很多地方，只要那里的人们要求以法律来规制法官的行为。”[54] 然而，这一新的功能并没有被掌握于政府的一个独立分支中，而是仍然属于人民，这种情况一直维持到军事独裁的皇帝取代了共和政府。[55] 那时，立法权名义上转移到了
161 元老院——但是元老院的议员们“完全是王权的产物”，他们掌握着行政权。[56] 对司法事务的终极诉求最终也落入了皇帝手中，[57] 但是只有在涉及皇帝本人以及他的利益的时候，这种权力才真正起作用。[58] 而在所有其他的情况下，符合皇帝利益的做法是，坚持已经建立起来了的正义体系，尽可能严格地将这些事务留给司法机构去执行，在这一点上罗马皇帝做得与共和体制下同样严格，或者甚至比共和体制下所做的还要更加严格。为了强调他的这一观点，即“军事政府使得对正义的实施最为严格”[59]，以及因此而来的，个人自由与政治自由是完全不同的两件事，斯密就罗马帝国与克伦威尔政府在这方面的成就作出了一个精彩的比较，他同样也对比了军政府治下的西方帝国与东方帝国，即由那些对规则的正义一无所知的“鞑靼”王族后裔作为统治者的国家。[60]

在这种方式处于皇帝保护之下的正义的施行体系，在雅典和罗马经历了非常重大的发展。在雅典，多达 500 人的大型公民会议机构作为法院起作用。由于这种庞大的规模，雅典公民大会不可能让每一个参与庭审的人都对其审判作出解释，也不可能会有对先例加以注意的意愿，而结果是，这种裁判在程序上高度的武断，并且缺乏一种体系化的实体法律。这种情况在罗马帝国戏剧般地改变了——在罗马帝国，法院的规模很小，而法官的职责也被作为一种分离出来的专业化工作。这样的结果是，法官很容易被要求对其行为作出说明，因此，他们通常通过适用先例来保护自己。这“必定使罗马法成为了一个规则的体系，而罗马法正是以这种体系化的方式流传给我们的”，这也使对法律的研究成为了一种单独的科学，这种研究开始于某些特定的、以其职业为荣的家庭。[61] 雅典法律与罗马法体系之间的这种区别的重要性，同样可以通过援引一种现代的类比而得到强调——它们之间的区别就像巴黎议会的大规模会议机构与英国下院和英国法官在实施其司法功能时的区别一样。[62] 但，这种区别的重要性远远不止于此，因为“在相当重大的意义上”，正是由于对

司法的掌控，罗马人才保持了他们的共和国“500年以上的伟大辉煌”；而这样一个事实，即希腊的演说家们能够“像乐队指挥在指挥乐队时所做的一样地来处理人数众多的法院事务”，并且加上我们已经见到的很多其他因素，这些使得“雅典人未能将其荣光维持到70年以上”。[63] 与此相似，“罗马人比希腊人更优越的那些品质”，并非是由于其他任何原因，而不过是因为“罗马法院更好的组织形式”。[64]

法律所有方面所取得的重大进展都发生于思考的年代。所有权 162
的概念被扩展至土地，这是“所有权概念所经历的最伟大扩展”。[65] 最初对土地的所有权是集体性的，在这里，斯密让旁观者运用了一种非常基础的休谟式的心理联想：人们“很难轻易地构想出一像土地这样的对象，它对作为一个单独的人的主体依赖的程度如此之少”。[66] 在这个体系中，每一季度土地都按使用而被分配，但是，一旦人口——或者至少是富人和强权者——开始在城市中聚集了，一种固定的分配方式作为最方便的分配方式而出现，因此在大多数古老的共和国里都颁布了“公地法律，这种法律将公共土地按照某种比例，在构成了该共和国的不同公民之间进行分配”。[67] 伴随着对土地私人所有权的建立，添附也得到了相当程度的扩展——首先是对于生长在土地上的任何东西的权利，继而是该土地表面之下的任何东西，例如矿产等。[68] 同样，关于时效的法律也发生了变化，时效所要求的时限显著地延长了，尽管古代法律的规定从来没有达到现在的法律所规定的时效长度。[69] 继承的原则发生了巨大的变化，尤其是在罗马，斯密花了大量笔墨来解释法律是逐渐地调整是如何适应变化着的家庭类型的。因此，那些离开了家庭的儿子，已经出嫁的女儿，以及被他人收养了的儿童，不再能够分享遗产了。而妇女的逐步独立——在经济等方面——使得一种新形式的婚姻契约关系出现了，这种契约同样也影响到了继承。[70] 然而，最重要的是，不论是雅典人还是罗马人，都达到了“极其高贵的人性”，而这使得人们尊重死者的意愿，因此开始了——尽管是缓慢地——对遗嘱继承的认可。尽管对遗嘱继承的认可从来没有能够达到对限定继承的承认程度，但是，它与限定继承足够接近了，以至于将这一观念引介给了后来的基督教教士那里——并且带来了严重的后果。[71] 尽管斯密只是简单的触及了古代物权法其他方面的发展，但是我们被告知，大量的地役权已经出现，并且其中的一些从个人权利变成了物权。[72]

随着商业的发展，最初为了缔结与契约类似的东西而举行的各种各样的庄严仪式不得不有所放松了。而为了适应各种特殊的需要，法律对各种形式契约的承认程度相当之高，在某种程度上已经可以与现代契约法相媲美了——这是政府强大的一个进一步标志。[73] 斯密并没有系统地研究在这一时期个人权利的另一个主要来源，即违法行为，尽管我们发现他援引了大量具体的刑罚形式。然而，他清楚地表明，政府已经取得了足够的力量去废止在个人之间发生冲突的情况下、只给予对被侵犯者严格的补偿体系，而是代之以施加实际的
163 惩罚。最初，“犯罪从两个方面被考虑，首先是作为对受损害家庭的侵犯，以及对和平的侵犯”[74]，出于第二个原因，几乎所有的公众对之感兴趣的犯罪都被视为是叛国性质的，并且被处以相应的严厉惩罚。“但是后来裁判官们将这些惩罚变得更为温和、与自然平等更相适合了”，正如梭伦在雅典所做的。[75]

古代婚姻法的历史基本上就是妇女是如何从毫无对抗丈夫的权利，到她们几乎获得了平等权利的历史。最初，妻子的地位与一个获得了较好对待的奴隶的地位相差无几，这主要是因为她没有任何财产能够带到婚姻中来。但是随着财富的增长，妇女通过继承成为了财产的所有者，尽管不是自然地通过工作或者取得公职而获得的财产。结果是，不论是她们自己还是她们的家庭都要求对她带到婚姻中的财产具有单独的所有权，以及与她们的丈夫同样的终止婚姻关系的权利。因此，很多婚姻是建立在一个纯粹的契约式的基础之上，即双方都具有同等的离婚权利。这对道德和行为方式的影响是显著的，“在共和国的末期，几乎没有一个伟大的男性没有过被戴绿帽子的经历”[76]。这种情况从罗马共和国的末期——中间有些小的修正——一直持续到先是北方边远地区居民，继而是基督教教士对这种滑稽情况的终结。[77]

在早期社会里，父亲对子女的权威几乎与其对妻子的权威同样的绝对；父亲可以抛弃子女，可以出售他们，按照他的意愿安排他们的婚姻；子女的财产是父亲的所有物，并且父亲对子女拥有完全的司法权。尽管在基督教取得权力之前，遗弃子女的行为从未被彻

底地剔除出社会，但是所有这样的事情都随着法律的逐渐干预和对子女某些独立权利的承认而有所改变。而涉及婚姻，改变是从其他家庭成员对婚姻的干预开始的，尤其是妻子的家庭。[78] 然而，这些情况不可能发生在主人与仆人的关系中；后者没有任何人站在他的立场上为其进行干预，因而他们的历史仍是权力与暴力的历史，而非权利的历史——即奴隶的历史。随着罗马共和国越来越富有，奴隶的数量也在增加，这使得更严厉的纪律变得必要了；而这又被越来越大的社会鸿沟所强化，这种社会鸿沟削弱或者阻止了在社会的早期或者较贫穷的时期还有/所可能发生的任何同情性的交流。罗马共和国是对“奴隶制的严重程度对应着社会文明的程度”[79] 这一规律的最清晰的说明。而罗马共和国与罗马帝国之间的一个对比也同样清晰地表明，只要奴隶主还是立法者，奴隶就是没有希望的，尽 164
管一个像皇帝那样的不受限制的政府可能至少会稍稍减轻他们的负担。[80] 强势政府不见得在所有方面都足够强势。

7.5 现代欧洲的出现

导致罗马帝国消亡的原因很多，并且非常复杂，但是在最后时刻，这种原因是防御上的问题，而这一问题已经被来自北方的侵略者，即部落社会利用过多次了。这些“日耳曼和赛西亚民族”正处于由放牧者向农夫转型的阶段，尽管显而易见，他们具有高度的流动性，但他们同样已经具有了关于土地所有权的观念，以及对农业的一些理解。因此，这种冲突是一个相当发达的商业社会与一个或者多个刚刚开始步入稳定的农业生活的社会之间的冲突。因此毫不令人吃惊，出现了“跟随在如此一个巨变之后的，持续了几个世纪之久的混乱”[81]，而事实上，直到斯密自己所处的时代，欧洲历史上大量的基本特征仍是由这一事件所固定下来的。一开始，制造业在很大程度上被破坏了，而通讯系统则彻底崩溃，这使得商业变得不再可能了。大城市的整个基础以这种方式被破坏了。与此同时，侵略民族的各种酋长和地主们在他们之间瓜分了土地，而结果是，在欧洲的大部分地方，生活被彻底限定在或多或少孤立的或自给自足的农村社区里，这些社区构成了一个郡县，而这些郡县又构成了一个王国。土地属于国王或者大领主，并使得所有人都依赖他们而生活，这种依赖的程度甚至比人们在牧人社会时代对国王和地主的依赖还要强。最初，在本地事务中，存在着一个自然的社区裁判权，而郡县大会（county assembly）负责社区之间的争议，国王和民族大会（national assembly）裁判郡县之间的争议，并且作为诉求的终审法院。除了这个等级体系之外，还存在着大领主们的裁判权，这些大领主对于其土地上的奴隶来说就是法律，在那里，国王的权利非常弱，以至于无法干预领主的事务。

然而，所有表面上的大众裁判权都抵抗不了持续增长的领主的权力，而导致这种情况的力量同样也结束了古老的政府完全保有土地所有权（allodial form of government）的形式。[82] 这些领主们处于与牧人时代的酋长类似、但是更加严重的情境中：没有任何制造“奢侈”物品的真正的制造业，没有商业，社会除了令他们的财富可以维持更多依靠他们生活的人之外，没有提供任何其他的使用财富的途径。这使得领主对其领地里的所有人都具有绝对的权力，但与此同时，这些领主也只能在表面上，即在他们对其佃户的依赖范围之内维持这种权力。因此，这导致了他们授予佃户们越来越长的土地使用期，最后佃用期变成了可继承的［作为封地（feuda）而保有］。
165 作为回报，每个新佃户都必须交纳一笔费用，为了接手土地［“解除”(relief)］，并且必须为领主提供军事服务以及其他的工作。如果这些义务没有得到履行或者佃户没有继承者，土地则归还给领主所有。领主为佃户和奴隶们提供保护，并可以决定他们的婚姻；领主为自己的领地铸造钱币，并且通常具有最终裁判权。与引致了向下的封建制度安排的防御问题相同，同样的防御问题，也从地方领主出发引致了向上的封建制度安排：低级别的领主需要保护，并因而同意封建地保持着某高级领主的土地，以获得其保护作为回报，同样的机制甚至使得大领主封建地保持所在国的国王的扩张性的所有权，以获得后者的保护。[83] 但是，尽管国王与领主出于防御的目的而彼此需要，也尽管国王经常为了扩张封建体系而催逼领主，但是，这些对于领主在其自己地盘上的行为几乎没有影响，在那里，领主保持着绝对的权力。而涉及国王与领主之间的关系，封建主义在斯密的眼里，不会被视作是领主们试图攫取新的土地和权力的一种成功的努力，而是被视作是国王为了抑制领主们已经获得的东西的一次不成功的努力。从民族政府的角度来说，其结果是一个贵族大会的统治权，而该会议是由国王——最大的地主来领导的。[84]

权力不仅仅在世俗的领主中被集中，同样在精神的领主之中也在被集中着。基督教教堂很早以来就被组织成了一个牢固地编织在一起的封建制度，而这个封建制度迅速地变成国际性的了，并且被“变成了一种精神军队，尽管在不同的区域里扩散着”，但是却处于非常核心的领导下。那种“王子的和私人的……错误的虔敬”已经导致了他们向教士捐赠了大片土地，而财富还在进一步地因什一税权利所扩张着。因此，任何一个国家中的教士都与封建领主一样富有，甚至比领主还要富有，而且与领主处于同样的地位，他们拥有大量的依靠他们生活的佃农和门客，并且从这样的事实中得到进一步的支持，即，只有他们才能照料穷人的痛苦。除了所有这些之外，比之于世俗的领主，教士还有着的两大好处。首先，当世俗的领主在彼此作战、以及在与国王作战的时候，教士们拥有着一种程度很高的、他们的一般任务加诸于他们之上的交互的忠诚。其次，他们的办公场所被所有的神圣的神秘、和与另一个世界的特殊联系所围绕着。结果是，教士比任何其他人都能够更好地去对抗国王的权力——他们的力量如此强大，以至于他们实际上能够避免处于除了内部的司法权之外的任何它种司法权之下，因此他们享受着“教士的利益”，并且牢牢握着在欧洲有着极其强大影响的教会法。总的来说，“罗马教廷的结构可以被认为是曾被建立的、用来对抗市民政府权威和安全的最可怕的联合体，它同样也对抗自由、理性和人类的幸福，而这些只有在市民政府能够保护它们的地方，才能够繁荣发展。”[85] 166

与国王的封建政策无法打破现世的领主权力一样，不论是国王还是“人类理性的无力努力”，都无法与教士的“与私人利益连接”相匹敌。改变还是到来了——尽管很缓慢——从完全不同的和不那么明显的地方开始。还存在着两种其他类型的卑贱阶层的人民，乡下的农奴（villein）和城里的市民。农牧民们处于某种程度上比古代的奴隶还要悲惨的境遇当中，尽管他们已经被困于这种境遇当中有很长一段时间了。但是市民的情况有所变化，并且有着显著的效果。在罗马帝国崩溃以后，城市和城镇不论是在规模上，还是在重要性上以及在居民数量上，都急剧地减少了，小商人和“技术工人”是如此地依赖于国王或者临近的大领主，所以实际上他们也是农奴。但是，斯密所认为的，或多或少是自然的，僧侣与奴隶的联盟很快就有了效果。国王会授予自由贸易大量的特权，首先是授予单个的市民，继而是授予这种市民；而国王会授予他们一种自我计税（self-taxation）的方法，而随这种方法而来的是一种自我管制的政府（self-government）。此外，国王会迅速将这一政策运用在他与大贵族的持续斗争中，通过解放市民—农奴来削弱大贵族，因此形成一个对抗他们的联盟。不论是贵族还是教士，都试图逐渐削弱国王的权威，但是通过授予公民以权利，不仅仅是内在的自我管制政府的权利，还包括通过城墙和城市军事武装来防御的权利，这样，国王就确保人口中逐渐增长的一部分从他的对手那里独立出来了。这种政策的结果是，城市变成了每个国家中的“一种独立的共和国”，而在有些国家，例如意大利和瑞士，[86] 它们甚至成为了彻底独立的国家。这些城市建立在制造业和商业的基础之上，因此，它们不得不依照一个正义的体系来谋生，这个正义的体系可以使必要的劳动分工更有效率。“秩序与好政府，以及与它们相伴随的个人自由和安全，以这种形式在城市中被建立起来，而当时土地的占有者们在乡下还处于所有种类的暴力的可能性之下。”[87] 然而，这种不平衡是无法持续的。

这些城市为其周边地区建立了一个提供初级产品的市场，并
167 且，它们建立起了国际贸易的联系。它们直接致力于土地的改良，当商人们开始将收益投入其中时——在他们能做到的范围内。但是，最重要的是，它们为领主的财富创造除出了一个新的出口，包括世俗的领主**和**精神的领主，对他们来说，城市提供了一个市场，在那里他们可以用他们的初级产品来交换人造商品。然而，他们花费的不仅仅是财富，还花费了权力。随之而来，当这些维持了大量依赖者生活的产品被送到城镇当中去的时候，仆人不得不被解散了，有些佃农也不得不走同样的道路，而其他人则被榨取了更高额的租金，以作为更大的独立性的回报。因此：

> 大有产者们不再能够打断正义的常规实施，或者去干扰国

> 家的和平了。他们并不是像以扫（Esau）①那样，在其饥饿困顿的时候，为了蝇头小利而出卖了他与生俱来的长子身份；这些大有产者们是在其富足的荒淫嬉乱之中，为了琐屑的小饰物和花哨的小摆设，而出卖了他们与生俱来的权利，他们成为了与城市中的任何一个重要的市民或商人同样重要的人。不论是在乡村还是在城市，一个常规的政府都被建立起来了，没有人有足够力量干扰其中一个的运行，甚于对于另外一个的干扰。[88]

这一为绝对君主制扫清了道路的发展，在欧洲的大部分地区都发生了，但是日耳曼地区除外，在那里，贵族的地产是如此的庞大，以至于即便是城市中的诱惑也不能将他们吞并。因此，他们维持着自足的小州，而皇帝则变成了一个弱的选举制的国君。[89] 与德国的这种情况相同，瑞士和意大利也或多或少地被分成了小的共和国，而西欧的主要其他民族——西班牙、葡萄牙、法国和英国——则成为了绝对君主制的国家。根据斯密，教会花费了大量的财富，逐渐变得不再能够也不再愿意提供慈善和其他传统的社会服务了，它对人民大众的精神领导地位也下降了。在这种情况下，不论是法国还是英国的君主，都能够在精神领域重建一些影响力了。[90] 与国王相比，地主们变得贫穷了，他们不再能够召集军事力量了。因此，唯一能够立足于奢侈之上而能够不受打断地“爬行”的、逐渐上行的财富阶梯之外的是国王。[91] 只有国王有足够的财富来分配公职和维持军队。随着受雇于制造业和商业人数的增长，维持军事力量的难度更大了，而与此同时，技术的进步使得军人的工作远远成为了一项更为专业化的职业。因此，防御问题的解决依赖于专业化的军队，而一旦一个民族走上了军事专业化的道路，其他的民族就不得不跟着做。[92] 只有一个例外：英国。由于英国的地理位置，她不存在防御问题——除了来自苏格兰的，而这个问题又便利地被王位的联合以及后来的议会联盟解决了。此外，王室的财政收入很少，而自从伊丽莎白出于其个人原因出售了她的领地之后，君主在

① 以扫（Esau），《圣经》中以撒和利百加孪生儿子中的长子，他轻看自己长子的身份，在他一天打猎回来、困顿不堪的情况下，为了弟弟雅各的汤而将自己长子名分出卖给雅各，从而被自己弟弟骗得了父亲的祝福。（《创世记》，25，27）——译者注

经济上过于弱小，远远无法维持一支持久的军队。因此，当大陆的
168 国王们能够通过他们军队的支持而永久保有其绝对政府的时候，英国的君主却被置于了议会越来越多的压力之下——这一过程在查理一世执政时期达到了顶点。在王政复辟之后，更多的是君主的“力量”的缺乏而不是资金的缺乏，使英国免于了绝对君主制；而光荣革命在王位上建立的“新贵”严重地依赖于议会。[93]

在议会的两院中，当然是众议院在英国变得非常重要了。最初，所有的土地所有者们都在国民大会中有拥有一个座席、并且让国王在重要的事务上聆听其声音的权利，尤其是与金钱有关的问题上。但是，随着小贵族的大量增加，这一点就变为必要的了，即，不太重要的地主应该仅仅派出地方代表。与此同时，城市成为了如此重要的财政收入来源，以至于国王不得不授予他们这样的权利，即派出代表，并让这些代表在一个单独的会议中被聆听到。而这两组代表最终被合并成了一个机构，由于这个机构所代表的是一个比所有可能的税收收入都还要高的比例，这个机构逐渐变得越来越强有力了。然而，地主的力量确实衰退的如此之快，以至于即便是在都铎王朝的统治之下的英国，在下院能够发挥其全部力量之前，也有着一种专制主义的爱好。[94] 但是一旦下院能够发挥其全部力量了，宪政的平衡就在很大程度上被改变了。在光荣革命之后，国王被削弱到只有这样一种选择，即，或者赞同或者否决来自于议会的立法；在经济上他极大地依赖于对王室费用的投票；而尽管一支常备军队已经到位了，但是它在经济上依赖于议会，而军队的许多军官都是独立于国王的大地主或者议会成员。与此相类似，与下院相比，上院的地主们也被削弱了。下院是一个人数更为众多、且精力更为充沛的机构，它广泛地代表着人民，并且代表着与地主同样多的财产，或者更多。由于相当频繁的选举，下院变得更加负有责任、也因此在其职责上更加被信任了；它取得了几乎所有的立法创制权，并且在财政法案上拥有独有的创制权。结果是，统治权不再是属于国王的了，而是以这种方式被分割了，即，英国政体成为了一种奇特的混合物，它是由三种不同阶层的政府形式构成的。立法权压倒一切地属于下院，但国王在其中保留着利益关系；执行权是属于国王的，但是该权力本身是被首相所实施的，而首相是可被议

会弹劾的；而尽管国王在其拥有所有正规法官（regular judge）任命权的意义上，仍可以被称之为“正义的源泉”，但是这些法官是可以独立于国王、而被终身任命的；国王本身没有司法权，而诉讼的最高法院即国会上院，不论是在任命还是在程序方面都是独立于君主的。所有这些统治权的各种不同分支间的关系的政体上的安排，都倾向于保护公民权利，来对抗作为整体的统治权，而这种保护又被 169
两种直接的方法进一步地加强了，即《人身保护法》（*Habeas Corpus Act*）和相当频繁地举行的、由全体选民所进行的选举，这些选民在英格兰——而不是苏格兰——是来自于平民中相当广泛的部分的。[95]

对于斯密来说，对英国的特殊情况给予了极大的注意是相当自然的，但是，注意到这一点是很重要的，即，他是把他的讨论放置于整个欧洲框架之内的，并且他使这种讨论在很大程度上成为了比较性的。除了德国的例外（不包括日耳曼的自由城市），所有的西欧国家都有一个共同的基本经验：封建地主的衰落导致了**强大的**政府。地方地主的切近的暴政实际上被专制君主的遥远暴政所取代了，而这种距离在任何地方都是极其重要的，不论君主制的形式是否随之发生了变化。[96] 统治者与臣民之间的距离意味着切近的“监视”变得不可能了，而随着商业的增长而极大地增加了的司法事务，对于统治者来说占据了如此大的比例，以至于他倾向于越来越多地将这些事务交由独立的法院和法官之手处理。

当斯密在谈论这种司法权的独立时，他是从现代欧洲的角度来谈的。[97] 但是，对于司法权的发展中所发生的特殊转变，则仍不得不再次对英国投之以特殊的注意，这部分地是由于斯密在其讲座课程中的态度和他的学说的计划，部分地则是由于情势使得英国的经验与欧洲大陆和苏格兰都不相同。独立法院的出现只有在英格兰发生得比任何其他地方都更早，这可能是因为英格兰的贸易更为发达，[98] 而其司法权是完全建立在普通法的原则基础之上的。但是在欧洲大陆和苏格兰，这种发展到来的是如此之晚，以至于被需要的法院并没有作为对特殊需要的回应而演进，而是不得不由统治者所直接建立。发展的这种滞后还意味着，被执行的法律是建立在罗马民法体系和教会法、不是本土与生俱来的普通法的基础之上的。正如我们已经见到了的，“新的法院和新的法律……是大恶”，因为它们缺乏将一个

像英格兰那样的普通法体系区分出来的具体性和精确性。[99] 在斯密看
来，对先例的使用被这种情势所强化了，即，在独立法院和法官的
发展的早期，独立的法院和法官“通常是没有财产和头衔的最穷困
的那类人”——经常是神职人员。[100] 比起早期罗马与其相对应的
人，这些人比他们更加没有保障，因此，他们使用对先例的严格适
用，来更加仔细地保护他们自己。后来，当法官获得一定的力量的
170 时候，立法权会把他们置于对先例的最严格的遵守之下，以防止他
们否则会施用的武断的权力。而这里，我们在前面的章节已经讨论
过了的，“对非正当的惩罚的惩罚”的原则当然就会被适用了。[101] 对
先例的遵守是如此的严格，以至于普通法法院不具有通常与之相伴
随的弹性，他们难于适应大量新的主张，这些主张需要法律上的承
认，即为了商业社会的发展，将它们确认为是权利。这为一个全新
的、外在于大法官法院（Chancery）的法院的发展提供了机会。最
初，大法官法院的职员只为其他的法院准备了训令（书面令状）；而
为了满足新的需要，大法官法院继之被允许令其职员准备超过两个
或者两个以上的近似先例的训令；而最后，在普通法未能覆盖的问
题上，尤其是关于契约、信托和遗嘱的问题，大法官法院开始凭其
自身的头衔来判断了。[102]

毫不令人吃惊，不偏私的旁观者哲学家会强调英格兰法院的早期力量的另一项成果：陪审团体系。斯密所强调的现代陪审团的特征恰恰是，陪审团几乎是作为一个不偏私的旁观者而起作用的，而因此，陪审团限制了“法官的权力”，这是由于对陪审团的精致遴选程序。斯密信任亨利二世对这一体系的组织的立法智慧，因为在那时之前，陪审团仅仅是旧的依据他人证词宣誓证明被告无罪程序（compurgation）①的体系的一个精致化，这个体系的存在遍布于全欧洲。[103]

在解释各种不同的法院的独立时，斯密同样也使用了大量的细节，这些法院包括——国王法院（King's bench）、理财法院（Exchequer），以及高等民事法院（Common Plea）——以及它们的功能，但

① 依据他人证词宣誓证明被告无罪程序：英国古时的法院，对准刑事或者民事案件的被控人，可以用宣誓来证明他是清白无辜的，但是按照规定，要邀请一定数量的人，一般为12人，同来法院宣誓，证明他所说的是真实的，这些人就被称为“compurgator”，该程序就是“compurgation”。——译者注

是，在这里唯一需要注意的问题是，斯密（错误的）观念，即，最终成为了国王法院的、处理刑事案件的法院，是首先独立的。憎恶的感受和对报复的渴望在刑事犯罪中要比在民事犯罪中远远更为尖锐，以至于前者要求的是即时的审讯和判决。而既然只要最初的“大刑事法院”（Grand Justiciary）不得不服从国王，这种即时性的审讯和判决就几乎不可能达到，那么因此，刑事案件就不得不在威斯敏斯特，在一个独立的法院里得到审理。[104]

7.6 现代法律的发展

斯密告诉了我们，不论是古代哲学还是古代科学，是如何由阿拉伯人接手并且发展的，也是阿拉伯人最终把它们输送到了西欧；斯密为阿拉伯人所分派的慷慨的角色为他对中世纪的一般性处理添加了一个有趣的维度。[105] 但是，在涉及法律的时候，斯密从来没有提出过一个体系性的解释，来解释古代法律、尤其是罗马法对法律体系（body of law）的影响，而这个法律体系是在罗马帝国崩溃之后成长起来的。那个众所周知的固定的形式，那个发生在阿玛尔菲（Amalfi）
的、对查士丁尼的《学说汇纂》的复本的复兴，确实被附带地提及了， 171
但是，斯密从来没有给予过其任何言过其实的地位。然而，不论是从上文已经概括了的、斯密对于法院发展的讨论中来看，还是从他对不同领域的法律的进化的解释来看，非常清楚的是，斯密认同来自罗马法的一个极其显著的影响——这种影响不仅仅限于当罗马法被改变为教会法之时。事实上似乎是这样的，斯密好像把教会作为古代法律的主要保护者：“当教会法出现时，它是为教士所控制的，而教士们在绝大多数情况下是在复制罗马法，因为他们是仅有的懂得拉丁文的人，而恰恰是在他们当中，文献资料才得以保存了。”[106]

在法律个人分支领域的这一变化，即，罗马帝国崩溃之后、完全保有地产所有权的政府的建立，与18世纪的欧洲商业社会之间的变化，当然是十分巨大的。而同样，斯密对于它们的讨论范围也十分广泛，在这里，我们将会限定讨论那些斯密认为最为重要的问题。在所有权法律的领域，斯密解释了，封建地主们是如何，在关于占有的所有权原则之下，试图将他们侵占的范围扩展到包括在自然正义之上是“公共的”物品之上的，例如狩猎和打鱼。[107] 斯密还展示了，时效的长度是如何，由于各种各样的社会和政治条件对人们对动产和不动产据有的“合理的期待”之观念的改变，而在某种程度上发生了改变的。[108] 但是到目前为止，这里最重要的变化是关于继承的法律。涉及动产的继承法律的变化是很轻微的。关于它的法律仍然建立在与罗马法相同的自然原则之上，即，在妻子与子女之间分配遗产——这遗产中间还包含有第三部分，这最初是给教会的，是为着死者的，因为这被认为有助于他在来世生活的营生，而后来，这部分遗产可以依照遗嘱来处置了。现代法律与罗马法之间的主要区别是来自于情境性的因素，即，由于婚姻的永久性，妻子在婚姻关系当中是一个更加重要的人物了；因此，她在遗产中也就拥有了一个更加重要的份额。[109]

通过引入长子继承制度，现代世界对土地继承的法律进行了革命。斯密非常清楚地表明了，在他看来，长子继承制度的引入是随着罗马帝国被北方部落击败后而产生的、政府形式而发生的一个简单结果。在那里，任何形式的秩序和稳定性都完全取决于地方地主的力量，在封建制的安排发生之后，这一点就尤为明显了，因此显而易见的是，保全地方地主的这一力量的基础对于每个人的利益来说都是必要的，而这个基础即是大规模的土地持有。因此，地产变得不可分割了，它是由父亲传递给长子的，而在经过了大量和长期的、幼子们的利益与他们长兄的孩子们的利益间的斗争之后，通过代位继承（representation）而实现的未成年人的继承被接受了。[110] 但是，尽管长子继承制度是封建制政府形式的一个成果，但是，它并
172 没有随着这一制度的消失而消失。现在，财产安全和所有其他的权利都来自于市民政府了，而市民政府的权威并不取决于大的土地持有者，并且，这一政府强大到了足以保护各种所有权，而不论这些所有权是怎样的微不足道。尽管，长子继承制度仍是无处不在的。[111]

关于继承的法律在另一个方面同样也发生了变化。罗马及其诸行省的日耳曼征服者们没有关于遗嘱继承的观念，但是，这一制度被教士们再一次引入了，这部分地是作为基督教关于灵魂不死信条的一个实际的结果，而部分地则是由于教士了解关于遗嘱继承的罗马法，并且可以对之进行调整，使其适用于新的条件。与此同时，

在欧洲许多地区，这一点给予教会执行遗嘱的重要的司法功能，而在英国，这促成了衡平法院（Court of Chancery）的发展。衡平法院大法官通常是一位教士，因此，他开始在新的“良心”案件中进行判决，例如关于遗嘱和契约的案件。[112] 最初，只有三分之一的财产是“属于”死者的——另外三分之二是属于妻子和孩子的——只有这三分之一的财产是可以由遗嘱来进行处置的。但是，随着长子继承制度的引入，通过遗嘱来处置整个财产的观念出现了，而这是在以下意义上的，即，一个遗嘱可以制定一个关于继承的特殊规定，因此，就没有随之而来的继承人能够通过变卖或者其他方式来转让产权了。尽管这一限定继承的体系，是“所有关于财产期限中之最长者”，最初它乃是为了保护封建制地产的一个进一步的尝试，并因此有了封建制的政府形式，这种尝试被继续下去了，而限定继承过去是通过例如“詹姆士二世时期的一个法令而赋有效力的，而现在它仍然如此”。[113] 一般说来，“英国普通法……据说是憎恶永久持有权的”，尽管它自身也有着其自己对限定继承的规定。而在苏格兰，“整个国家土地的五分之一以上，可能是三分之一以上，目前被认为是处于严格的限定继承规定之下的。”[114]

关于余下的各种物权，斯密提供了大量的材料；通过自愿移转而产生的所有权、地役权、质押与抵押和独占权。然而，对于目前的语境来说，注意到以下两种东西就足够了。首先在斯密看来，封建义务“全部可以被恰当地称之为是地役权，并且在国家对该权利的使用当中，构成了到目前为止的、地役权的最大的和最重要的组成部分”，这个国家指的即是苏格兰。[115] 其次，斯密处理了大量的独占权，尤其是垄断和公司的独占权。这些都是“警务”的方法，并且是在制造业和商业发展的早期、在市场强大到足以在一个特定的城市或者行省中能够完成对其占有的彻底的区分之前，被一般性地引入的。“但是，由于现在这个结果已经被完全地满足了，那么本来就应该期待更多的东西，这些权利以及同样许多其他旧的法理学的剩余都应该被清除掉。”[116]

所有权利中之最为脆弱的，是那些来自于承诺和契约的权利， 173
它们最终被重新引入西欧的法律了，尽管如果考虑到更为抽象的契约形式，这一引入发生的太晚了。两个主要因素导致了对契约权利的承认：逐渐增长的商业需要和基督教教会的影响。除了最初级的物物交换之外，任何东西都不需要对契约的法律保护，并且，一个关于放贷、债务安全、物品借入和物品托管的物权契约体系开始被使用了，而这个体系是从诉诸法院的庄严协议（agreement）发展而来的，这一法院通常是一个基督教教会法院（ecclesiastical court）。后来，关于买卖、租赁、合伙以及代理的诺成契约（consensual contract）①得到了承认。整个过程得到了教士所影响的援助，再一次，教士们可以运用他们的罗马法知识，并且与此同时，他们将契约视为是关于良心的事务，而在某种程度上来说，这种事务必须从宗教的角度来审视。斯密认为教会对该事务的影响是确定无疑的，可以认为，这里强调的是教会为穷人的保护者，对抗的是富人，尽管斯密对此并没有明确地说明，但是似乎可以说，他必定同样也在考虑着小佃户与地主之间的关系。[117] 教会同样也在现代契约法之上打上了进一步的烙印。因为教士把契约视为是关于良心的事务，法院最终认为，契约责任乃是完全履行所承诺的特定内容的责任，但是在此之前——也是自然地[118]——这种责任被认为是如果责任方选择了不履行契约、他只要赔偿损失就可以了。[119] 最后，应该注意到的是，在英国，普通法院在一个非常早的阶段就已经发展的如此之良好，以至于在契约问题上，它们并没有受到教会的影响，相反，衡平法院作为一个单独的英国的“良心法院”，处理着契约案件。[120]

在最原始的社会，犯罪和惩罚单纯地是被损害者和他的家庭与施害者与他的家庭之间的事情。出于很好的理由，只有对最基本的自然权利的严重侵犯才会被采取行动——无论如何，它们不过是使临近的社会冒险来干涉的事情而已。只要是能够被解决的冲突，它们是通过物质上的补偿来得到解决的。随着政府在牧人社会中获得了力量，酋长能够强制执行这样的调解了，而作为对他的麻烦的回报，他开始要求一部分的补偿，这一补偿按照该犯罪的严重性程度来确定。与此同时，人们开始从这两个方面来看待犯罪，一方面将其视为是对受害者的损害，另一方面则视其为是对社会和平的损

① 诺成契约，是指以缔约当事人的意思表示一致为充分成立条件的契约，即一旦缔约当事人的意思表示达成一致即告成立的契约。是相对于通过交付标的才告成立的实践契约的。——译者注

害。随着政府权威变得绝对了，后一方面成为唯一重要的方面，而通过一个人身报复的层级比例，所有的犯罪都被认为是叛国性质的和可处以死刑的。随着征服了罗马帝国的日耳曼民族在西欧定居下 174
来、通过发展了强大的司法权，这种司法权最初或多或少地是在一个地方的水平上的，而后来则成为了整个民族的，这个民族完成了这最后一步。因此，斯密对于我们这个时代之惩罚的发展的大部分解释是这样的一个故事，即，关于政府是如何从不把自己视为是一个不偏私的旁观者，发展为认为自己是任何一个争端中的主要一方的，并且伴随着这样的结果，即实际上惩罚的阶梯只有非常少的几级——在大多数案件中，都只有一级。对于这个时代的惩罚发展的后一个部分，斯密进而展示了，政府最终变得如此强大，以至于它可以让自己软化这一态度，只是把直接针对国家的行为视为是叛国性质的，并且允许现已成为独立的法院来引入更多的自然正义的观念，来对所有其他的犯罪产生其影响。而且我们已经看到了对于这一进程，斯密本人所作出的贡献。[121]

从一开始，教士就反对死刑的引入，并且坚持认为，死刑是与基督教的宗教要求相违背的——尽管根据斯密，他们真正的动机是纯粹的保守主义。[122] 尽管教士们不能阻止这一发明，他们的影响还是有着两方面的结果。首先，这种反对提供了引入教士利益的机会，由此，不仅仅是教士，所有那些以某种方式与教会有关的人都从市民法院的司法权那里获得了豁免权。[123] 其次，市民法院最终开始在谋杀（murder）与误杀（manslaughter）之间作出区分，并且认为对后者的量刑要比死刑轻。[124]

同样，还是教士导致了婚姻法的变化。在罗马帝国衰落之后，婚姻的形式是旧式的，这种婚姻形式当中，所有的权力都保留在丈夫手中，政府既无干预家庭事务的权力，也没有这种意识。但是，教士被带着“迷信般的尊崇”而被看待，而这赋予了他们对于人们的私人生活的巨大影响力。他们在婚姻当中创造了形式上的平等，并且使离婚对于婚姻双方来说都不可能了；而最初，基督教教会法院是能够处理家庭纷争的唯一的法院。[125] 在父母与子女之间的关系上，现代法律的一个最主要的新颖之处在于，对于最基本的“相互为善的职责”的强制——一旦政府获得了这样做的力量的时候。[126]

在所有斯密将重大的影响归之于教士的情况当中，对宗教的考虑都只是教士们的动机的一部分，而教会政策或者各种形式的私人利益通常都在起作用。在《法理学讲义》当中，在西欧废止奴隶制的历史上，基督教教士被赋予了一个非常重要的角色，而其动机则被解释为是纯粹的政治权力。[127] 然而，斯密确实似乎对于教士们的重要性有着重新考虑，因为在《国富论》当中，他明确地将其地位降低了。[128] 但是，就教会对之确实具有影响而言，它是与国王的
175 影响相一致的，斯密通常都坚持，这一点是决定性的。在斯密看来，在任何早期社会，奴隶制都必定会广泛存在，而这仅仅是由于政府的力量过于弱小，不足以去干预一个主人与其仆人之间的关系，而因此，这种关系被留给了“对统治的热爱和对他人的权威”，而在斯密看来，这些东西“恐怕对于人类来说是自然的”。实际上，某种秩序能够得到维持的唯一途径是通过私人性的司法权。在涉及妻子和孩子的情况下，这种情况被逐渐的改变了，这是因为存在着处于自然的旁观者地位的人，这些人对于使家庭权利获得认可具有兴趣，并且随着政府权力的增长，可以使这些权利得到承认。那些旁观者们是附近的家庭——尤其是妻子的家庭——而他们的利益随着妇女财富的增长而得到了增加。但是，在涉及仆人的情况下，不存在有着这样影响力的旁观者，而因此他们只能继续做奴隶。这是古代世界的情况，但是随着基督教教士的出现，这种情况在某种程度上得到了改变。[129] 与古代宗教相反，基督教对于所有人来说都是普遍的。显而易见，它会吸引那些处于最差情境中的人们，以及那些不被任何旧的、“地方性的”宗教认可其为归属者的人。与此同时，基督教使得教士们能够代表他们自己、或者作为奴隶与领主等类似关系的旁观者而行动，因此他们至少获得了奴隶们的信任。而在与他们的世俗对手的长期的权利斗争当中，教士们可以通过对抗奴隶的主人，努力加强奴隶的地位来使用这种信任。在这一斗争当中，教会有着与国王同样的利益，国王的首要努力就是去“解放”那些在领主的权力之下已经处于最低层的农奴，也就是市民。

现代早期的农奴们，即便是那些在乡村务农的人，他们的境况也已经远远好于古代了，因为对于少数基本的权利，对他们已经有

了一些轻微的法律保护。原则上，对于谋杀他们或者使他们致残，有了一些惩罚；他们可以结婚；并且他们只能够与地产在一起被出售。[130] 他们不能够拥有财产，但是这一权利也逐渐地被引入了。也许是由于来自教士的一些影响，以及确定地由于来自国王的压力，并且也许是因为地主们看到了这种结果的更好回报，总之地主们开始允许农奴们保留确定比例的他们自己种植的产品了。这种倾向使得农奴变成了佃户，后来则改进了租地的期限，而通过用样的保持地产完整的需要，这种倾向当然被进一步地加强了，并且及时的产生了封建制的体系。所有这些不同的原因——尤其是佃户的逐渐增长的、能够支付给地主所需要被支付的东西的能力——改变了这一体系，“尽管通过的是一个非常缓慢的程度”，并且使佃户“被恰当地称之为农民”了。尽管根据斯密，最简陋的租用形式，旧的“对分佃农”(metayer) 或者斯提尔布 (steelbow) ①体制仍然在大陆十分流行，并且在苏格兰的大部分地区也随处可见，[131] 但是在欧洲的部分地区以及在英国，佃户被允许用他们自己的牲畜来耕种土地，而 176
向地主支付地租，并且获得了越来越长的土地租约。最初，这些租约处于非常不稳定的状态，而随着政府力量的强大，这些租约越来越多的得到了法律的保护，尤其在英国，这使得大量的自耕农得以产生了，而当某种规模的终生租约开始被承认为是一种对土地的终生保有权 (freehold)，并伴随着一种可以选举议会成员的权利的时候，这种变化就获得了一种政治上的重要性。[132]

关于奴隶制的问题，斯密保持着一种非常清楚的观点。当奴隶制在英国被废止，并且这种废止使得斯密同时代的人“倾向于去想像，这一次奴隶制可以被完全废止了”的时候，事实上，这只是发生在“世界上一个非常小的角落”里的情况，即是说，只是发生在“欧洲的角落”的。[133] 但是，“整个俄国，以及东欧的全部地区，以及整个亚洲……整个非洲，以及美洲的绝大部分地区，(奴隶制) 仍在发生作用”[134]。此外，在殖民地，奴隶制恰恰被那些在自己的国家废止了该制度的民族所维持着，而在苏格兰，著名的盐业工人和矿工们在继续着“一些奴隶制的残余”[135]。而最后，在奴隶制已经消失

① 一种苏格兰租佃制。——译者注

了的国家的大部分地区，除了在英格兰和在某种程度上的苏格兰，
对早期的租赁形式的改进是非常微小的，它的来临也非常地缓慢。
然而，斯提尔布体制“尽管……对于自由佃户来说，是所有形式中
177 之最坏的，但是对于奴隶来说，却已经是非常完美的了”[136]。

注 释：

[1] TMS，VII，iv，§37.

[2] 见 LRBL，85—86，107，esp. 101—102. 在这些地方，关于历史任务的这一观点是他对修西底德作为第一个适当的历史学家这一评论的基础。

[3] LJ（A），i，27. 四阶段理论在很多地方都被处理或者提及了，其中最重要的是：LJ（A），i，26—35；LJ（B），149—150；WN，v，i，a.-b. 在欧洲，从古希腊直到斯密的时代，阶段理论（stadial theory）是一直被用来作为法律与政府的特定历史的理论框架的：LJ（A），iv，i—v，54；LJ（B），18—78；WN，v，i，a.-b.；III，ii—iv.

[4] FA 3；LJ（A），iv，36—37；LJ（B），27—28.

[5] FA 3；ED，24—27；LJ（A），i，28；LJ（B），286—287.

[6] WN，v，i，a.5；LJ（A），iv，38—39；LJ（B），28—29.

[7] WN，v，i，a.2；LJ（A），ii，152；iv，4，19，22，74；LJ（B），19，25，287—288.

[8] WN，v，i，b.5—6.

[9] WN，v，i，b.7—8.

[10] WN，v，i，b.2；LJ（A），i，47；LJ（B），150.

[11] WN，v，i，b.9；LJ（A），iv，42—43.

[12] LJ（A），iv，19，33.

[13] LJ（A），iv，4.

[14] LJ（A），iv，22.

[15] LJ（A），iv，4—7，37；LJ（B），19，22.

[16] LJ（A），iv，6.

[17] LJ（B），23，25.

[18] LJ（A），ii，96—97；LJ（B），183.

[19] LJ（A），iv，4—5；LJ（B），19，23，26.

[20] LJ（A），i，64（添附）；i，92（继承）；ii，46—48（契约）.

[21] LJ（A），iii，6—7；78—79；88—90. LJ（B），105—106；126—127；131. 然而，值得注意的是，斯密评论道：“在社会的早期形态里，那里的‘他们’只给予了妇女很少的关注或者根本没有关注其作为愉悦的主体，而将她们作为理性生物而予以的尊重也并不多多少。”[LJ（B），105]

[22] WN，v，i，a.2，and II，iii，34.

[23] 例如，可见 LJ (A), i, 28, 以及 LJ (B), 149, 相反的 FA 3, 以及 LJ (A), iv, 36—38。

[24] LJ (A), ii, 97.

[25] 在 LJ (A), iv, 7—55, 以及 LJ (B), 20—30 中解释了从狩猎社会到一个完全发达了的牧人社会的发展。其最终结果则在 WN, v, i, b.7—8, 10—16 中得到了概括。而特定的部门法的发展则依照体系性的安排在讲座中其相应地位置得到了处理。

[26] See LJ (A), iv, 7, 9—10.

[27] LJ (A), iv, 7—13; LJ (B), 20—23; WN, v, i, b.7.

[28] LJ (A), iv, 41—47; LJ (B), 20—27; WN, v, i, b.7—11. 很多地方都表达了这些观点。

[29] WN, v, i, b.11; 我标注的斜体。

[30] LJ (A), iv, 33—34; LJ (B), 26.

[31] LJ (A), iv, 15—18, 30—35; LJ (B), 25—26.

[32] LJ (A), iv, 34; ii, 122—123.

[33] LJ (A), iv, 25—27, 30; LJ (B), 23—24.

[34] 见 LJ (A), i, 44—46; LJ (B), 150—151. 参见在特定的情况下，对传统阶段的旁观者式的解释，这一解释相当漂亮。LJ (A), i, 47.

[35] LJ (A), ii, 97.

[36] LJ (A), i, 64.

[37] LJ (A), i, 91—92.

[38] LJ (A), iv, 10; LJ (B), 25.

[39] LJ (A), 97—99, 152—153, iv, 25—30; LJ (B), 183—185.

[40] LJ (A), iv, 35.

[41] LJ (A), iv, 53. See LJ (A), iv, 35—40, 47—55; LJ (B), 29—30.

[42] LJ (A), iv, 65—68; LJ (B), 33.

[43] LJ (A), iv, 68—74; LJ (B), 34—36. 参见 WN, iv, vii, c. 77。对雅典发展的一个清楚概括见 LRBL, 143—146; 而对罗马的概括见 LRBL, 149—153.

[44] 整个这种倾向在罗马远比在雅典更为显著，因为在罗马，财产差异非常大，它不像雅典有着一个“中产阶级”在必要的情况下抑制了过穷或者过富：LRBL, 150—151. 尤其是在共和国早期，这种政治压力的大部分都通过殖民扩张和从穷人那里掠夺土地而被减弱了：WN, iv, vii, a.3.

[45] 尤其见 LRBL, 144—145.

[46] WN, v, i, a.6—7.

[47] WN, v, i, a.8—9, 11.

[48] WN, v, i, a.10; LJ (A), iv, 85—87; LJ (B), 40—41.

[49] 关于希腊的情况，尤见 LJ (A), iv, 75—87.

[50] 关于罗马共和国的命运，见 LJ (A), iv, 87—91; LJ (B), 41—43.

[51] 尤见 WN, v, i, a. 30—36; LJ (A), iv, 99—104; LJ (B), 46—49.

[52] 也许“雅典最高法院法官法院”除外。LJ (B), 27.

[53] LJ (A), iv, 18. 斯密并没有在某个特定的地方提出他关于希腊和罗马的分权之发展的观点，但是下面的段落为这一观点增加了一幅非常全面的全景画面：WN, v, i, b. 24; LJ (A), iv, 16—18, 59—60, 96—98, 105—107; LJ (B), 27; LRBL, 168—175.

[54] LJ (A), v, 110; see LJ (B), 92.

[55] 斯密对此不是完全清楚。例如可见 LJ (A), iv, 105.

[56] LJ (A), iv, 97, 105; LJ (B), 44.

[57] LJ (A), iv, 106.

[58] LJ (A), iv, 98—99; LJ (B), 45.

[59] LJ (B), 45.

[60] LJ (A), iv, 97—99, 107—108; LJ (B), 44—46.

[61] WN, v, i, f. 44. 并参见 LRBL, 168—175. 在《修辞学讲义》中，斯密说道，希腊裁判官毫不注意先例 (169—170)。然而，他似乎主要在考虑先例中专门化法院的作用，而毫无疑问，先例也可以对年度敕令 (annual edicts) 的形成中起到重大的作用，而裁判官是依照这种敕令而行为的。无论如何，显而易见的是，在《国富论》中所讨论的敕令的形成是更加深思熟虑和权威的。

[62] LRBL, 169. 英国国会上院的衡平法正确地被认为是一种例外。

[63] LRBL, 173.

[64] WN, v, i, f. 44.

[65] LJ (A), i, 53.

[66] LJ (A), i, 49.

[67] WN, iv, vii, a. 3. 这些发展概括性地可见，LJ (A), i, 48—53; LJ (B), 151. 值得注意的是，斯密在《国富论》这一页中继续指出，一旦婚姻、继承、转让对土地划分进行了“重置”，用新的公地法律对土地原处的划分进行重新设置的努力就不成功了。因为如此一来土地就受制于市场的灵活性，这样就没多大影响，因为土地是为奴隶所耕作的，正如后来的制造业和商业一样，而且贫穷的自由民因此被排除了改善他们的份额的可能性。这很有趣地与现代欧洲形成了对照，在现代欧洲是没有奴隶的，人们可以通过制造业和商业中的自身努力，来提升自己的社会阶层——但是在现代欧洲，土地仍然被古老的封建法律所遏制着。同见安德森笔记 (35—36)。参见下文 (180—181)。

[68] LJ (A), i, 65—68; LJ (B), 152—153.

[69] LJ (A), i, 80—86; LJ (B), 155.

[70] 关于罗马的继承法, 见 LJ (A), i, 93—104; LJ (B), 155—158. 参见 WN, III, ii, 3.

[71] 关于遗嘱继承的出现, 见 LJ (A), i, 92, 152—160; LJ (B), 156, 164—166. 在《国富论》(III, ii, 5, 中, 斯密否认了罗马的**委托遗赠** (fideicommissum) 与现代的限定继承之间的相似性。

[72] LJ (A), ii, 14—16; see LJ (B), 172. 斯密没有具体说明这种变化的时间。

[73] LJ (A), 53—56, 69—73; LJ (B), 176—179.

[74] LJ (B), 185.

[75] LJ (A), ii, 154.

[76] LJ (A), iii, 11.

[77] LJ (A), iii, 6—13, 52—54; LJ (B), 106—108, 118—119.

[78] LJ (A), 79—85; LJ (B), 127—129.

[79] LJ (B), 137; cf LJ (A), iii, 109, and WN, III, ii, 8.

[80] LJ (A), iii, 115; LJ (B), 135—136; WN, IV, vii, b. 54—55. 关于古代奴隶制的一般性说明, 见 LJ (A), iii, 88—116; LJ (B), 130—137.

[81] WN, III, ii, 1. 斯密在很多地方都处理了罗马帝国的崩溃, 主要的一些是: WN, v, i, a. 36; LJ (A), iv, 99—104, 109—113; LJ (B), 46—49.

[82] 关于完全保有所有权的政府, 见 LJ (A), 114—124; LJ (B), 49—52. 参见 WN, III, iv, 5—8.

[83] 在斯密对于封建制的发展与他自己时代之间的关系的全部观点当中, 这是一个非常有趣的杂闻, 而这个杂闻是他应该注意的: "直到最近的一百五十年以内, 仍然存在着一些完全保有地产所有权的土地 (allodial lands)。" [LJ (A), iv, 131] 尽管斯密认为, 从完全保有地产所有权的土地保有方式向封建制的地图保有方式的转变一般来说是发生于 "大约 9 世纪、10 世纪以及 11 世纪的整个欧洲的" [LJ (A), iv, 134], 而这一过程可能甚至在 10 世纪就已经完成了 [LJ (B), 55]。

[84] 关于封建制度的这些发展, 尤其见 WN, III, ii, 1—3; III, IV, 5—9; LJ (A), iv, 124—141; LJ (B), 52—56. 而一般性的关于完全保有地产所有权的政府形式与封建制的政府形式, 同样见 LJ (A), i, 116—148; LJ (B), 159—163.

[85] WN, v, i, g. 24. 这些发展 "在 10 世纪、11 世纪、12 世纪和 13 世纪期间的欧洲的更大的范围内, 以及在不论是那一时期之前还是之后, 全部" (同上) 处于它们的顶峰, 而这些发展在 WN (v, i, g. 20—24) 中得到了讨论。

[86] 注意到这一点是很有趣的，即，在意大利，这首先都被十字军大大地增援了。WN，III，iii，14.

[87] WN，III，iii，12. 城市的兴起在很多地方都得到了解释：WN，III，iii（以及 iv）；LJ（A），iv，142—145；LJ（B），57.

[88] WN，III，iv，15。关于领主的衰落，见 LJ（A），iv，157—159；LJ（B），59.

[89] 关于德国的情况，见 LJ（A），iv，162—164；166—167；LJ（B），60—61.

[90] WN，v，i，g. 26.

[91] 见 LJ（A），iv，161—162；LJ（B），60.

[92] WN，v，i，a. 37；LJ（A），iv，167—170.

[93] 关于这些发展，见 LJ（A），iv，167—174；LJ（B），61—62.

[94] 关于议会的演变，尤其见 LJ（A），iv，145—148，151—157；LJ（B），58—60.

[95] 关于这些发展，见 LJ（A），iv，178—v，12；LJ（B），61—64.

[96] LJ（A），iv，165—166.

[97] WN，v，i，b. 24—25；LRBL，170；LJ（A），v，15—16.

[98] 斯密在这里并不是十分确切；他可能同样考虑了在英国更早地发生的贵族的衰落和国王的兴起；而其与罗马教廷的决裂显然防止了教会法否则可能扮演的角色的发生。

[99] LJ（A），v，43；参见 LJ（B），75. 以及见上文（pp. 151—153）。

[100] LJ（A），v，21. 法院的发展在 WN，v，i，b. 17—25（时断时续地）中得到了讨论；LJ（A），v，12—45；LJ（B），64—75.

[101] LJ（A），v，23—24；LJ（B），67. 见上文 pp. 114—116.

[102] LJ（A），v，27—32；LJ（B），69—71.

[103] LJ（A），v，32—41；LJ（B），71—74.

[104] LJ（A），v，17—19；LJ（B），65. 对于各种不同的法院的分立的解释，见 LJ（A），v，15—21，25—29；LJ（B），64—66，67—69. 参见 WN，v，i，b. 21.

[105] 见 Astronomy，IV，21—23.

[106] LJ（B），109；LJ（A），ii，5—6. 罗马民法当然并不总为基督教的原则所接受——例如，见 LJ（A），i，85—86.

[107] LJ（A），i，54—59；参见 LJ（B），151—152. 我们已经见到了，斯密在上文是如何对此进行批评的，在 pp. 141—142。

[108] LJ（A），i，77—86. 通过对忠诚的必要性强调，教会法不仅仅在对财产的接受上有一定的影响，并且，其影响永久地存在于财产接受的发生之后：LJ（A），i，85—86.

[109] LJ (A), i, 104—114; LJ (B), 158—159.

[110] LJ (A), i, 116—148; LJ (B), 159—63; WN, III, ii, 2—3. 再一次，在这里注意斯密的时间视角是非常有趣的：长子继承制度是在封建时代获得其开端、并且是作为封建制的政府形式的一个结果的，但是，“在德国，在最后一个世纪以前，这一制度并未全面地出现”[LJ (B), 161]。而涉及代位继承：“及时地……这一制度在全欧洲都开始被建立起来了。但是在有些地区还是建立得非常之晚。”[LJ (A), i, 139]

[111] WN, III, ii, 4. 关于斯密对长子继承制度的法理学上的批判，见上文（p. 142）。

[112] 见 LJ (A), v, 29—30.

[113] LJ (B), 166, 以及 LJ (A), i, 164. 关于现代世界的遗嘱继承和限定继承，见 LJ (A), i, 161—ii, 1; LJ (B), 166—168. 关于限定继承，同样见 WN, III, ii, 5—6. 斯密对限定继承的法理学上的批判已经在上文讨论过了（pp. 142—143）。

[114] WN, III, ii, 6.

[115] LJ (A), ii, 37.

[116] LJ (A), ii, 41; 参见 LJ (B), 175. 我们在上文（p. 143）讨论了斯密在这个方面所进行的法理学上的批判。关于“警务”的一面，参见 WN, I, x, c.; IV, vii, c.; V, i, e. 30; LJ (B), 306.

[117] 关于教会的影响，尤其见 LJ (A), ii, 49—51, 73—75; LJ (B), 178—179. 关于一般而言的契约法的现代发展，见 LJ (A), ii, 48, 49—52, 64—69, 73—84; LJ (B), 176—179, 302—303. 参见上文（pp. 113—114）。

[118] 见 LJ (B), 179.

[119] 见 LJ (A), ii, 73—75; LJ (B), 178—179. 见上文（pp. 113—114, 123），在那里，我们注意到了契约权利的特殊地位，这种地位使得契约法的影响扩展至自然正义之外。

[120] 见 LJ (A), ii, 75; v, 29—30; LJ (B), 70—71, 179.

[121] 见 LJ (A), v, 64—72; LJ (B), 81—83。关于斯密对于叛国罪的各种法律批判；以及上文（pp. 143—144）关于斯密对某种犯罪的惩罚水平的批判。在 LJ (A), ii, 152—155; LJ (B), 196—197, 斯密表明了他对惩罚发展的总括性的观点；同样参见 WN, v, i, b. 13—17.

[122] LJ (A), ii, 110; Cf LJ (B), 187.

[123] LJ (A), ii, 110—112; LJ (B), 187—188; WN, v, i, g. 23.

[124] LJ (A), ii, 106—116; LJ (B), 186—188.

[125] LJ (A), iii, 12—22; LJ (B), 108—111.

[126] LJ (A), iii, 85—87; LJ (B), 130. Cf. TMS, II, ii, I, § 8.

[127] LJ (A), iii, 117—122; LJ (B), 141—142.

[128] WN, III, ii, 12。也许，这同样也是斯密最初想到的东西，因为在安德森笔记当中，对这一关联，教会并没有被给予过多的信任（见32—33)。但是，一般来说，在安德森笔记的摘要中，对奴隶制废止的解释似乎有些不同。

[129] 对古代奴隶缺乏宗教的解释在LJ (A), iii, 96—98; LJ (B), 132—133. 奴隶对基督教的选择是一个更好的例子，不论是对于斯密的情境主义的解释方法来说（参见下文，pp. 186—188)，还是对于他对宗教的自然历史方法来说（参见上文，pp. 74—77)；见LJ (A), iii, 98—100; LJ (B), 133; 安德森笔记 (31—32)。

[130] WN, III, ii, 8; LJ (A), iv, 141—142.

[131] WN, III, ii, 13. “在法国……王国六分之五的地区据说仍被这种种植者所占据着”，例如，对分佃农。

[132] 这一漫长的进程或者这一进程的一些部分，在大部分斯密著作中都得到处理了；尤其见WN, III, ii, 8—21; LJ (A), iii, 117—126; LJ (B), 140—142; ED, 44—48.

[133] LJ (A), iii, 101; ED, 45; LJ (A), iii, 114; LJ (B), 134; WN, III, ii, 8.

[134] LJ (A), iii, 101.

[135] LJ (A), iii, 126—130; LJ (B), 138—139; ED, 44.

[136] LJ (A), iii, 123.

8

面向历史的自然的法理学

斯密所展示的法律与政府的历史，意在传达我们在前面的章节中已经尝试研究了的一些关于法律的教益。但是与此同时，毫无疑问的是，它也是为了、并且当然也乐于给出一种关于历史进程的观点，这种观点可以强调他的整个理智事业的目的。问题是：这是什么样的观点？生活在商业社会，在希腊，在罗马，以及在现代欧洲的人类的这三种伟大的尝试之间的明显的并行性，可能恰好暗示了一种循环的历史观。而这样的印象无疑又被斯密偶然使用的、宿命论式的评注所强化。因此，在《法理学讲义》中，他以这样一段评论来解释罗马帝国的军事政府是如何终结的——“现在，我们开始展示，这个军事君主国是如何开始参与到等待着无论是何种类型的国家与政体的命定的衰败当中去的”，作为序言；因为“与所有其他的政府一样，这个政府似乎有着一个包含在其自身当中的、确信的和既定的结局”。[1] 而对现代政府为了维持他们的常备军而负担的“巨大的债务”的讨论当中，斯密注意到，这些公共债务“从长远来看，终究可能毁掉欧洲所有的伟大民族”[2]。

这种观点的一个问题，是这一循环从来未曾完成过完整的一圈，也就是说，这种并行性最好被看成是对比。不论希腊还是罗马，都留下了巨大的遗产，尽管不得不向历史支付昂贵的学费，但是，他们仍然留下了足以影响后代子孙的重大遗产。一般来说，这些遗产倾向于把这一循环变成是螺旋形的。而这种并行之所以被描绘出来，我认为是为了让我们从它们的局限当中去学习。比较的核心要点是商业社会易于引起的防御问题。随着商业的增长，越来越少的人能够进行军事服务了，而防御被移交给了一个常备军队，这一常备军常常是从“最低层”中招募的，因此是最不可靠的一类人，甚至要从外国雇佣兵中来招募军人。这会使得防御的费用逐渐变得昂贵，而这一费用还会随着武器和装备的改进而极大地增加，因此，可以确信的是，与在人员方面的窘境一样，军队在金钱方面同样面临着窘境。在以上诸方面，古代世界与现代世界的并行性已
178 经非常清楚了。然而，尽管斯密偶尔有着宿命论的情绪，但显然，他并没有认为这些问题必定会导致与过去同样的结局。用来面对这些问题的政策完全是一个复合体，问题中的一些，如其已经发生了的，已经被认识到了，而余下的部分则可能会被认识到。而它们是否**可能**会被认识到，以斯密的聪明，他是不会进行公开的推测的。

在斯密看来，常备军的可靠性大体上已经通过确保这一点而被保证了，即军中的大量军官是地主，因此他们也常常是议会的成员。他们是独立于国王的，并且远离所有其他的、英国宪法所规定的限制国王权威的方式，因此，国王不可能从内部利用防御问题，就像凯撒曾经做的那样。[3] 通过为最穷困者提供最低限度的教育，这一点得到了进一步保障，教育使得穷人能够理解，他们在自己的国家中有自己的利益：进而，他们也愿意参加到民兵中去，而这使一个较小规模的常备军得以可能，与此同时，他们也为常备军提供了一个额外的筹码，尽管在现代条件下，民兵永远不可能完全**取代**常备军。[4] 在现代世界，外国雇佣兵几乎不是一个问题，尽管确定存在着某种国际依赖性，更富裕的国家通过在经济上支持较穷困的国家，寻求这样一种国际依赖性来维持一个联盟之网，而这越来越变为一个用来维持整个欧洲（以及殖民地）的力量平衡的外交游戏。[5] 参加到这种平衡游戏中的国家都是“文明的”或者是商业国家，要不然他们就是正在接近于成为这样的国家。这是与古罗马情境的一个巨大的区别，因为在帝国走向终结时，她开始依赖的全部是一些“野蛮的”国家，而对于这些野蛮国家的军事力量，罗马帝国只用通过维持自己的常备军才能够抵抗。在此，斯密在世界上的两种非常不同的暴力变革之间作出了区分。“通常的战争与政府的革命”，与“那些被敌对的和野蛮的民族偶然发起的、总共持续了一个或两个世纪的更为狂暴的剧烈动荡；例如在罗马帝国崩溃之前和之后的欧洲西部的一些行省所发生的”。[6] 后一种类型的大动荡似乎并没有再一次

地搅乱欧洲，这是因为现代武器的发明给予了商业社会相对于欠发达社会来说，决定性的优势地位。[7]

这意味着，在现代欧洲，防御问题是一个关于商业社会之间的力量平衡的问题，而这一点又意味着它是一个关于财富的问题——用财富来维持联盟，用财富来维持一支拥有现代武器的常备军。这一点以两种方式与斯密的法理学相关联。首先是一个较小的和较为 179
明显的关联：财富所强烈依赖着的商业乃是一个国际现象，在这种意义上，斯密说道，我们与敌人的贸易往来越多，我们就能越是能够更好地防御他们，保护自己。[8] 而这种贸易更多地是被正义的法律而不是被调查垄断和所有其他东西的警务的法律所调整的。与此同时，自由贸易比任何其他东西都更有可能去加强国家之间的融合，这种融合倾向于使国家之间的关系更多地成为一种外交事务，而不是军事事务。[9] 当斯密采取了一种真正的全球视野的时候，这一方法可能得到了最好的总结：

> 从此以后，很有可能，……实际上所有不同角落的居民都有可能会通过激起交互恐惧达到同样的勇气和力量，这种勇气和力量单独就可以将非独立民族的非正义吓退，而将其变成对彼此权利的尊敬。但是，没有任何其他东西比对知识的相互交流和对各种进步的交流更加易于建立起这种力量的平等了，这些交流是从所有的国家到所有的国家的商业扩张所带来的，或者说，是必然带来的。(WN，IV，vii，c.80)

正义处于危机状态的第二种方式的重要性分毫不逊于前者，但似乎一直没有那么明显。斯密认为，商业国家将会由于防御问题，逐渐地陷入债务，因此他们的防御能力取决于他们承受公共债务的能力。[10] 我们已经指出了，一方面斯密对公共债务的增长趋势表达了强烈的关注，但另一方面，他是带着一些自鸣得意来处理这一问题的，因为他提出了可以缩减债务的许多不同方式。[11] 斯密的关注不仅仅来自于债务本身的规模和性质，并且也来自这样的一个事实，即，公共借贷基础的一个巨大的和不断增长的部分是极端不稳定的。这一部分由商业和制造业所需要的全部资本所构成：这样的资本非常易于从一个国家流向另一个国家，这样在历史上有大量的例子；而只有商人或工厂主的部分资本与土地及其改良联系在一起的时候，他才成为了一个“特定的国家”的公民，而不再是“世界公民”了。[12] 而这里显然有一个自然正义的问题：只有当土地从封建制的长子继承制度和限定继承制度中解放出来，并被放到市场上流通的时候，用来满足这一目的的足够的土地才有可能被获得。因为通过商业的发展，欧洲在农业社会以前就已经摆脱了封建制的政府形式——与“事物的自然进程”相反 [13] ——她并没有为了绝大部分的耕地而去努力放弃封建制的安排，而这种情况的结果是，防御问题会变成一个重要的正义问题。如果曾经有过这样的问题，那么这将会是立法者的任务！

古代世界与现代世界的对比的另外一个主要焦点当然是奴隶制
180 问题。对这一问题最好的接近方式可能是通过其与防御问题的联系来进入。不论是希腊还是罗马都表明，商业社会可以通过这种方式获得军事上的优势，即，通过奴隶而不是自由民，来执行其制造业和商业的主要部分。这使得自由民“出于荣誉”来参与国家的防御事务成为可能，而这并不会导致生产的中断。[14] 但是，两个国家同样也都展示了，这一利益并不能持久地存在，部分地是因为无论如何自由民都会迟早参与到商业当中去，部分地则是因为，通过奴隶从事的生产和交易，(考虑到罗马的例子)，会产生一个危险的贫困的自由民阶层。[15] 这一阶层的人们将会被排除出赖以维持生活的制造业和商业的常规雇佣中，因此他们就被排除出了改善自己境遇的可能。因此，贫富差距会变得更为极端，这使得贫困的自由民成为一个在社会上和政治上都不受约束的群体，而这一个群体无疑会成为扰乱权力平衡的一个工具。[16] 在现代欧洲，随着奴隶制的消失、生产和商业都由自由民来从事，防御的问题当然就出现了；但是，远远不同与我们已经讨论过的，这一问题会被进一步地缓和——与古代世界相比——这通过的是由自由民生产的产品而导致的更大的富饶。然而，这种生产形式的全部利益只有在这种情况下才能被达到，即，如果它建立起来了一个不同阶层之间的逐级的阶梯，通过这一阶梯，财富和奢侈品可以得到散播，并且这一阶梯可以使得人们可以通过自己的工作来取得更高的地位——或者至少，让人们认为他

们可以做到这样——而不是诉诸于冒险的政治手段。[17] 然而，只有 255
在人们的工作和事业没有被像斯密在《国富论》中所批判的那种“警务”的法律所阻碍，而是被正义的法律所调整的时候，这样一个阶梯才能够建立起来。因此，不仅仅是现代商业社会的防御问题，它的政治和社会的稳定性，也都取决于一个规则的正义体系的建立和维持。

这些非常一般性的反思指出了斯密的自然法理学的基础性的地位。但是，无论历史的进程是否如同斯密所看待的，有着一个这样的本质，即它毕竟会为作为它的构成性因素之一的自然的法理学留出空间，这一问题都同样会出现。不可避免地，我们在这里会与斯密的一个观点产生矛盾，这一观点在很多年里被广泛地接受了；根据这一观点，斯密“发现了……一种新的社会解释方法，而这种方法无疑是唯物主义的”；而根据这一观点，他关于社会发展的四阶段的观念，是“**一个**，如果不是**这个**，唯物主义的历史概念”。[18] 因为它主张，“贯穿于所有这些相继的阶段当中……人们的生活方式被认为决定了他们思想和行为所遵循的主要路径”[19]。

斯密历史观的这一“唯物主义的”或者是经济的解释，似乎与这样一个目标是不一致的，即，如果应用得当，自然法理学的一个
规范性分支可以对于历史方向有一种重要影响。问题是，在这一解 181
释中有一些模糊。除去上一段的末尾处所引用的阐释，在那里经济因素与人类生活的其他部分的关系被称之为决定关系，这一核心关系通常是被以非特定的术语来描述的，例如“互惠的相互关系”，依赖以及一致性。然而，最近的一个阐释对于澄清这一争论、以及因此澄清斯密的观点来说，是非常有启发的。它假定了，斯密“在论证经济最终声称自己乃是‘根本性的’，而不是唯一、决定性的因素的时候，看起来会与恩格斯的一般立场非常接近”[20]。

看起来，这里应该被追问的基本问题是，“经济”的根本性是否意味着，是否所有的社会现象都可以被解释为从根本上是由经济因素所决定的，或者是否这意味着，经济因素总是、或者通常是社会现象的决定性因素之一，而因此在社会解释当中，不得不对其进行援引。这里争论的焦点是，作为一个对斯密的解释，前者的观点是站不住脚的，而后者，尽管在很大程度上可能是真实的，但只能被误导性

地描述为是一个经济的、或者是“唯物主义的”社会和历史观。

我们可以把这个所有人都会同意的观点作为讨论的起点，即，根据斯密，只有当经济因素将它们的影响作用到个人身上的时候，它们才具有社会性的决定性。一个超个人（supra-individual）的社会现象不会导致另外一个，除非它影响到特定的个人行动。当然，这并不是说，个人有意识或者故意地去导致这种情况的发生。恰恰相反，正如我们在前面几页中已经看到了的，一般性的社会以及特定的道德与法律，是人类的个人行动的非故意结果。在这一意义上，斯密是一个“方法论上的个人主义者”，但是，如同我们从《道德情操论》和《法理学讲义》的讨论中知道的，这并没有阻止他援引一种社会框架来解释个人的动机和行为。被排除掉的是单独根据社会“全体”来进行的终极解释，以及单独依据个人的解释。因而，清楚的是，关于斯密的所谓“唯物主义”的整个讨论，必须根据人的动机来进行。在这里，“唯物主义”似乎可以意味着两种东西。它可以意
182 味着，塑造了社会及其发展的背后的动机，最终必定是“经济的”或者是“唯物主义的”。或者，它也可以意味着，当人们以对于社会的形式与发展的决定性方式来行动时，在个人情境之下，只有“经济的”或者“唯物主义的”因素决定着他们的动机，并因此决定着他们的行为。我认为，在以上任何一种意义上，将斯密关于社会和历史的观点称之为是“经济的”或者是“唯物主义的”，都是一种错误。

斯密关于人类基本动机的观念似乎远非是“唯物主义的”。并非对于维持生存所必须的购买激发了人们去创造一种人类独有的存在。一般来说，这些必需品已经由自然提供给人类了，考虑到不论是身体还是心灵，将人类区别于所有动物之上的，实际上乃是一种“精致”(delicacy)，或者是品位。[21] 但是，由于使人类超越于所有其他动物之上的是精致和品位而非物质需要，所以他为了超出他的同胞之上的原因，同样也不是那些与他生存有关的东西。如果考虑到生存，所有人在大体上都是平等的：“富人……的消费之比穷人多一点”，因为“由于人类的胃之狭小容量，每个人对食物的需求都是有限的”。[22] 同样的这也适用于所有自然的需要：“对劳动力来说，最悭吝的工资也可以令他们活下去。我们看到，这些工资为他们提供了吃穿，以及住房和家庭的舒适。”[23] 因此，“在身体的舒适和心灵

的平静方面，所有不同生活阶层的人们几乎都处于同一水平，而在大路边晒太阳的乞丐所拥有的，是国王为之浴血奋战的安全”[24]。并不是经济的需要激励了人们去使世界转个不停。事实上，是一个审美之维的品位和精致将人们超出其他的动物之上：

> 财富和巨大的愉悦……引起了宏伟的、美丽的和高贵想像，而它们非常值得我们为了获得之付出所有的辛苦劳动与焦虑不安。——而这也正是自然以这种方式加诸于我们身上的。正是这一骗术，引起并保持了人类的勤奋持续不断的运转。(TMS, IV, I, §§9—10) [25]

与这种审美动机联系在一起的是虚荣（vanity)，真实的或者想像的、社会对我们关注的压力通过同情被我们接收到或者内在化了。[26] 人们生活的结果竞赛激发了斯密的一些其最为雄辩和最具讽刺性的观察：

> 继而，从那里产生了遍及于所有不同阶层人们中的竞赛，而在通过关于人类生活的、我们称之为我们的更好的生活条件而提出的伟大目标中，其有利之处是什么？带着同情、自得和赞同，我们来观察、关注和注意我们打算从中得出的所有的好处。使我们感兴趣的乃是虚荣，而不是舒适，或者愉悦。(TMS, I, iii, §1)

而因此，是“那里，也就是把长者们的妻子们区分开来的伟大的对象，是一半的人类生活中的劳作目的”！[27] 品位和虚荣构成了那只“看不见的手”，它将所有的个人生活都指引和导向一种或多或少秩序化了的社会进程当中，并且“首先激励（人们）去开垦土地， 183
建造房屋，建立城市和国家，并且去发明和促进所有的科学和艺术，这些科学和艺术美化了人类生活，使人类生活更加高贵”[28]。

也许，并不是经济的动力赋予了社会以形式这一最为引人注目的阐释，可以在斯密对以下问题的坚持中发现，即，在人类历史中，只在非常少的情况下，经济动机才成其为政治权威的——以及更一般地说，社会权威的基础。确实，在社会的游牧阶段，大多数人都直接地依赖于首领的财富。但是，在这个阶段之后，就不再是由经济依赖的动机产生政治权力和权威了，“因为一般说来，穷人是独立的、依靠自己的劳动来养活自己的，但是，尽管他们并不从（富人）那里希图任何利益，他们还是有一种强烈的倾向去尊重富人”[29]。对这一引人注目现象的解释是，人们通过同情对富人的生活审美性的参与，而对个人的获得的希望则只起到了非常少的作用或者根本没有起作用。[30]

当社会变革发生的时候，由品位和虚荣构成的人类动机在起着作用，斯密所说的仅仅是一般形式的动机。他显然对于人类动机的具体内容未置一词，而是在讨论那些动机形成的原则。动机的具体内容是人们根据当时自己所在的情境而得出的，而由于人们历经岁月，会经历大量不同的情境，因而他们会出于大量不同的动机而行动。这一点与下面这一目标的关联同样十分重要的，也就是，斯密究竟为何在所有人类行动的背后发现了一个特殊的动机，尽管这个动机本身不是“经济的”，但是它却被认为更易于转化为一种“经济的”动机，而不是根据品位和虚荣的原则而形成的动机。我考虑的是这样的一种主张，即，根据斯密，人们“在行动的所有领域中，都是利己主义的”，这就解释了为什么“他追求安全、财产以及生产力的发展依赖于满足的形式”。换言之，“人们是被追求愉悦和避免痛苦的欲望所激励的”。[31] 然而，应当清楚的是，只要有着大量不同的东西能够产生愉悦和痛苦，那么这种将所有人类动机统一起来的努力就失败了。动机不能够仅仅通过援引愉悦和痛苦来被理解。[32] 此外，斯密——如我们已经见到了的——在联系涉及如下内容时，是非常雄辩的，即，“我们称之可以改善我们状况的伟大的人类生活目标……使我们感兴趣的乃是虚荣，而不是舒适，或者愉悦”。[33]

看似得出这样的结论是安全的，即，在斯密认为人类动机从根本上是自然的这个意义上，他关于社会及其发展的观点不是“唯物主义的”或者是“经济的”。对斯密的这一解释的另一种理解的可能
184 可以是这样的，即，考虑到社会的持续与发展，影响着人类的情境性的因素是“唯物主义的”或者是“经济的”。我主张，不论从以上哪一种理由来看，这都不是一个站得住脚的观点，因为，纵观斯密对于社会发展以及社会功能解释的全篇，我们已经发现了大量的、具有决定性影响的非经济因素。首先，存在着大量的相关问题的情

境，而它们位列于那些最重要的地位之中，这包括军事的、政治的、宗教的、司法的和智性的问题，还有经济的问题。而这各种问题中的每一个，其情境都有着大量不同的相关性的因素。**防御**问题是地理的问题，正如古代阿提卡的定居以及现代英国的发展所证明的。而如我们已经看到的，这一问题同时也是公民道德和教育的问题，同时也是组织结构的问题、政治制度的问题、国际关系的问题、技术的问题、特定的个人的问题——例如马其顿的菲利普、凯撒或者克伦威尔——当然，也是与财富有关的问题。**政治**问题被定义为是军事和经济问题，但是，同样也被大量的制度情况所定义着，例如统治权的组织形式，其中包括，议会和法院的地位，君权是世袭的还是选举的性质，等等。[34] 这一问题同样也被诸如教会和奴隶制这样的制度所定义着，而个人也同样在这一领域发挥着他们特有的影响，正如伊丽莎白一世对王室领地的出售所表明的，或者查理二世和詹姆斯二世对于奢侈品上、而不是在军事上的花费偏爱所表明的。我们已经看到了，**宗教**问题是如何与其他各种各样的问题纠缠在一起的而决定了家庭法的整个形式，以及关于奴隶的问题的；我们也已经看到了，古代的智力传统是如何作为一个激发性的力量，被传递到现代世界来的。最后，对**法律**问题——以及法律问题背后的**道德**问题——的回应，一直是受到我们特殊关注的对象，而我们已经看到，它们是如何形成了新的法律和新的制度。

所有这些考虑使得这一点非常清楚了，人们在社会发展的不同阶段所面对的情境性的因素中，包含了大量的非经济和特定的制度性因素——其中包括法律。但是，让我们直接来面对在一个唯物主义的概念历史中利害攸关的核心问题，即决定论的问题。可能关于这一问题的一个适当平衡观点的最佳途径是，从一个简单的决定论解释的解毒剂开始。在许多不同的关节上，斯密都将纯粹的偶然作为历史的一个因素。通过非独立和专业的法院发展而来的、对英国的自由具有绝对重要性的安全之发展，其中存在着大量的偶然性的因素：

> 也许，这可以被视为是英国宪法中最为快乐的部分之一，尽

> 管它仅仅是由于偶然，并且是为了让掌权者安逸，即将审判原因的职权交由唯一职业就是确定它们的少数人之手。（LRBL 70）

185 同样，在法律的历史上似乎很难发现，是什么决定了伊丽莎白一世，而不是她的继承者们，为了“满足她自己的迫切需要”而“出售了皇家领地”，因为她没有子女，这样做决定性地削弱了未来世代的王室力量。[35] 更进一步，这似乎仅仅是好运气，即，不论是查理二世还是詹姆斯二世，都如此其缺乏“活力”，而又如此醉心于奢侈品与挥霍，他们为了追逐愉悦而在这些东西上花费了巨额税收，而不是将其花费在一支常备军之上。[36] 而内战之后，英国王室的复辟本身是“这样一种偶然性条件的巧合……这种情况甚至不会再次发生了”。[37] 在这些例子上，我们还可以增加考虑政治干预的重要性例子，比如关于凯撒和克伦威尔的例子，或者在封建制下的欧洲，对于城市发展和奴隶的解放，来自于君主以及教会的精心支持。当然，我们也必须提到英格兰与苏格兰之间的联盟——斯密认为这一联盟同样可以为美国和爱尔兰提供一种模式。

所有这些都足以将我们引至将一个例子对另外一个例子的夸张模仿。而我希望能够澄清的是，历史上对斯密在决定论与非决定论之间的选择，是一个错误的选项——如果我们理解的非决定论是“随机的”的话。[38] 当然，作为一个好的牛顿主义者，斯密并不相信存在着任何随机的或不确定事件，如果这只是被人意味着，发生事件 X 的理由并不比发生非 X 的理由更多。然而，这并不意味着，同意斯密观点的人要被迫去接受一个“更强硬”决定论。在人类社会同样复杂的现象中，几乎总是存在着大量不同的事物发展的方向，而事物将朝着哪一个方向发展将取决于大量不同的因素，从“更强硬”决定性的因素，例如一个国家对海路运输的缺乏；到“稍弱的”决定性因素，例如一个个人对于如何行动而作出的决定。这意味着，尽管在我们社会的和历史的解释当中，我们可能经常无法指出事件发生的充分必要条件，但我们还是能够通过指出一些或多或少必要条件，来使得这些事件是可以理解的。

斯密在《修辞学和纯文学讲义》中非常小心地解释了这些观点。首先，考虑了对人类动机的“稍弱的”决定性影响的核心问题。没有对这一问题的认识的（或者方法论的）方面与本体论方面作出清楚的区分[39]，斯密实际上提出了如下论点：尽管我们可以认为，动机是人类行动的原因，但是，出于认识论上的原因，我们并 186
不能确定一个特定的行动是由一个特定动机所引起的；即便我们能够知道，存在着一个特定的动机，也不能证明，一个特定的行动是跟随这个动机而出现的，因为在事件流中，人们的行动是向动机之外的许多另外的原因性影响敞开着的。[40] 因此，当我们试图去理解人类的行为时，我们不得不求助于条件，求助于所涉及的人或者人们的一般性格，以及求助于在那样的条件下，我们将会同情性地归之于人的那些动机。[41] 而正如我们所知道的，由于每个个人的动机都是通过对他人在多少有些类似的情境下的动机的交互同情下形成的，我们可以看到，塑造了行为的动机性因素是如何真正形成了既影响外部世界又被外部世界所影响的巨大的社会网络的——但是，这个社会网络在每个个人行为的事例中，既不是完全地被外部事件所决定，也不是完全地决定着外部事件。

看到了这一点之后，毫不奇怪的，是斯密对于中世纪经院学者的这一努力持非常批判的态度，即作为一个本体论问题，他们试图用对待物理世界同样的方式来对待人类心灵。这种做法将问题转成了一个“精神学说，关于其可知甚少”，与“身体学说，关于其可知甚多”正相反。[42] 当然，“存在着两种不同的事实：一个是外在的，由不依赖于我们的流程构成；另一个是内在的，是关于智力的，是由人们心灵中流淌的人们的思想、情感或者设计而构成的”[43]。但是，由于我们想要专门地处理后一领域的问题，我们不得不通过描绘条件性的因素来这样做。或者，用现代术语来说，我们不得不把心理学变成一门社会科学。[44] 而由于我们想要处理的是社会科学范围内的问题，我们就不得不通过将这两种事实结合在一起，至少部分地、历史地来处理它们，[45] 因此，通过同情，我们通过理解它们的条件，得到了对于特定行动的理解。正是通过这种混合的方法，我们可以理解历史事件，而这暗示了历史必须依之写作的方法：

> 事件……可以或者用直接的方法、或者用间接的方法来描述……在绝大多数情况下，间接的方法更受欢迎，即便是对象是

> 无生命的时候。那么，当我们在描述人们行动的时候，更多地将会选择间接的方法，在那里，描述的效果要强烈得多，因为行动本身就更为有趣。对这一方法的恰当使用，使得大多数古代历史学家，例如修昔底德，是如此的有趣；而对这种方法的忽视已经使得现代历史学家在大多数时候是如此地乏味和缺乏生命力。在某种程度上，古人把我们带至了行动者们当时的情境；我们去感受他们，就好像在感受我们自己一样。(LRBL，90—91)[46]

这种方法是否能够、以及在何种程度上能够导致一种理论上的社会科学是下一步的事情，但是，这一同情性地通过情境理解行动——以及因此理解事件——的方法，使斯密的科学成为了晚些时候被称
187 为的推测的历史。而恰恰是这一方法，存在于斯密反复强调的、历史的教育价值之后：当我们通过同情，理解过去对某种条件的反应模式，会影响到我们自己对类似系列条件作出的反应。[47] 这是斯密在描述人类在商业社会中，生活在正义法律之下的三种伟大的尝试之间的并行与对照时，他所表现出的小心和详尽的一般背景。不论是在它们的并行还是相异当中，情境都必须得到描绘，因此我们才能够看到，历史进程是怎样的多元和无限。

如果我们不得不在这两种观点，即对于历史性的变革来说，“经济”是必要充分条件的观点，与认为经济仅仅是一个必要条件的观点之间作出选择，我们可以有把握地说，前者不是斯密的观点。但是，在这一意义上后者显然是真实的，即，某些宏大的、一般的经济条件对于某些宏大的、一般的社会和政治组织来说，是必要的。正是这使斯密有了他的四阶段理论——但是，他从来未曾把分类法误作为解释。[48]

斯密关于历史的观点特别适合于去展示一个自诩的立法者必须要考虑的所有需要权衡的行动。它展示了一个正义体系所面临的所有不同障碍，但与此同时，它又阐明了这样的一个体系的任务。正如我们已经能够看到的，这是一个非常艰难的任务，而为了对斯密的意图保持一个适当的视角，总是根据以下概念来考虑这一问题具有的决定重要性，即，任务的概念。几乎没有与斯密对“对正义的常规**执行**”之重要性的坚持同样另人误解的表达了。常规的治理是

一个指引性的理想，一个关于完美的理想，它可以指引和引导一个政治进程；但考虑到人类社会的通常条件，它不可避免地、更多地被认为是一个粗略的估算，而不是一个理想。因此，这是对斯密的一个真正的误读，如果他关于自然正义的体系被仅仅认为是一个“治理的”问题，并且因此，他的“立法者的科学”被视为是一种政治理论贫困。自然法理学体系本身就是一种**政治的**挑战，而斯密对于它的重要性没有任何错觉。我们已经反复地见到，斯密是如何察觉到这一问题的地理维度与历史维度的。奴隶制和封建制或者半封建制的制度在这个世界上依然流行，而只是在一个“欧洲的角落”，人们才开始生活在正义的法律之下了——而即使是在那里，也只是在相当晚近才发生的，并且非常的不完善。但是，现在欧洲——尤其是英国——已经开始了这一冒险，她的谋生之道正式取决于这一体系的稳定扩张。[49]

将自然法理学视为是一个政治任务的观点以一种一般性的方式 188
被提出，这是当斯密列出那些一般性地塑造了实证法的进程、并且将其从自然正义中分离出来的因素的名单时提出的：

> 有时，是所谓的国家原则，也就是政府的利益；有时，是暴政统治政府的特殊阶层的利益，它们歪曲国家的实证法，使其偏离自然正义描述的样子。在一些国家，人民的粗俗与野蛮阻碍了正义的自然情感达到准确和精确，而这种准确和精确是在更为文明的国家里，正义的自然情感自然地趋向于达到的。他们的法律与他们的举止同样粗俗简陋，并且是非不分。而在另外一些国家，不适当的法院审判体制，阻碍了任何常规的法理学体系从这些法院审判体制当中建立起自身，尽管人民的举止已经进步到了可以允许最为精确的法理学这种程度。(TMS, VII, iv, §36)

在研究这些人类历史上的失败的同时，可以展现出自然法理学的性质和它的伟大任务，同样，这一研究也可以引起斯密这样的哲学家用理念中的不偏私的旁观者作为这门学科的奠基，而因此，激发他“为法律和政府的一般原则提供解释”。当这些原则运用于这一
任务时，哲学家的沉思转化成了立法者的科学。 189

注　释：

[1] LJ (B), 46; cf. LJ (A), iv, 99.

[2] WN, V, iii, 10.

[3] LJ (A), iv, 179—v, I; LJ (B), 337; WN, V, i, a.41.

[4] WN, V, i, f.59; LJ (B), 338; 而涉及斯密关于民兵与常备军之间的对比的相当平衡的观点，见 WN, V, i, a. 的全部；WN, V, i, f.59—61；以及《书信集》，251.（第208封信）并参见，Winch, *Adam Smith's politics*, ch.5, pp.103—120.

[5] LJ (A), iv, 112; LJ (B), 353—358; WN, V, i, e.2.

[6] WN, III, iv, 24.

[7] WN, V, i, a.44："在现代战争中，对武器的巨大花费给予那些能够最大地负担得起这一花费的国家一个明显的优势；而因此，给予了那些富裕的和文明的国家相对于那些贫穷的和野蛮的国家来说的明显的优势。在古代，富裕和文明的国家发现，抵御那些贫穷和野蛮的国家，以保护他们自己是很困难的。在现代，贫穷和野蛮的国家发现，抵御那些富裕的和文明的国家，以保护他们自己是困难的。枪械的发明……毫无疑问，对于不论是文明的保存还是文明的扩展来说，都是有利的。"

[8] Cf. TMS, VI, ii, 2, §3.

[9] 对于这一整合，斯密抱有一个非常敏锐的感觉，而这一感觉在他对如下问题的解释中得到了最好的阐释，即对于商业社会之需要的反应当中，现代外交的发展的解释。见 LJ (B), 353—358; cf. WN, V, i, e.2.

[10] WN, V, iii, 4ff.

[11] 关于对这一极其复杂的问题的大量观点，见 Winch, *Adam Smith's politics*, ch.6, esp. pp.135—141。在这里，提到这一问题的唯一理由是法理学的批判主义的地位。

[12] 见 WN, III, iv, 24; WN, V, ii, f.6. 参见 WN, II, v, 14; v, ii, k.80; v, iii, 55; LJ (A), v, 47—49.

[13] WN, III, i, 8—9, cf. WN, III, iii.

[14] LJ (A), iv, 81—85; LJ (B), 39—40.

[15] 在这一方面，雅典人是完全不同的：这里没有像罗马那样的极端的贫富之分，而雅典的制度也远为更加民主。因此，衰亡之路是一系列民主的、全方位的下降。见 LRBL, 144—146.

[16] Above, p.160.

[17] LJ (A), iii, 134—144; LJ (B), 138—140. 关于罗马对于"中产阶级"的严重缺乏，见 LRBL, 150—151.

[18] R. Pascal, "Property and Society: the Scottish historical school of the eighteenth century", *The Modern Quarterly*, vol. I, 1938, pp.167—179 (p.173);

R. L. Meek, "Smith, Turgot, and the 'four stage' theory", *History and Political Economy*, vol. III, 1971, pp. 9—27 (p. 10).

[19] R. L. Meek, "The Scottish contribution to Marxist sociology", in R. L. Meek, *Economics and Ideology and Other Essays*, (London, 1967) p. 40.

[20] A. S. Skinner, "Adam Smith: an economic interpretation of history", in *Essays on Adam Smith*, edited by A. S. Skinner and T. Wilson (oxford, 1975), pp. 154—178 (p. 175). 在一个注释中，Skinner 教授提到了从恩格斯那里来的、非常有趣的一页相关内容："在给 J. Bloch 的一封信中，日期为 1890 年 9 月，恩格斯写道，'根据历史上的唯物主义概念，历史的根本决定因素是对实际生活（real life）的生产与再生产。马克思和我都从未主张过除此以外的任何其他东西。因此，如果有人歪曲了这一点，把它说成经济因素是唯一的决定性因素，那么他就把这个论点变成了一个毫无意义的、抽象的和愚蠢的表达了'［马克思恩格斯著作选（1958），ii，488］。"（Ibid.，p. 175，注释［53］）由此，Skinner 教授在一个相当"多元主义"的方向上发展并澄清了他对斯密的解释。见他的 *A System of Social Science*，（Oxford，1979），ch. 4，pp. 68—103.（我在非常晚的时候才得到了这一非常重要的斯密研究，因此我无法详尽地使用这一研究了，但是我非常感谢 Skinner 教授允许我阅读了该书手稿的一些章节）

[21] LJ (A), vi, 7—13; LJ (B), 205—209.

[22] TMS, IV, I, § 10, cf. WN, I, xi, c. 7.

[23] TMS, I, iii, 2, § 1.

[24] TMS, IV, I, § 11.

[25] 我们在这一讨论中所遇到的基本的生存需要与"财富的愉悦"之间的区分，显而易见与斯密另一著名的区分有着密切的联系，即在 WN, v, ii, k. 中的必需品与奢侈品之间的区分。尽管如此，这一区分仍不会与后者相混淆，因为斯密不容置疑地强调了，在后一种区分中，必需的程度是被**社会性地**决定的。因此，我们在这里所面对的乃是一个非常明确的"人为"之物与"自然"之物之间的对抗。这两种区分之间的关系以及它们所承诺的将边际效用最小化背后的基本观念，不在我们此处关心的范围内。

[26] Above, pp. 52—54.

[27] TMS, I, iii, 2, § 8. 同样，对于"愤怒中的天堂，以雄心来拜访穷人的儿子"的描述，可见：TMS, IV, I, § 8.

[28] TMS, IV, I, § 10.

[29] LJ (B), 12.

[30] TMS, I, iii, 2, § 3.

[31] A. S. Skinner, "Adam Smith: an economic interpretation of history", p. 155; Adam Smith, "Science and the role of the imagination", in W. B. Todd (ed.), *Hume and the Enlightenment: Essays Presented to E. C. Mossner*,

(Edinburgh, 1974), pp. 164—188 (p. 165).

[32] 关于这一观点，我借鉴了 J. F. G. Shearmur 的一篇尚未发表的论文。愉悦和痛苦不是那么易于解释的，但是，它们取决于它们所发生的那个情境，这一观点同样是从与同情的这一关联当中得出的，当同情是交互的时候，它是行为的选择者。(Above, pp. 58—60)

[33] TMS, I, iii, 2, § 1.

[34] 涉及议会的一些实例，可见例如 LJ (A), iv, 159—161. 172—174; WN, Ⅲ, iii, 11 (见卓越的编辑注释 22)。涉及世袭君主与选举君主制之对抗的，可见例如 LJ (A), iv, 162—164, 166—167.

[35] LJ (B), 61; cf. LJ (A), iv, 171.

[36] LJ (A), iv, 173; cf. LJ (B), 62.

[37]《书信集》, 384。

[38] 参见 R. L. Meek:“在历史和社会中的任何事物都通过一个因果链而被联系在一起……社会盲目地发展，但是并不是随机地。”根据斯密 (“Smith, Turgot, and the ‘four stage’ theory”, p. 9)。

[39] 我们几乎不能期待这一点，因为斯密的这些观点是在其对司法演讲中应该如何提出证据的这一讨论框架之中提出的。

[40] See LRBL, 165—166.

[41] 关于对此的诸多阐释中的一部分，可见 LRBL, 85, 88—89, 90—91.

[42] WN, v, i, f. 28.

[43] LRBL, 58—59.

[44] 关于斯密对于应该如何通过援引不论是外在的还是内在的条件性因素，来解释每个个人的心理“节目”，如下段落对其进行了概括:“所有不同的激情都在进行下去……从心灵和外部条件的不同状态而开始。但是，追寻所有这些不同的情感和激情是没有尽头的，也是没有作用的……这是没有尽头的是因为，尽管简单激情的数目并不很大，但是它们与不同的方式混合在一起，以至于构成了大量的、几乎是无限的混合物。而这是没有作用的乃是因为，尽管我们已经遍寻了所有不同的激情，但是，人的性格、年龄以及条件的不同将会使结果是如此的不同，因而我们的规则将不可能是全部适用的。”(LRBL, 65) 同样参见 LRBL, 71.

[45] 参见这一文本中对前面引文的继续:“与这两者都混合在一起的历史设计，是为了表达在许多不同的国家都发生过的，那些引人注目的事务，以及那些目的、动机和那些时代最为引人注目的人们的看法，只要这对于解释那些国家所发生的重大的变革和革命来说是必要的。”(LRBL, 59)

[46] 同样见 LRBL, 88—89, 而仅仅是关于这样的一些例子，历史学家们在这里是通过以下的标准而被评价的，见: LRBL, 102—103, 104, 106, 109。关于这些方法论观念的一般认识论背景，见上文 (pp. 79—82)。

[47] 关于此的一些例子，见 LRBL，85—86，102—103，107.

[48] 在如下段落中，斯密以清除的方式表明了他关于“经济”在历史上的地位的观点：“富裕和商业**通常发生于**艺术的进步与各种人的优雅教养**之前**。我确实不是在说，艺术的进步和举止的优雅教养是商业的**必然后果**——荷兰人和威尼斯人就是反驳我的证据，——但是，商业的发展乃是一个**必要的前提**。”(LRBL，131—132；我标注的黑体) 而在一个在类似的情况下，斯密指出了，“商业给了最低层的人民一个增加他们的财富的**机会**，以及通过这个机会而得来的权力”(LRBL，144；我标注的黑体)。

[49] 见上文 (pp. 179—181)。当然，与此同时，这个体系也设定了某种附带的政治任务，显而易见，这就是教育的任务。见上文 (p. 94)。

参考文献

A 主要来源

大卫·休谟 (David Hume)

Enquiries Concerning Human Understanding and Concerning the Principles of Morals, edited by L. A. Selby-Bigge, Oxford, 1902; third edition by P. H. Nidditch, Oxford, 1975.

Essays Moral, *Political and Liberty*, edited by T. H. Green and Grose, 2 vols, London, 1898.

A Letter from a Gentleman to His Friend in Edinburgh, edited by E. C. Mossner and J. V. Price Edinburgh, 1967.

A Letter of David Hume, edited by J. Y. T. Greig, 2 vols, Oxford, 1932; reprinted 1969.

A Treatise of Human Nature, edited by L. A. Selby-Bigge, Oxford, 1888; second revised edition by P. H. Nidditch, Oxford, 1978.

亚当·斯密 (Adam Smith)

"Anderson Notes", from John Anderson's Commonplace Book, vol. I, in the Anderson Library, University of Strathclyde; printed in R. L. Meek, "New light of Adam Smith's Glasgow Lectures on Jurisprudence", *History of Political Economy*, vol. VIII, 1976, pp. 439—477.

The Correspondence of Adam Smith, edited by E. C. Mossner and I. S. Ross, Oxford, 1977.

"Early Draft" of *The Wealth of Nations*, in *Lectures on Jurisprudence*, pp. 562—581.

Essays on Philosophical Subjects, edited by W. P. D. Wightman and J. C. Bryce; with Dugald Stewart's "Account of Adam Smith", edited by I. S. Ross; Oxford, 1980.

First fragment on the division of labour, in *Lectures on Jurisprudence*, pp. 582—584.

An inquiry into the nature and causes of the Wealth of Nations, edited by R. H. Campell and A. S. Skinner; text edited by W. B. Todd; 2 vols, Oxford, 1976.

Lectures on Jurisprudence, edited by R. L. Meek, D. D. Raphael, and P. G. Stein, Oxford, 1978.

Lectures on justice, police, revenue and arms, edited by E. Cannon, Oxford, 1896; reprinted New York, 1964.

Lectures on Rhetoric and Belles Lettres, ed. J. M. Lothian, London, 1963; reprinted Carbondale and Edwardsville, 1971.

The theory of moral sentiments, edited by D. D. Raphael and A. L. Macfie, Oxford, 1976.

B 其他文献

H. B. Acton. 'Prejudice', *Revue internationale de philosophie*, 1952, pp. 323—336.

P. S. Ardal. *Passion and Value in Hume's Treatise*, Edinburgh, 1966.

"And this's a promise", *The Philosophical Quarterly*, vol. XVIII, 1968, pp. 225—237.

Introduction and notes to D. Hume, *A Treatise of Human Nature*, book II and III, London, 1972.

"Convention and Value", in *David Hume: Bicentenary Papers*, edited by G. P. Morice, Edinburgh, 1977, pp. 51—68.

T. D. Campell, *Adam Smith's Science of Morals*, London, 1971.

N. Capaldi. *David Hume: The Newtonian Philosopher*, Boston, 1975.

R. D. Gumming, *Human Nature and History*, 2 vols, Chicago and London, 1969.

Duncan Forbes, *Hume's Philosophical Politics*, Cambridge, 1975.

"Sceptical Whiggism, commerce, and liberty", in *Essays on Adam Smith*, edited by A. S. Skinner and T. Wilson, Oxford, 1975, pp. 179—201.

"'Sceptical' Whiggism: Adam Smith and John Millar", *Cambridge Journal*, vol. 7, 1953—1954, pp. 643—670.

J. Griffin, "Is unhappiness more important than happiness?", *Philosophical Quarterly*, vol. xxix, 1979, pp. 47—55.

K. Haakonssen. "Hume's social explanations: the case of justice", *Danish Yearbook of Philosophy*, vol. 12, 1975, pp. 114—128.

"Natural Justice. The Development of a Critical Philosophy of Law from David Hume and Adam Smith to John Miller and John Craig", Edinburgh University Ph. D. thesis, 1978.

F. A. von. Hayek. *Studies in Philosophy, Politics and Economics*, London, 1967.

Law, Legislation, and Liberty, 3 vols, London, 1973, 1976, 1979.

J. T. king. "The place of language of morals in Hume's second enquiry", in *Hume: A Re-evaluation*, edited by D. W. Livingston and J. T. King, New York, 1976, pp. 343—361.

J. R. Lindgren. *The Social Philosophy of Adam Smith*, The Hague, 1973.

Hans Medick. *Naturzustand und Naturgeschichte der bü rgerliche Gesellschaft*, Göttingen, 1973.

R. L. Meek. "The Scottish contribution to Marxist sociology", in R. L. Meek, *Economics and Ideology and Other Essays*, London, 1967, pp. 34—50.

"Smith, Turgot, and the 'four stage' theory", *History and Political Economy*, vol. III, 1971, pp. 439—477.

"New light on Adam Smith's Glasgow Lectures on Jurisprudence", *History and Political Economy*, vol. VIII, 1967, pp. 439—477.

R. Pascal. "Property and Society: the Scottish historical school of the eighteenth century", *The Modern Quarterly*, vol. I, 1938, pp. 167—179.

J. G. A. Pocock. *The Ancient Constitution and the Feudal Law*, New York, 1967.

"Burke and The ancient constitution: a problem in the history of ideas", in J. G. A. Pocock, *Politics, Language, and Time*, London, 1971, pp. 202—232.

R. H. Popkin. 'Hume and Kierkegaard', *review of religion*, vol. 31, 1951, pp. 274—281.

K. R. Popper. *The Open Society and Its Enemies*, 2 vols, London, 1966.

D. D. Raphael. "Obligations and Rights in Hobbes", *Philosophy*, vol. 37, 1962, pp. 345—352.

T. A. Roberts. *The Concept of Benevolence*, London, 1973.

A. S. Skinner. *A System of Social Science*, Oxford, 1979.

"Adam smith. Science and the role of the imagination", in *Hume and the Enlightenment: Essays Presented to E. C. Mossner*, edited by W. B. Todd, Edinburgh, 1974, pp. 164—188.

"Adam Smith: an economic interpretation of history", in *Essays on Adam Smith*, edited by A. S. Skinner and T. Wilson, oxford, 1975, pp. 154—178.

D. Stewart. "Account of the Life and Writings of Adam Smith, LL. D.", EPS, pp. 269—351.

W. C. Swabey. *Ethical Theory from Hobbes to Kant*, London, 1961.

K. E. Tranöy. "Asymmetries in Ethics", *Inquiry*, vol. 10, 1967, pp. 351—372.

J. Viner. "Guide to John Rae's Life of Adam Smith", in John Rae, *Life of Adam Smith*, London, 1895; reprinted New York, 1965.

D. Winch. *Adam Smith's Politics*, Cambridge, 1978.

索　引[①]

① 索引所标注之页码为原文页码，即本书页边码。

② “n.”表示注释。

译　后　记

本书的翻译缘起于曾晓平教授的举荐。桂劲秋先生审读了部分译稿并提出了若干建设性意见。在此一并致谢。

因为译、校者的个人事务及翻译工作中遇到的诸多困难，交稿时间超出预期。出版社赵琼女士对此表现出的耐心和宽容，译、校者表示感谢。

本书的翻译对译者在历史、法学、哲学和语文学方面的功力都颇具挑战，所得、所失自由读者诸君判定。唯望于其中可能的错讹之处，有方家不吝赐教。

赵立岩　刘　斌

图书在版编目（CIP）数据

立法者的科学/（丹）哈孔森著；赵立岩译．—杭州：浙江大学出版社，2010.11
书名原文：The Science of a Legislator：The Natural Jurisprudence of David Hume and Adam Smith
ISBN 978－7－308－08090－3

Ⅰ．立…　Ⅱ．①哈…②赵…　Ⅲ．自然法学派－研究　Ⅳ．D909.1

中国版本图书馆 CIP 数据核字（2010）第 216075 号

立法者的科学：大卫·休谟与亚当·斯密的自然法理学
［丹］努德·哈孔森　著　赵立岩　译　刘斌　校

责任编辑　赵　琼
文字编辑　杨苏晓
装帧设计　王小阳
出版发行　浙江大学出版社
（杭州天目山路 148 号　邮政编码 310007）
（网址：http：//www.zjupress.com）
排　　版　北京京鲁创业科贸有限公司
印　　刷　北京中科印刷有限公司
开　　本　635mm×965mm　1/16
印　　张　19
字　　数　265 千
版 印 次　2010 年 12 月第 1 版　2017 年 6 月第 2 次印刷
书　　号　ISBN 978－7－308－08090－3
定　　价　42.00 元

浙江大学出版社发行中心联系方式：（0571）88925591；http://zjdxcbs.tmall.com